안동문화의 수수께끼

안동문화연구소 편

안동문화의 수수께끼

초판 제 1 쇄 인쇄   1997. 12. 24
초판 제 1 쇄 발행   1997. 12. 30

엮은이   **안동문화연구소**
펴낸곳   **(주) 지식산업사**
펴낸이   **김 경 희**

등록번호 1-363   등록날짜 1969. 5. 8
서울특별시 종로구 통의동 35 - 18
전화 (734) 1978 · 1958 (735) 1216
팩스 (720) 7900 모뎀 (725) 6612
천리안 ID   jisikco

책 값 13,000원

ISBN 89-423-4809-2 03380
ⓒ 안동문화연구소, 1997

* 이 책을 읽고 엮은이에게 문의하고자 하는 이는
지식산업사 편집부로 연락 바랍니다.

새 천년의 시작과 지역문화 공부

‘우리’는 ‘지금’ ‘여기서’ 무엇을 해야 할까. ‘지금’의 시대적 상황을 제대로 포착하고 ‘여기’ 발을 디디고 서 있는 사회적 현실을 온전하게 조망하며 ‘우리’의 익숙한 듯하면서도 낯선 자화상을 구체적으로 그려내지 못하면 이 문제에 제대로 답할 수 없다. 지금 우리는 새 천년을 맞이해야 할 문턱에 서 있다. 우리 세대는 이제 20세기를 마감하고 새 천년이 시작되는 21세기를 준비하며 새로운 전망을 수립해야 하는 역사적 고비의 주체이다. 지금 세기의 마무리도 잘 해야 하지만 다음 세기의 준비를 잘 하지 못하면 역사 발전에 이바지하기는커녕 인류사의 낙오자가 될 수 있다.

20세기가 국가 중심의 시대이자 도시화의 시대였다면, 21세기는 세계화(globalization)의 시대이자 지방화(localization)의 시대이다. 도시화에서 지방화로 회귀하는 동시에 국가 단위의 분절된 세계에서 지구촌 단위의 열린 세계로 나아가게 된다. 따라서 우리는 21세기에 적응하기 위해서도 세계화와 지방화를 함께 겨냥하지 않을 수 없다. 세계화와 지방화는 둘이면서 하나이며 하나이면서 둘이다. 지방화를 잘 해야 세계화가 가능하며 세계화가 성공적으로 이루어지면 지방화도 가능하다. 따라서 우리는 이 시대를 '세방화(glocalization)'의 시대라고 할 수 있다. 이를테면 외국사람들이 서울을 보기 위해서가 아니라 하회마을의 하회탈춤을 보기 위해 한국에 올 때 한국은 세계화되는 것이며, 하회마을과 하회탈춤이 세계화되어야 지방화가 성공적으로 이루어지는 것이다.

지금의 시기와 함께 '여기'에 대한 공간적 인식도 필요하다. 여기는 '동아시아' 하고도 '대한민국'이며 '경북' 하고도 '안동땅'이다. 서구의 지성들은 21세기 세계사의 중심지역을 '베세토(beseto) 라인'에 두고 있다. 중국 베이징과 한국의 서울, 그리고 일본 도쿄를 잇는 3각지점이 다음 세기를 이끌어갈 세계사의 구심점이라는 것이다. 베세토 라인의 동아시아 3국은 전통적으로 유교문화국가이다. 달리 말하면 앞으로 유교문화국가들이 세계사를 이끌어가는 주역이 될 수 있다는 것이다.

한국은 베세토 라인 가운데에서도 지리적으로 중심국가일 뿐 아니라 유교문화를 가장 잘 간직하고 있는 나라이다. 중국은 사회주의체제 때문에 유교문화의 전통이 말살되었고 일본은 지나친 서구화로 그러한 전통을 제대로 지키지 못했으나, 한국은 아직도 그 전통이 꿋꿋하게 살아 있다. 한국 가운데서도 안동은 유교문화의 본산이라 할 만하다. 유교의 학문적 전통이 강성하며 그 뿌리도 깊을 뿐 아니라 문화적 전통 또한 가장 온전한 양식으로 전승되고 있는 지역이다. 더군다나 안동은 도시화와 거리가 먼 지역이다. 지방화로 나아가는 시대상황과 유교문화의 중심지로서 공간적 입지가 다 훌륭한 곳이 바로 '여기' 안동이다.

'우리'는 누구인가. 우리는 '지금' '여기' 발을 붙이고 사는 사람으로서 앞에서 주목한 것처럼 제법 괜찮은 시공간의 좌표 속에 놓여 있다. 그렇다고 우리는 객체로서 그냥 지금 여기 놓여 있는 것이 아니다. 지금 여기의 이러한 상황을 정확하게 포착하고 지금 여기를 새롭게 만들어가고자 지금 여기를 닦고 가꾸는 이들이다. 따라서 그냥 놓여 있기만 하지 않고 내일에 맞게 '지금'을 이끌어가고 저기로 나아가기 위하여 '여기'를 주목해야 한다. 따라서 안동문화의 수수께끼에 관심을 가지는 우리는 이미 예사 우리가 아니다. 21세기를 이끌어가는 주체로서 지금 여기 꿋꿋하게 발을 딛고 눈을 돌려 세계를 조망하고 내일을 열어가고자 하는 우리이다. 우리가 안동문화의 수수께끼를 풀고자 하는 것은 회고적인 취미가 아니라 새 천년의 미래를 만들어가기 위한 21세기의 진지한 준비이다.

21세기는 정보화의 시대이자 문화상품의 시대이다. 상아탑의 시대는 벌써 가고 기술상품의 시대도 꼬리를 감추고 있다. 안동에는 기술상품이 없다. 20세기는 안동의 시대가 아니다. 그러나 문화상품으로 말하면 안동은 어느 고장보다 풍부하다. 지정문화재가 가장 많을 뿐 아니라, 각 시대별 문화적 전통을 다양하게 갈무리하고 있는 점도 주목된다. 그렇다면 21세기는 안동의 시대라고 해도 좋겠다. 안동의 시대라고 하여 안동이 저절로 뜨는 것은 아니다. 그러한 상황과 현실에 맞게 문화상품을 개발해야 한다. 그러므로 지금 우리가 나서서 움직이지 않을 수 없다.

상아탑의 시대는 연구를 위한 연구, 학문을 위한 학문이 돋보이는 시대였다. 그래서 학자들은 연구실에 처박혀 자기들끼리 소통되는 언어와 내용과 체제로 연구활동을 하며 만족할 수 있었다. 그러나 정보화의 시대는 사정이 다르다. 아무리 연구를 많이 하고 학문적 성과가 크더라도 사람들 사이에 소통되지 않는 지식은 소용없게 되었다. 기존 지식이라도 널리 소통 가능하도록 새롭게 가공하는 것이 긴요한 때이다. 지역문화 연구라고 예외일 수 없다.

지방화와 함께 각 대학마다 지역문화 연구소가 설치되어 있고 연구활동 또한 지속적으로 이루어지고 있다. 그러나 대부분의 연구활동들은 대학 안에서 공간적 폐쇄성을 띠고 이루어질 뿐 아니라 연구자 중심으로 연구 영역이 편중된 까닭에 지역문화에 대한 총체적 이해나 지역주민과 공유하는 지역연구로 나아가지 못하는 한계가 있다. 지역연구는 지역주민들과 더불어 하는 것이 바람직할 뿐더러, 연구결과도 지역주민들과 더불어 공유하는 것이 생산적이다. 이에 따라, 안동문화연구소에서는 대학 안에서 벌이는 학술발표회와 연구논문집 간행 활동 외에, 시민들과 함께 하는 '안동문화 연속강좌'를 계획하고, '안동문화의 수수께끼를 푼다'는 주제 아래 1994년부터 2년에 걸쳐 20개의 문제를 다루는 강좌를 다달이 열었다. 이 책은 그 성과물이다.

하버마스가 지적한 것처럼, 주민들이 알지 못하고 주민들과 함께 하지 않는 지역연구는 기술적 관심에서 이루어지는 문화연구로서, 지역문화 지식을 통해 사회현상을 지배하고 통제하는 수단이 될 가능성이 높다. 이런 연구를 경계하기 위해서도, 실천적 관심에서 의사소통의 깊이와 폭을 증대시켜 주민들의 말과 행동을 이해하고 그 의미를 파악하는 해석학적 방법이 필요하다. 그리고 해방적 관심에서 왜곡된 문화의 속박과 구속으로부터 탈피하려는 비판적 방법이 긴요하다. 그러지 않으면 사실상 지역문화 연구는 죽은 자식 불알 만지는 일이나 다름없는 공연한 일에 머문다. 따라서 이 책은 학문적 업적을 겨냥하지 않고 지역문화에 관심을 가지고 있는 주민들의 처지에서 실천적이고 해방적 관점의 지역문화 연구를 겨냥하고 있다.

이 강좌는 안동문화연구소에서 기획하였지만, 실제로 강의가 이루어질 수 있도록 지원해준 분들과 강좌 때마다 귀를 기울여주고 토론에 참여해준 안동시민들에 힘입어 가능했다. 처음부터 이 기획에 관심을 기울이고 경제적 지원을 아끼지 않은 권방사선과 권세홍 원장과 김재왕내과 김재왕 원장, 안동문화연구회 임세권 회장, 안동문화회관 이진구 관장의 도움이 특히 컸다. 그리고 각종 인쇄물 및 현수막을 협찬해준 영남사 김근한 대표와 성심인쇄소 김준 대표, 세림이동통신 안동대리점 조안석 대표의 도움도 적지 않았다. 시민강좌의 뜻을 고맙게 여기고 강좌경비를 후원한 주부 김설령 씨의 고마움도 밝혀 적는다. 안동문화의 발전 가능성은 바로 이와 같은 시민들의 관심과 협력이 담보하고 있다.

　강좌를 담당한 안동대학 교수 여러분과 지역인사들의 수고에 감사드린다. 특히 다른 고장에 있으면서 안동문화를 사랑하는 마음으로 출강해준 영남대 유홍준 교수와 동명정보대 정진영 교수께 우정어린 감사를 드리지 않을 수 없다. 유홍준 교수 강의 때는 그의 명성에 걸맞게 시민 5백여 명이 문화회관 강당을 가득 메우는 성황을 이루어 연속강좌의 활기를 더해주었다. 정진영 교수는 안동 출신으로서 지역문화에 남다른 관심을 가지고 어려운 문제를 직접 맡아 강의하는 외에 강좌 기획에도 여러 모로 도움을 주었다. 그리고 이 계획을 마무리 짓도록 도와준 안동문화연구소장 윤천근 교수와 원고 편집을 거들고 사진자료를 챙겨준 권두현 선생에게도 고마움을 전한다.

　시민들을 위한 안동문화 연속강좌 소문이 뜻밖에 널리 알려져 다른 대학의 지역문화 연구소 몇 군데서도 같은 시도를 하겠다고 자료 요청이 있어 반가웠다. 이 책이 나가면 다른 고장에서도 지역문화에 대한 관심이 높아질 것으로 기대한다. 그러나 이런 수준의 지역문화 공부는 이제 시작에 불과하다. 새 천년을 시작하는 지역문화 연구가 새로운 시각에서 거듭되어야 하기 때문이다. "21세기 안동문화, 어떻게 이끌어가야 할 것인가?" 이 질문이 우리가 다루어야 할 다음의 화두이다.

1997년 12월
안동문화연구소에서　임 재 해

차 례

1. 여는 이야기

안동문화, 과연 무엇이 수수께끼인가

I. 문화재가 가장 많은 고장은 어디일까

지역문화에 관심 있는 사람에게 묻는다. 우리 문화유산에 관심을 가지고 답사를 즐겨 다니는 사람들에게도 묻는다. 전국에서 지정문화재가 가장 많은 고장은 어디일까? 물론 이 질문은 1995년에 시·군이 통합되기 이전 행정구역을 전제로 한 것이다. 안동문화 연속강좌를 시작하면서 강의실을 가득 메운 시민들에게 이 질문을 던졌을 때, 아무도 정확한 답을 알지 못했다. 으레 경주시일 터인데 그따위 하나마나 한 질문은 왜 하느냐는 투로 반응하는 사람들이 적지 않았다.

다른 고장에서 안동문화 답사를 온 사람들도 마찬가지였다. 안동문화에 대한 강의 요청이 있어서 강의를 하게 되면 곧잘 이 질문을 던지는데, 그들이 정기 학술답사에 참여한 사학과 학생이든 또는 문화유산 답사에 참여한 문화 애호가이든 상관없이 대부분의 경우 경주시가 가장 많은 문화재를 보유하고 있는 줄 알고 있다. 물론, 이때의 경주시는 경주군과 통합되기 이전의 경주시를 말한다. 어느 누구도 안동군이 전국에서 가장 많은 문화재를 보유하고 있다는 사실을 알고 있지 못했다. 안동 사람들도 마찬가지이다.

'안동문화의 수수께끼를 푼다'는 주제 아래 연속강좌를 기획하고, 여는 강좌로 '안동문화, 과연 무엇이 수수께끼인가'라는 제목으로 강의를 시작하면서 두 가지 수수께끼를 냈다. "전국에서 지정문화재가 가장 많은 시·군은 어디이겠습니까?" 이 질문이 안동문화를 푸는 첫번째 수수께끼였다. 수수께끼라고 하는 것은 원래 답이 다소 엉뚱하기 때문에 맞추기 어렵다. 수수께끼의 속성상 질문 자체에 틀린 답을 유도하는 오도성(誤導性)이 내포되어 있다. 이 질문도 그런 오도성을 내포하고 있다. 사실 어지간히 문화재에 관심을 가진 전문가들도 시·군별 지정문화재 수를 정확하게 헤아리기 어렵다. 따라서 어느 시·군에 문화재가 가장 많은지 알지 못하는 것이 당연하다.

게다가 대부분의 사람들은 학교교육을 통해서 또는 수학여행을 통해서, 때로는 신문과 방송을 통해서 경주시에 문화재가 가장 많다는 것을 상식적으로 알고 있는 상태이다. 경부고속전철의 경주 통과 여부를 놓고 학계와 경주시민, 그리고 정부 당국자간에 크게 시비거리가 될 정도로 국민적 관심을 모은 것도 경주에 문화재가 많기 때문이며, 경주가 유네스코에 의해 세계의 문화도시로 지정받은 것도 경주에 문화재가 많기 때문이다. 따라서 "경주 돌은 다 옥돌"이라고 할 정도로 경주는 문화재 천지라는 것이 자명한 사실처럼 고정관념화되어 있다. 그러므로 대부분의 사람들이 경주라고 답하기 일쑤이다. 한국문화에 관심을 가지고 있는 외국 학자들을 대상으로 한 질문에서도 같은 대답이 나왔다.

그러나 이미 수수께끼를 내겠다고 하며 던진 질문이므로 이렇게 대답하는 것은 틀리게 마련이다. 수수께끼는 결코 상식이나 평범한 답을 묻지 않기 때문이다. 저녁에 퇴근해서 집에 들어가니, 딸아이가 퇴근하는 아버지를 붙들고 "아빠, 오늘 저녁에 밥을 했을까요, 국수를 했을까요?" 하고 묻는다면, 그것은 으레 국수라고 답해야 한다. 왜냐하면 평소처럼 밥을 했다면 그러한 질문을 하지 않을 테니까 말이다. 마찬가지로, 안동에서 안동문화에 관한 강연을 하며 이런 질문을 던질 때는 문화재가 많은 안동 이외의 다른 고장을 염두에 두고 있는 것이 아니기 때문에, 상식적으로 받아들이기 어렵더라도 수수께끼의 논리상 일단 안동이라고 엉뚱하게 대답해야 정확하게 맞출 수 있다.

수수께끼는 누구든지 답을 알고 있으면 재미가 없다. 그야말로 싱겁게 답을 알아맞추는 수수께끼는 수준이 낮다. 그렇다고 하여 아무도 알아맞출 수 없는 수수께끼만 내어도 재미가 없다. 지나치게 어려워서 답을 상상도 하지 못하게 되면 흥미를 잃기 때문이다. 따라서 수수께끼를 푸는 사람이 절반 정도는 알아맞추고 절반 정도는 맞출 수 없어서, 질문하는 자와 답하는 자가 팽팽한 맞수일 때 수수께끼의 재미가 있다. 그래서 두번째 수수께끼는 어느 정도 답을 알아맞출 수 있는 질문을 던진다.

Ⅱ. '안동 양반' 누가 만들어낸 말일까

"안동 양반, 의성 사람, 군위 것들, 영천 놈들이라는 말이 있다면, 이 말은 누가 만들어냈을까요?" 하고 물으면, 대부분의 사람들은 안동 사람들이라고 대답한다. 앞의 수수께끼는 다 틀려도 이 수수께끼만은 쉽사리 다 맞춘다. 안동 사람들이 아니고서야 누가 자기 고장을 낮추는 말을 애써 만들어낼까. 그러나 의성 사람들이 만들어낼 수도 있다. 안동 양반과 동류의식을 가지기 위해서 그런 말을 할 수도 있다. 그러나 이 수수께끼는 앞의 것처럼 정확하게 하나의 답을 요구하고자 한 것은 아니다. 안동 사람들의 양반의식을 드러내는 한낱 관용구를 질문 형식으로 바꾸어 놓았을 따름이다.

"여러분들 '안동 양반'이라는 말을 들어본 적이 있습니까?" 하고 물으면 한결같이 "예!" 하고 답한다. 다른 고장 사람들도 같은 반응이다. 적어도 안동은 전국에서 지정문화재가 가장 많은 문화의 고장이라는 사실은 몰라도 안동이 양반 고장이라는 사실은 모르는 사람이 없는 듯하다. 안동 사람들 스스로 양반 고장으로 알고 있는 것도 긍지 높은 지역의식이라 할 수 있지만, 다른 고장 사람들이 이렇게 양반 고장으로 알아주는 것은 더욱 반가운 일이 아닐 수 없다.

그러나 안동 사람들 스스로 양반이라고 자처하면서 다른 고장 사람들을 사람 이하로 낮추어보기 위하여 이러한 관용구를 만들어냈다면, 안동 사람들은 진정한 양반이라 할 수 없다. 진정한 양반은 결코 남을 얕보지 않는다. 항상 자신을 낮추고 겸손한 자세로 상대방을 대할 때, 그 인격을 두고 우리는 양반답다고 할 수 있다.

물론 양반의 개념도 많이 바뀌었다. 고려 때는 양반이 관료제의 개념이었으나 조선조에 들어오면서 신분 개념으로 바뀌었다. 다시 말하면 원래 양반은 문무에 뛰어나서 행정관료를 할 수 있는 능력 개념이었는데, 조선조에 와서는 반상(班常)의 신분차별을 가늠하는 계급 개념으로 바뀌어버렸다. 문화적 관료적 역량 개념이었던 양반이 생물학적 계급적 혈통 개념의 양반으로 바뀐 셈이다. 그러다가 갑오경장 이후 반상의 신분차별이 제도적으로 없어지자, 양반은 혈통 개념에서 인격 개념을 지니게 되었다. 훌륭한 인격을 지닌 사람을 일러 곧잘 양반이라 일컫게 된 셈이다.

그런데 안동 사람 스스로 양반을 자처하면서 다른 고장 사람들에 대해서는 사람 이하의 존재로 취급하는 것은 양반다운 인격을 지녔다고 하기 어렵다. 그렇다면 안동에는 신분적 혈통으로서 양반은 많으나 성숙한 인격으로서 양반다운 사람은 적은지도 모른다. 그럼에도 불구하고 모두들 안동 사람들을 양반으로 알고 있다. '안동' 하면 으레 '양반'이라는 말이 관용구처럼 뒤따를 정도이다. 물론 과거에는 안동에 훌륭한 인물이 많이 배출되었다. "조선의 인물 반이 영남에서 나고 영남의 인물 반이 안동에서 났다"고 하는 《조선인물고(朝鮮人物考)》의 기록이나, 과거에 급제한 인물의 통계를 볼 때, 구한말까지 신분적으로 지체 높은 양반이 안동지역에 특히 많았던 것은 틀림없다.

그러나 지금 처지에서 보면, 실제로 양반다운 인격을 갖춘 사람이 다른 고장보다 많다는 점을 두드러지게 입증할 수 있는 근거가 별로 없다. 어떤 통계를 보더라도 안동의 인물이 특히 두드러진다는 사실을 발견하기 어렵다. 지역사회의 발전을 위해 정열을 바쳐 헌신한 사람도, 불우이웃을 돕기 위해 발벗고 나선 사람도, 민주화운동을 위해 청춘을 불사른 투사도, 통일운동에 앞장선 열렬한 민족지도자도 다른 지역에 비해 안동에서 특히 많이 배출되었다고 할 수 없다. 지역문화에 대한 관심도 별로 없다. 적어도 이 시대에 양반이라면 자기 고장의 문화에 대한 최소한의 관심이라도 가져야 한다. 안동땅에 누대로 살면서도 전국에서 지정문화재가 가장 많은 시·군이 바로 자신이 살고 있는 고장이라는 사실을 모르면서 과연 '안동 양반'으로 자처해도 좋은 것인가?

이러한 반성적 질문이야말로 또 다른 안동문화의 수수께끼라 하지 않을 수 없다. 안동 사람 스스로 문화의 고장인 줄 모르고 있으니 다른 고장 사람인들 오죽 하겠는가. 이 시대에 양반다운 사람이라면 곧 지성인을 뜻한다. 문화를 모르는 사람은 지성인 행세를 할 수도 없고 하기도 어렵다. 특히 자기가 발을 딛고 누대로 살아온 자기 고장의 문화를 대강이나마도 모르고서 지성인이라 할 수 있겠는가. 그럼 안동 양반들, 곧 이 시대 안동의 지성들은 무엇에 관심을 쏟고 있기에 자기 고장 문화에 대해 이처럼 무딘 인식을 가지고 있는가.

Ⅲ. 문화고을인 줄 모르는 원인은 어디 있는가

안동 사람들은 반상과 같은 신분문제에는 관심이 높아서 족보를 새로 꾸미고 재실을 중수하며 문집을 간행하는 일에는 아주 열성이다. 지금도 곳곳에서 문집을 새로 영인해내고 재실과 서원을 중수하는 일에는 남다른 열정을 보인다. 문중 조직이 어느 지역보다 강화되어 있으며, 회전시사(會奠時祀)나 불천위(不遷位) 제사 등 문중 단위로 이루어지는 제사문화가 다른 고장에 비해 꿋꿋하다. 그러면서도 지역사회의 발전이나 지역문화에 관해서는 상대적으로 무관심하다. 문중 일에는 시간과 경비를 아끼지 않는 편이나 고장 일에는 시간도 바쁘고 돈도 아깝다. 다시 말하면 양반 선조의 행적을 기리는 기념비를 세우는 데 몰두할 뿐 스스로 양반다운 삶을 본받아 실천함으로써 후세 사람들이 기념비를 세우도록 하는 일에는 소홀하다.

　우선 지역문화사업에 기금을 쾌척하는 사람들이 거의 없다. 소액이라도 문화사업을 위해 기금을 내는 사람은 외지에서 들어와 사는 사람이 중심을 이룰 뿐 정작 토박이들은 잘 나서지 않는다. 다른 고장에는 지역문화를 위한 운동이 대단하다. 우선 문화원부터 활동이 적극적이고 창조적이다. 지역문화를 조사하고 연구하는 작업이 주체적으로 이루어지고 있다. 지역 유지들이 상당한 기금을 조성하여 문화재단을 설립하고 전국적인 문화사업을 펼치는 것도 볼 수 있다. 호남지역의 지역문화 연구는 그러한 좋은 보기로 본받을 만하다.

　안동에는 그만한 재력을 갖춘 사람이 적지 않은데도 지역문화를 위해 투자하는 사람이 없다. 문화의 고장으로서 전통을 유지한다고 보기 어렵다. 안동 사람들은 문중 일이나 위선(爲先)사업 같은 혈연문제에는 관심이 높아도 더불어 살아가는 공동체로서 지역문제에 대해서는 상대적으로 관심이 낮은 탓이다. 그러니 양반 고장으로만 알려졌을 뿐, 전국에서 문화재가 가장 많은 고장인 줄은 아무도 모른다.

　조선시대까지만 하더라도 안동은 성리학의 본고장이자 유교문화의 중심지로서 당대 최고의 문화고을이었다. 그리고 수많은 명현거유(名賢巨儒)들을 배출한 인물의 고장이기도 하다. 우리 고장의 선조들이 문중 일에 골몰하고 위선사업으로 바빴다면 이러한 문화적 전통을 지켜올 수 있었을까. 문중 일을 열성적으로 하고 위선사업에 가산을 쏟아 붓는다고 하여 스스로 명현거유가 될 수 있을까. 재실을 새로 짓고 문집을 거듭 박아낸다고 하여 우리 시대에 새로운 명문거족으로 행세할 수 있을까.

　현재 안동에서 자라는 학생들을 제대로 길러내는 데 경제적 투자를 하고, 지역문화와 역사를 조사하고 연구하는 데 실천적으로 앞장서야 할 뿐 아니라, 지금의 안동문화를 진흥시키는 일에 정력을 쏟아 부어야 그러한 전통을 조금이라도 이어갈 수 있다. 숨어서 장학사업을 하는 훌륭한 독지가 몇 분이 없는 것은 아니지만, 그리고 최근에 지역문화 창달을 위한 문화재단이 설립되긴 했지만, 지역사회의 전반적인 경향이 지역사업보다 문중사업에 기울어져 있어 탈이다.

문화고을 안동이 양반고을로만 알려진 까닭을 위선사업에 골몰한 지역 어른들 탓으로만 돌릴 수 없다. 더 직접적인 원인은 문화를 연구하는 학자들에게 있다. 학자들이 지역문화를 제대로 연구하고 그 성과들을 널리 간행하여 지역문화에 관심 있는 시민들이 손쉽게 읽을 수 있도록 하였다면 이렇게까지 안동문화에 관해 무지하지는 않았을 것이다. 곧잘 지역문화를 들먹이면서도 실제 연구는 지역문화에 관심을 쏟지 않고 있다. 이러한 학자들의 이중성 때문에 대부분의 지역문화가 제대로 연구되지 않고 있다. 지역문화에 관심을 가진 이도 지역적 편중성을 극복하지 못하고 있다. 학자들의 문화연구가 특정 지역에 치우쳐 있기 때문이다. 그래서 경주의 문화유적을 조사하고 연구하는 이는 많아도 안동이나 다른 지역에 관해서는 상대적으로 연구하는 이가 적다. 그러니 안동문화의 실상이 제대로 드러날 리가 없다.

특히 안동 출신 학자나 안동에 거주하고 있는 학자들조차 자기 고장 문화에 관한 연구를 드세게 하지 않고 있다. 아예 무관심한 사람조차 있다. 사정이 이러하니 다른 고장 학자들이 안동문화에 관한 연구를 적극적으로 하지 않는 것을 나무랄 수도 없다.

그럼에도 불구하고 퇴계학에 관한 연구는 전국적인 관심을 넘어서서 세계적인 주목을 받고 있다. 연구에 대한 지원도 상당하고 학술상까지 제정되어 있다. 퇴계학연구원에서 각별한 지원을 아끼지 않은 까닭이다. 반가운 일이긴 하지만 지역문화 연구로서는 문제가 있다. 첫째는 연구의 편중성 문제이다. 이 점은 지역문제에 한정되지 않고 우리 철학계 전체의 문제로 지적될 만하다. 특정 인물 중심으로 연구가 지나치게 편중되면 학문의 균형 있는 발전을 기대하기 어렵다. 둘째는 연구기금과 연구활동이 밀착되어 있다는 점이다. 정경유착이 정치적 폐단을 낳듯이 학경유착 또한 학문의 폐단을 낳을 수 있다.

다른 고장에서도 특정 인물 연구는 상당히 활성화되어 있다. 그 인물과 관련된 재단이나 문중에서 연구활동을 지원하기 때문이다. 이러한 상황이 심화되면 인물 연구는 지역문화로서가 아니라 가학(家學)으로 치닫게 될 가능성이 있다. 안동에서 특정 가문의 역사적 인물을 드러내는 학술사업에 관심을 가지고 해당 문중에 접근하면 일정한 지원금을 받을 수 있다. 가문을 위하는 일이라면 돈을 아끼지 않는 문중이 많기 때문이다.

이와 같은 가학 차원의 지역인물 연구는 학자로서 경계해야 마땅하다. 객관적 연구에 이르지 못하고 특정 가문의 선조를 미화분식(美化粉飾)하는 예찬론에 빠질 가능성이 높기 때문이다. 따라서 가학과 지역학은 구분되어야 한다. 가학이 드세게 되면 상대적으로 지역학은 낙후된다. 가학은 양반고을을 드러내는 데 이바치하긴 해도 문화고을임을 드러내는 데는 한계가 있기 때문이다.

지역문화에 대한 관심도 문화재의 종류에 따라 편차가 크다. 문헌자료나 유형적인 문화 및 왕실유물 등과 같은 지배층의 문화를 상대적으로 더 소중한 문화유산으로 주목하고 있다. 그러나 이들 문화들은 한결같이 과거 지배층의 문화로서 지금의 시민생활과는 거의 무관한 죽은 문화들이다. 그래서 일상생활 속에 더

안동차전놀이(동채싸움) 일제의 억제로 중단되었다가 1966년 전국민속경연대회에서 안동 고등학교 학생에 의하여 소개된 이래 중요무형문화재 제24호로 지정되었다.

불어 살아 있는 문화들은 문화재로서 주목받지 못한 결과 널리 조사되고 연구되지 못했다. 안동포는 아직도 우리들의 여름옷으로서 의생활의 중요한 비중을 차지하고 있고, 안동식혜 또한 잔치음식이나 명절음식으로서 지금껏 각광을 받고 있지만 문화재로 주목하지 않기 일쑤이다. 놋다리밟기와 동채싸움도 최근까지 정월 대보름의 명절 놀이로 전승되었으되, 학자들의 지속적인 관심을 끌지 못하고 있다. 이처럼 실제적이고 현실적인 문화가 풍부한 안동지역은 실생활과 동떨어진 왕실문화와 불교문화가 풍부한 경주지역에 밀려 문화의 고장으로서 정체성을 제대로 확보하지 못하게 된 것이다.

　안동이 전국에서 가장 우뚝한 문화고을이라는 것은 문화재가 가장 많아서 그런 것만은 아니다. 이를테면 1992년의 통계로 볼

때, 경주시의 지정문화재가 173점인 데 비하여, 안동군의 문화재
는 178점이나 된다는 사실보다 더 중요한 것은 문화재의 내용이
자 문화를 지켜오는 힘이다. 경주에는 사찰과 석탑, 고분, 첨성대,
포석정 등 유형적이고 규모가 큰 문화유적들이 시민들의 일상적
인 삶과 동떨어져 있어 문화유산으로 눈에 쉽게 띄는 데 비하여,
안동에는 많은 문화재들이 있어도 민가의 건축물과 고문서, 동채
싸움, 놋다리밟기, 안동소주, 안동포, 농요, 하회별신굿탈놀이 등
무형적인 것이면서 일상생활 속에 갈무리되어 있는 삶 그 자체여
서 눈에 쉽게 띄지도 않고, 눈에 띄어도 문화재인 줄 알지 못하
는 가운데 전승되고 있다는 사실이 더 소중하다.

　더군다나 경주의 문화재들은 석탑과 불상, 첨성대 등 석재로
된 문화재이거나 고분 속에 들어 있는 금붙이 문화재가 대부분이
어서 전쟁의 참화나 화재와 같은 재앙을 만나도 끄떡없이 제 스
스로 남아나게 마련이다. 그리고 아무도 돌보지 않고 당대 문화
로 활용하지 않아도 고분 속에서 또는 땅 밑에서 잠자며 방치된
채로 몇 천 년을 버틸 수 있는 박제화된 문화재들이다. 그래서
이들 문화재들은 발굴되는 즉시 으레 박물관에 진열되기 일쑤이
다. 국립경주박물관에는 많은 문화재가 실생활과 동떨어져서 진
열되고 있다.

　그러나 안동의 문화재들은 현재 안동 사람들과 더불어 있는 것
이므로, 삶과 분리시켜 박물관의 진열장 속에 가두어 놓기 어렵
다. 그래서는 문화로서 살아남을 수도 없다. 놋다리밟기를 하고
하회탈춤을 추는 일은 천 년 전의 불상이나 금관처럼 결코 박물
관 진열장에 가두어 둘 수 없기 때문이다.

　더군다나 안동의 문화재들은 한결같이 목조건축이나 전적(典
籍), 고문서 등과 같이 전쟁의 참화나 화재를 견딜 수 없는 문화

재들이다. 석조문화재나 고분 속의 왕실문화재와 달리 폭격에도 화재에도 쉽게 소실되는 것들일 뿐 아니라, 항상 생활 속에서 일상적으로 보살피지 않으면 망실되는 것들이 대부분이다. 특히 동채싸움이나 하회탈춤, 안동소주, 안동포와 같은 민속문화재들은 일상생활에서 지속적으로 실천하지 않으면 전승이 불가능한 것이다. 천 년 전의 금관이나 불상처럼 한번 만들어 놓으면 그냥 남아 있는 유물들이 아니다. 해마다 거듭하지 않으면 지금 남아 있을 수 없는 전통들이다.

그럼에도 불구하고 안동에 가장 오랜 목조건축물들이 두루 남아 있다. 봉정사와 같은 사찰은 그 자체로 건축사 박물관 구실을 하고 있다. 민속문화의 전통들 또한 끊어지지 않고 어느 고장보다 풍부하게 살아남아 있다. 이러한 현상은 무엇을 말하는가. 적어도 과거 안동 사람들은 전국 어느 고장 사람들보다 문화를 지키고 가꾸어가는 노력이 남달랐다는 사실을 말한다. 그러므로 안동 사람들은 문화 생산자로서는 물론 문화 담지자로서도 탁월한 역량을 지녔다고 장담해도 좋다.

그런데 지금의 안동 사람들은 그러한 전통을 제대로 이해하지 못하고 있다. 양반 고장인 줄은 알아도 문화의 고장인 줄은 모르고 있기 때문이다. 문화적 전통을 잇지 못하고 그 실상을 제대로 알지 못한다면 진정한 양반이라 할 수 없다. 비문화적인 사람을 두고 양반이라 할 수 없다. 문화적 수준과 양반이라는 지체는 함께 가는 것이다. 그러므로 과거의 안동은 양반의 고장임이 틀림없지만, 아직도 안동을 양반 고장이라 하기에는 남사스러운 점이 한두 가지가 아니다. 제 고장 문화를 제대로 알고 가꾸어가는 데 별로 관심이 없는 탓이다.

Ⅳ. 무엇을 안동문화라 할 것인가

안동문화는 과연 있는가. 있다면 무엇을 안동문화라 할 것인가? 이 질문에 답하기 전에 우선 문화란 무엇인가 하는 문제부터 풀어보자. 문화란 사람들의 삶과 생각을 틀지워주는 일정한 준거라 할 수 있다. 어떤 일을 할 때 그렇게 하는 것이 옳다고 생각하고 그렇게 하는 것이 쉽고 편하다고 느끼며, 자연스레 그렇게 하게 될 때, '그렇게 하도록 하는 것'이 곧 문화이다. 쉽게 설명한다고 하는 것이 더 어렵게 되었다. 이때는 보기를 드는 것이 상책이다.

이를테면 밥을 먹을 때 밥그릇을 밥상에 놓고 먹는 것이 한국 사람들의 식문화라면, 밥그릇을 손에 들고 먹는 것은 일본 사람들의 식문화이다. 한국 사람들은 밥그릇을 밥상에 놓고 먹는 것이 옳다고 생각하고 그렇게 놓고 먹는 것이 쉽고 편하다고 느끼며 그렇게 놓고 먹는다. 아이들이 철모르고 밥그릇을 들고 먹으면 어른들이 "너는 왜 비렁뱅이처럼 밥그릇을 들고 먹느냐?" 하고 나무란다. 그런데 일본 사람들은 밥그릇을 손에 들고 먹는 것이 옳다고 생각하고 그렇게 들고 먹는 것이 쉽고 편하다고 느끼며 그렇게 손에 들고 먹는다. 아이들이 멋모르고 밥그릇을 놓고 먹으면 "너는 손이 없느냐, 왜 개처럼 밥그릇을 놓고 먹느냐?" 하고 나무란다.

밥을 먹는 방식이 틀리면 이처럼 한국 사람은 비렁뱅이에다 비유를 하고, 일본 사람들은 개에다 비유하여 나무라기 일쑤이다. 그러한 식문화가 알게 모르게 한국 사람들은 밥그릇을 상에다 놓고 먹도록 하며, 일본 사람들은 밥그릇을 손에 들고 먹게 하는 것이다. 그렇게 함으로써 한국 사람은 한국 사람답게 일본 사람은 일본 사람답게 되는 것이다. 이처럼 나라마다 일정한 방식으로 밥을 먹도록 하는 것이 문화이며, 그러한 차이는 서로 다른 문화적 전통 때문에 빚어진 것이다. 그러므로 사람들로 하여금 일정하게 생각하고 행동하도록 하는 삶의 틀거리, 곧 일정하게 틀지워져 있는 삶의 양식을 문화라 일컫는 것이다.

'일정한 삶의 방식'이 바로 문화인데, 더 간략하게 말하면 문화는 곧 '삶의 문법'이라 할 수 있다. 사람들이 사람답게 살기 위해서는 말을 사용하게 되고 그 말이 온전한 구실을 하려면 문법이 맞아야 하듯이 사람들의 삶도 마찬가지이다. 사람들이 더불어 살아가는 곳이라면 그것이 어디든지 '삶의 문법', 곧 문화가 있게 마련이고 그 문화에 맞게 살아야 온전한 사람 구실을 할 수 있다. 일본에서 한국 사람처럼 밥을 먹으면 개가 되지만 한국에서 일본 사람처럼 밥을 먹으면 비렁뱅이가 된다. 문화가 서로 다르기 때문이다. 따라서 한국사회에 한국문화가 있듯이 일본사회에는 일본문화가 있다. 같은 논리로 농촌사회에는 농촌문화가 있으며, 대학사회에는 대학문화가 있다.

이러한 사실을 고려하면, 안동 사람들이 살아가는 안동이라는 지역사회에도 안동문화라고 하는 것이 있게 마련이다. 마찬가지로 경주지역에는 경주문화가 있고 부여지역에는 부여문화가 있다. 이처럼 어느 지역이든 지역사회를 토대로 한 지역문화가 있다면, 안동문화 또한 '있다'고 말하지 않을 수 없다. 그러나 '안동에 문화가 있다'고 하여 '안동문화가 있다'고는 말할 수 없다. 안동에 문화가 있는 것과 안동문화가 있는 것은 서로 다른 개념일 뿐 아니라, 안동에 있는 문화가 다 안동문화일 수도 없으며 안동

안동포 7월 중순경 마을 부녀자들이 넓은 마당에 모여 앉아 두레쌈을 하고 있다.

문화는 안동에만 있는 것도 아니기 때문이다. 이를테면 안동 식혜는 안동의 식문화 가운데 하나이지만 안동 사람들이 이주해 사는 다른 고장에서도 만들어지고, 안동에는 본디 없던 마산의 아구찜과 춘천 막국수가 안동의 식문화 속에 끼어들 수도 있기 때문이다.

이때 우리가 주목하고자 하는 안동문화는 안동에 있는 마산의 아구찜이나 춘천 막국수가 아니라, 안동의 개성 있는 식문화로 인정받는 안동 식혜와 안동 건진국수이다. 이처럼 안동음식이 있는가 하는 질문이, 안동에 음식이 있는가 하는 것이 아니라 식혜와 건진국수와 같은 안동의 음식이 있는가 하는 것을 묻는 것이 듯이, 안동문화는 있는가 하는 질문 또한 안동에 문화가 있는가 여부를 확인하는 질문이 아니라 '안동의 문화', 곧 '안동다운 문화가 있는가' 하는 질문이어야 한다. 이렇게 질문을 바꾸어도 물론 안동문화는 있다. 안동 식혜와 안동 건진국수가 있는 한 안동문화는 있다. 안동포와 안동 소주가 여전히 명성을 떨치고 안동 사람들의 독특한 말씨와 종가들의 전통이 지속되는 한 안동문화는 실재한다고 말할 수 있다.

이처럼 안동문화가 실재한다고 할 때, 그것은 과연 어떠한 문화라고 할 수 있을까? 물론 한마디로 그 대답을 찾기는 어렵다. 찾았다고 하더라도 정답이라고 하기도 어렵다. 따라서 우리는 안동문화에 대한 여러 가지 질문을 던지고 그에 따른 다양한 답을 제각기 찾아나서지 않을 수 없다. 이처럼 다양한 문화양식들을 포괄적으로 뭉뚱그려 나타내기도 어려울 뿐 아니라, 이러한 삶의 문법마저 끊임없이 바뀌고 있기 때문이다. 안동문화 또한 이미 있었던 전통문화를 유지하는 한편 새로운 문화를 받아들이며 계속해서 바뀌어가고 있다.

이처럼 문화가 역사적으로 변화하고 발전한다고 하여, 특정 지역문화의 실체를 포착하지 못할 이유는 없다. 농촌문화와 도시문화, 전통문화와 현대문화, 남성문화와 여성문화 등이 다른 문화와 관계를 맺는 속에서 상대적인 의미를 지니듯이, 안동문화 또한 다른 지역문화와 상대적인 의미를 지니고 일컬어지게 된다. 그러므로 우리는 안동문화의 독자성을 다른 지역문화와 구별되는 상대적 특징 속에서 찾을 필요가 있다.

한국문화가 일본문화와 구별되는 것이듯이 안동문화 또한 이웃의 다른 지역문화와 구별될 때, 안동문화라고 하는 일컬음이 비로소 구체성을 확보하게 된다. 중요한 것은 안동문화가 있는가 없는가 하는 문제가 아니라, 안동은 다른 지역사회와 구별되는 독자적인 문화를 가지고 있는가 하는 문제이다. 다시 말하면 안동 사람들이 살아가는 일정한 삶의 틀거리 모두가 안동문화이긴 해도, 우리가 안동문화에 대하여 관심을 가지며 '무엇이 안동문화인가?' 하고 질문을 던질 때에는 안동문화의 독자성에 주목해야 한다는 것이다. 그러기 위해서는 안동문화의 주체를 생각하지 않을 수 없다. 안동 사람들의 문화가 다 안동문화일 수는 없기 때문이다.

V. 안동문화의 주체는 누구인가

안동에 사는 사람이라고 하여 다 안동문화의 주체일 수 없다. 안동에 살아도 안동 사람답지 않은 안동 사람들도 얼마든지 있다. 다른 고장 사람인데 밥벌이를 위하여 안동에 와서 사는 사람, 일찍이 안동을 등지고 객지살이를 하다가 뒤늦게 돌아와 사는 사람들은 안동 사람으로서 자기동일성을 확보하지 못하고 있다. 안동문화에 익숙하지 않거나 안동문화의 정체성을 상실한 사람들이 안동문화의 주체일 수 없다. 안동에 오랫동안 살아왔어도 안동문화를 거부하고 다른 지역문화를 본받는 데 열을 올리고 있는 사람도 마찬가지이다. 그럼 어떤 사람들이 안동문화의 주체인가. 안동문화를 담지하고 있는 안동 토박이들이 바로 안동문화의 주체라 할 수 있다.

주체를 염두에 두고 말한다면 안동문화는 곧 안동 토박이들의 문화를 말한다. 거꾸로 말하면, 안동 토박이들의 문화로서 안동 사람을 안동 사람답게 하는 문화라 할 수 있다. 물론 이렇게 말하는 것은 안동문화에 한정되지 않는다. 다른 지역문화도 같은 논리에 입각해서 말할 수 있다. 안동문화가 안동 토박이들의 문화이듯이 제주문화는 제주 토박이들의 문화이며 공주문화는 공주 토박이들의 문화라 할 수 있다. 그럼 안동 토박이는 누구인가. 안동 사람다운 안동 사람이 바로 안동 토박이이다. 안동 사람답기 위해서는 안동의 문화가 몸과 마음에 배어 있어서 말씨나 행동거지가 안동 사람으로서 개성을 지니고 있어야 한다. 누대로 안동에 뿌리내리고 살아온 안동 토박이들이 아니고서는 그런 개성을 갖추기 어렵다.

진정한 안동 토박이는 과거부터 안동지역에서 뿌리를 내리고 살아왔고 지금도 안동지역에 살고 있으며 앞으로도 안동지역에 붙박이로 살아갈 사람이다. 이처럼 과거와 현재, 미래가 함께 안동이라는 지역사회와 연관되어 있는 사람이 진짜 안동 토박이이다. 따라서 객지사람이나 뜨내기들과는 구별된다. 토박이라도 미래의 전망을 안동에 두고 있지 않은 사람들은 잠재적 뜨내기이며, 뜨내기나 객지 사람들도 미래의 전망을 안동에 두고 있으면 토박이로 정착하거나 회귀하게 된다. 안동을 등지고 떠난 사람들 가운데서도 안동으로 돌아올 생각이 있거나, 다른 고장 사람이라도 안동에 와서 정착하고자 미래를 설계하는 사람들은 어떤 식으로든 안동문화를 선망하고 적응하고자 하는 사람들이므로 미래의 안동 토박이라 해도 좋겠다. 그러나 현재로서는 과거와 현재를 토대로 안동에 살고 있는 토박이들의 문화를 안동문화라 할 수밖에 없다.

미래의 안동 토박이들이 만들어내게 될 안동문화는 알 수 없다. 자연히 우리가 주목하고자 하는 안동문화는 어느 정도 역사성을 띨 수밖에 없다. 이 점을 고려하여 안동문화를 다시 자리매김한다면, 안동문화는 안동 토박이가 주체가 되어 생산하고 전승하며 향유하는 전통적인 삶의 문법이라 할 수 있다. 안동의 동시대문화보다 전통문화에 무게중심을 두고 있는 것이 우리가 주목하는 안동문화의 실상이다.

전통문화란 개성을 지닌 문화가 역사적 지속성을 지니며 전승되어야 한다. 따라서 '안동 토박이 문화', 곧 '안동의 전통문화'는 다른 고장의 것과 구별되는 개성이 있어야 하며 일정 기간 안동 지역사회를 토대로 전승되었거나 지금도 지속되고 있는 것이어야 한다. 자연히 안동문화는 안동의 문화이자 안동다운 문화로서 뾰두라진 특성을 두드러지게 지닌 것이면서 역사성을 획득한 것으로 구체화된다.

따라서 이 책 《안동문화의 수수께끼》 속에는 이렇게 뾰두라진 문제가 중심을 이룬다. "안동에는 왜 양반이 많은가?" 하는 문제는 긍정적인 면에서 양성적(陽性的)으로 뾰두라졌다면, "안동에는 왜 동학난리가 일어나지 않았는가?" 하는 것은 부정적인 면에서 음성적(陰性的)으로 뾰두라졌다. 다시 말하면 우뚝하게 솟아오른 것과 옴팍하게 쏙 들어간 것이 다 뾰두라진 특성이라 할 수 있으므로, 이러한 음양의 양면을 함께 주목해야 할 것이다.

있는 것과 없는 것, 많은 것과 적은 것도 안동문화로서 개성을 지니지만 뾰두라진 상태가 예사롭지 않은 것도 주목할 만하다. "공민왕은 왜 안동으로 몽진해 왔을까?" 또는 "하회탈의 신비는 어디서 비롯되는가?" 하는 질문들이 이러한 관심에서 비롯된다. 그럼에도 불구하고 양성적으로 두드러진 문제를 중심으로 안동문화의 수수께끼를 해명하는 데 치우쳐 있는 것이 이 책의 한계이다. 앞으로 이러한 연구를 거듭한다면 안동에서 특별히 부족한 것을 더 다루어야 할 것이다. 이를테면 "안동에는 왜 실학자들이 배출되지 않았는가?" 또는 "안동에는 왜 판소리가 없는가?" 등의 문제들 또한 안동문화의 특징이므로 이러한 문제에 대한 관심도 기울일 만하다.

이러한 안동문화의 이해 방식은 특수한 것이 아니다. 안동의 자리에 다른 지역의 이름을 바꾸어 놓아도 마찬가지이다. 모든 지역문화는 지역 토박이들의 문화로서 지역적 특성과 역사적 전통을 확보하고 있는 문화로 자리매김할 수 있다.

안동 토박이들은 한 마디로 '안동 껑꺼이'를 말한다. "자아(장에) 왔니껴? 이건 얼마이껴? 점심 요기는 했니껴?"라고 하여, 모든 의문형어미를 '까'가 아니라 '껴'로 말한다. 그래서 안동 사람들은 일본말을 배워도 안동 껑꺼이의 속성을 버리지 못하고 기어코 티를 낸다고 한다. "네 그렇습니까?" 하는 뜻의 일본말을 "쏘 데스까?"라고 가르쳐도 안동 사람들은 으레 "쏘 데스껴?"라고 엉뚱하게 말하기 일쑤라고 하는 것이다. 이처럼 안동 토박이들은 자기 삶의 방식을 어지간해서는 바꾸지 않는다. 이를테면 안동 특유의 사투리를 표나게 쓸 뿐 아니라, 소박한 구석이 있으되 싹싹하지 못하고, 체면 차리기를 좋아하는 한편 관향 따지기를 또한 즐기는, 그래서 다소 권위적이되 인간적이며, 거만한 듯하면서도 겸손한 사람이 바로 안동 토박이의 한 전형이라 할 수 있다.

이를테면 체면 차릴 때는 겸손한 것처럼 보이지만 관향을 따지고 반상을 가릴 때는 교만하다는 느낌을 지울 수 없다. 제3자를 비판할 때는 독단적 권위주의에 빠져 있는 듯한데, 자기 문제에 대해서는 염치없이 뻔뻔스레 굴지 않는 미덕이 있다. 체면을 소중하게 여기고 염치를 알기 때문이다. 따라서 "귀문에 훌륭한 인물이 아주 많이 났다"고 추켜세우면 그렇지 않다고 겸양을 보이다가도, 훌륭한 인물을 특히 많이 배출한 특정 가문을 거론하면 "그집 문중보다야 우리 문중에서 인물이 더 많이 났지" 하면서 노골적으로 자찬을 하는 자만심을 은연중에 드러낸다. 이와 달리 객관적으로 널리 알려진 대단한 가문이나 학문적 업적이 상당한 교수를 깎아내리는 데 열을 올리다가도, 정작 대화를 나누는 상대방에 대해서는 그가 평범한 가문의 후예임에도 대단한 가문인 양 높여주며 별볼일 없는 교수라도 유명교수 이상으로 깍듯이 예우하는 겸양의 미덕을 발휘한다.

물론 이런 토박이 성향은 과거에 안동 양반으로 행세하던 사람들 가운데 더 두드러진다. 그래서 객지 사람들은 안동 사람들이 무뚝뚝해서 붙임성이 없다든가, 손님들에게 불친절하여 장사수완이 없다든가, 또는 안동 사람들은 겸손한지 거만한지 도무지 종잡을 수 없다든가, 꾸밈없이 소박하면서도 옹고집이 있다든가 하는 평을 종종 하게 된다. 이 가운데 한 면만을 보게 되면 "안동 사람들은 상당히 거(倨)하더라"는 평을 하게 되거나, 아니면 "안동 사람들은 참 소박한 데가 있더라"는 평을 하게 된다. 서로 어긋나 있는 두 논평은 모두 안동을 잠깐 다녀간 유명인사가 내게 들려준 것이다.

다른 고장에서 온 예사 사람들은 안동 사람들이 불친절하다는 말을 가장 많이 한다. 객지 사람에게 배타적이라는 지적도 자주 듣는다. 문중 중심의 혈연주의가 배어 있어 다른 성을 가진 사람이나 객지 사람에 대해서 은연중에 무뚝뚝하다. 따라서 다른 고장 사람들은 안동 사람을 양반이라고 일컬으면서도 실제로는 안동 사람에 대해서 정을 못느끼는 사람들이 많다. 달리 말하면 안동 토박이를 양반으로 추켜세우기는 하되, 인간적으로는 정나미 떨어지는 사람으로 간주하는 것이다.

그러므로 안동 토박이들은 껍데기 양반은 벗어던지고 알맹이 양반을 취해야 할 것이다. 껍데기는 과거 조상들의 양반 신분이라면 알맹이는 현재 자신의 인간다운 삶과 생각 자체이다. 실천적인 삶과 생각이 인간답다면 다른 고장 사람들이 즐겨 찾아와 사귀고 익혀 본받고자 할 것이다. 안동문화의 주체는 토박이들 가운데에서도 알맹이 양반 구실을 하는 사람, 곧 진정으로 인간다운 사람이어야 할 것이다.

Ⅵ. 안동문화를 왜 수수께끼 다루듯 하는가

안동문화를 이해하려면 먼저 의문을 가져야 한다. 무엇이든 제대로 공부하려면 스스로 모르고 있다는 마음가짐이 중요하다. 뭔가 알 만큼 안다는 생각을 가져서는 결코 공부가 되지 않는다. 이미 무엇이든 다 알고 있다는 사람은 결코 공부하려 들지 않기 때문이다. 스스로 무식하다고 생각할 때 앎에 대한 욕구가 생긴다. 앎에 대한 욕구가 강할 때 지적 탐구는 그만큼 수월하고도 흥미롭다.

따라서 모른다는 사실을 스스로 아는 것이야말로 가장 큰 앎의 밑천이다. 모르는 것도 안다고 착각하는 것이나, 스스로 아는지 모르는지조차도 모르는 분별력의 무지가 앎의 가장 큰 장애물이다. 우리가 '안동문화의 수수께끼를 푼다'고 한 까닭도 의문에서 시작하기 위해서이다. 우리가 뭘 알아서가 아니라 모르기 때문에 안동문화를 주목한다는 것이다.

"의문이 해답보다 중요하다." 미국 철학자 화이트 헤드의 말이다. 의문은 모르는 것이고 해답은 아는 것이다. 진정한 앎을 위해서는 아는 것보다 모르는 것이 더 중요하다. 새로운 앎의 추구는 의문에서 출발한다. 무엇을 알고자 하는 사람은 의문을 가지게 마련이다. 강한 의문은 질문으로 발전한다. 질문을 던지는 사람은 이미 어느 정도 답을 알고 있는 사람이다. 아주 모르는 사람은 질문조차 던질 수 없다. 질문은 해답을 보장한다. 그러나 질문 없는 해답은 죽은 지식이다. 기억에 의한 우격다짐의 지식이기 때문이다. 학문(學問)은 곧 물음을 통해서 앎을 익히는 것이다. 그러므로 우리가 안동문화에 대해 몇 가지 의문을 던지는 것 자체가 이미 안동문화에 관한 새로운 인식과 앎을 보장하는 것이다.

공부하려는 이는 매사가 수수께끼처럼 궁금해야 한다. 수수께끼는 예사 의문과 다르다. 단순한 질문이 아니다. 상당히 흥미롭고 재미있는 질문이다. 호기심과 궁금증이 버물려져 있는 의문이다. 그러면서 쉽게 답을 찾을 수 없는 미궁의 질문이기도 하다. 그럼에도 불구하고 흥미로운 질문이기 때문에 의문이 풀리게 마련이다. 알고자 하는 강렬한 욕구와 의지는 공부를 수수께끼처럼 재미있게 만들어준다. 그래서 우리는 '안동문화의 수수께끼를 푼다'는 주제 아래 이 연속강좌의 제목을 수수께끼와 같은 질문 형식으로 던지고 있는 것이다.

그럼 안동문화는 과연 어떠한가? 사실 그것이 수수께끼이다. 이 수수께끼에 답하기 위해서 앞으로 여러 가지 다양한 질문을 던지게 된다. 여기서는 우선 뭉뚱그려서 다음 몇 가지 안동 토박이 말로 답할 수 있다. 이 수수께끼 같은 대답들을 풀어보면 안동문화의 과거와 현재 성격을 어느 정도 포착할 수 있고 안동 사람들의 기질도 다소 이해할 수 있다. 우리가 토박이 문화로서 안동의 전통문화를 주목하는 것은 과거 문화를 역사적으로 이해하는 데에서 만족하기 위한 것이 아니라 앞으로 새로운 안동문화를 발전적으로 만들어가기 위한 것이다. 이처럼 미래의 전망을 생산적으로 가다듬어 나가려면 현재 안동문화에 대한 반성적 검토가 함께 필요하다.

　흔히 쓰는 안동 토박이 말들이지만 정확히 그 뜻을 헤아리는 데는 수수께끼처럼 알쏭달쏭한 데가 많다.　이들 말은 일상생활 속에서 안동 사람들끼리 흔히 써오던 말이면서도 지금 안동 사람들의 문제를 드러내며 반성을 촉구하는 말이기도 하다.

　"어른 참 벨나이더! 너무 벨나게 그지 마소."

　권위주의적인 어른이 지나치게 나서서 좌중의 분위기를 거스르며 우격다짐으로 어른 노릇을 하는 데 불만을 품은 젊은이가 참다 못해 어른에 대하여 항의할 때 흔히 하는 말이다. 어른 섬기기를 깍듯이 하는 반촌에서 젊은이가 어른에 대해서 이 정도로 버르장머리없는 말투로 저항하고 나온다면, 그 어른 또한 유난히 별나게 나댄 것이 틀림없다. 이 어른처럼 안동문화도 어지간히 별난 데가 있다. 이러한 별난 점이야말로 안동문화의 개성이다. 말씨도 별나고 양반상놈 따지는 것도 별나고, 관향과 족보 따지는 것은 더욱 별나다. 그래서 안동 사람들을 일러 '안동 껑꺼이'라 하고, '안동 양반'이라고 말하기 일쑤다.

　안동 사람은 안동 사람다워야 한다. 그러기 위해서는 어느 정도 별난 데가 있어야 한다. 그것이 개성이다. 개성 없는 사람이나 문화는 존재 의의를 상실한다. 그러나 너무 별나면 곤란하다. 지나치게 별난 사람은 더불어 사는 데 장애가 된다. 가족과 더불어 이웃과 더불어 세계와 더불어 사는 대동적인 삶을 확보하기 위해서는 지나치게 별나면 곤란하다. 더군다나 양반이나 관향을 별나게 따지는 것은 신분차별을 새로 조성하고, 안동 사투리를 지나치게 고집하게 되면 지역감정을 조장할 수도 있다. 차별 없이 더불어 사는 데 장애가 되지 않을 정도로 개성을 적절히 유지해야 하고, 사투리를 쓰더라도 이웃고장 사람들과 의사교환하는 데 지장이 없어야 한다. 그러므로 무엇이든 너무 별나게 그러지는 말아야 할 것이다.

"할배 참 대단으이더! 남도 쫌 대단은 줄 아소."

안동 사람들은 스스로 대단하게 여긴다. 특히 안동 토박이의 전형이라 할 수 있는 할아버지들은 더욱 그렇다. 과도한 자존심과 분수에 넘치는 자부심은 가문 자랑과 연결되어 있기 일쑤이다. 자기 가문이나 선조들에 대한 지나친 긍지 때문에 상대적으로 다른 가문의 사람들에 대해서는 하찮게 여기는 경향이 있다. '안동 양반, 의성 사람, 군위 것들, 예천 놈들'이라는 관용구가 형성되어 전승되는 배경도 이러한 사고방식과 연결되어 있다.

그래도 할머니들은 상대적으로 아량이 있다. 가문에 대한 자부심이 대단해도 융통성이 있어서 다른 집안을 의도적으로 용훼하려 드는 경우가 적다. 할머니들은 인간적 삶의 다양성을 인정하는 넉넉함이 있는데, 옹고집 할아버지들 가운데에는 잘못 굳어진 관념 때문에 도무지 융통성을 발휘할 기미조차 보이지 않는다. 이런 할아버지들의 삶과 생각을 아무런 회의 없이 따르고자 하는 젊은 층도 더러 있어 염려스럽다.

자신을 존중하게 여기는 것은 좋다. 선조들을 자랑스럽게 여기는 것도 배울 만하다. 그러나 자기 생각과 삶의 방식이 언제든지 옳다고 여기는 것은 바람직하지 않다. 내 가문이 대단한 것처럼 남의 가문도 대단하다. 시대와 세태에 따라서 가치관도 달라지고 세계관도 달라진다. 역사의 발전과 지역적 차이를 인정해야 하며 새 세대의 진보적인 생각에도 귀를 기울여야 한다. 다른 고장 사람들의 삶의 방식도 인정할 줄 알아야 한다. 세대와 세대, 지역과 지역의 문화적 차이는 맞고 틀리는 문제가 아니라 다만 서로 다를 뿐이다. 다른 것은 다양한 것이자 풍성한 것이다. 다양성을 죽이는 대단함은 획일성이다. 남도 대단한 줄 좀 알아야겠다. 할아버지들이야 이제 크게 문제될 것 없지만, 앞으로 고장 토박이 노릇을 하며 지역사회를 이끌어갈 젊은 사람들이 이러한 생각을 고스란히 물려받고 있다면 참으로 문제가 아닐 수 없다.

"아제요 섭섭으이더! 아제가 그꾸 글 줄 몰랬니더."

어느 집 잔치든지 잔치판이 파장될 무렵이면 잔치술로 얼굴이 불콰해진 사람들끼리 시비가 벌어지게 마련이다. 더러 시비가 지나치면 고함이 오고가고 젊은이들이 어른한테 대드는 일까지 발생한다. 이때 손위 항렬의 아저씨에 대하여 못내 섭섭하다고 한마디 하는 말투가 "아제요 섭섭으이더"이다. 안동문화에 대하여 잔뜩 기대를 걸고 있는 사람이라면 안동 사람들에 대하여 이런 말을 하고 싶을 때가 더러 있다. 그렇게 대단하다는 안동 양반들이 과거 사실들은 잘 들먹여도 지금 살아가는 문제에 대해서는 항상 침묵하고 있기 때문이다. 가문의 문제에 관해서는 남의 족보까지 소상하게 따지면서 그 내력을 일일이 짚어내는 열성을 보이면서도 민족과 나라의 문제에 관해서는 적극적인 관심이 없다. 기껏 자기 가문의 사람이 선거에 출마를 하면 문중 차원에서 밀어주는 정도의 정치의식이 고작이다.

안동은 전통의 고장이자 선비의 고장이다. 전통을 존중하고 선비의식이 강하다는 말이다. 그러나 과거에 그랬다는 사실만으로는 전통이 있다고도 할 수 없고 전통을 지켜간다고도 할 수 없다. 진정한 전통은 새 시대와 변화된 상황에 능동적으로 적응하면서 거듭 재창조되는 변용을 겪는 것이다. 그런데 안동에는 죽은 전통만 있고 살아 생동하는 전통이 없다. 유학의 고장, 선비의 고을이라고 하는데, 이 시대에 뜨르르한 유학자가 안동에서 배출되지 않고 독재정권에 맞서기 위해 민주화 투쟁에 적극적으로 나서는 선비다운 이들이 별로 없다. 왕정의 부패와 부조리에 대하여 상소문을 올리며 목숨을 걸고 항거한 선비정신과 유림의 전통은 다 어디로 갔는지 지금 안동에서는 찾기 어렵다. '사농공상(士農工商)'의 유교사회에서 '사(士)'라고 하는 대단한 자리를 차지하였던 선비의식도 두드러지지 않는다. 안동의 선비정신이 젊은이들을 통해 선비다운 학자로서 또는 군자다운 인격으로서 대내림하고 있는가 되물어보지 않을 수 없다.

오늘날 안동 선비들이 역사발전에 어떤 구실을 하고 있는가. 민주화 과정에 어떤 역할을 자임하고 나섰는가. 조선의 인물 반이 영남에서 나고 영남의 인물 반이 안동에서 났다고 하는데, 오늘 우리 역사를 움직이는 인물들 가운데 그만한 인물이 안동에서 났는가. 반촌 어른들은 농민으로 살면서도 농민운동에 적극적이지 않다. 개방화라는 이름으로 농민들의 밥줄인 쌀 시장을 미국에 맡겨놓고 있는데도 이를 저지하고자 나서는 안동 선비들이 없다. 반촌일수록 농민회 활동이 먹혀들지 않는다. 부조리한 현실을 개혁하고 왕정의 모순을 극복하기 위한 양반다운 전통을 오늘에 되살리지 못하고 있는 것이다. 양반의 후손은 많아도 양반다운 후손은 없는 셈이다.

자연히 안동과 안동 사람들에 대한 기대가 무너진다. 안동의 문화적 전통을 잘 알고 있는 사람일수록 섭섭함은 더 크다. 나라를 바로잡고 사회정의를 구현하기 위하여 목숨을 걸고 바른 주장을 펼쳤던 선비정신을 기대할 수 없기 때문이다. 정치의식도 무딘 데다가 큰 일보다 작은 일에, 또는 공적인 일보다 사적인 일에 골몰해 있는 탓이다. 민족과 국가 차원의 문제는커녕 지역문화의 현안에 대해서도 외고개짓을 하기 일쑤이다. 우리 선조들은 이처럼 침묵하지 않았는데 이렇게 무관심할 줄 몰랐다고 생각하니 섭섭하기 이를 데 없다. "아제요 섭섭으이더"라는 말이 절로 나올 만하다.

"할매 어두운데 살펴 가재이-! 내일 또 오느래이."

저녁에 마실 나왔다가 돌아가는 집안 할머니에게 하는 인사말이다. 외지 사람들이 들으면 버르장머리없는 인사말이라 할지 모르지만, 안동 사람들 사이에는 날이 어두우니 조심해서 살펴 가시라는 인정어린 인사말이다. 안동 사람들은 친인척 여성들에게 말을 높이지 않는다. 누나와 어머니는 물론 큰어머니와 할머니, 고모, 이모 등에게도 말을 낮춘다. 여성을 비하하는 가부장적 사고방식 탓으로 볼 수도 있지만, 허물없는 친근함의 표현이기도 하다. 그러므로 어두운 밤길을 가야 할 인생의 저물녘에 있는 할머니에게는 이런 정감어린 인사말이 제격이다.

안동은 문화유산이 참으로 많다. 정부에 의하여 문화재로 지정된 것만 보더라도 월등하다. 경주가 안동보다 문화재가 많으리라 생각하는 것은 선입견일 따름이다. 시·군 통합 직전인 1994년도 통계를 보면 경주시의 문화재가 183점인데 비하여 안동군의 문화재는 186점이나 된다. 전국 시·군 단위로 검토해보면 가장 문화재가 많은 지역이 안동군이다.

신라 때 수도였던 경주에 비하여 당시 고창군(古昌郡)이라는 신라 변방의 작은 고을이었던 안동의 문화재가 이만큼 많다는 것은 그야말로 대단한 문화 창출의 고장이자 문화재를 지켜갈 줄 아는 고장이다. 더군다나 문화재가 양적으로 많을 뿐 아니라, 특정 문화나 시대에 치우치지 않고 다양한 문화재들이 각 시대마다 골고루 축적되어 있다는 질적 성격을 고려한다면 안동문화는 곧 우리 민족문화의 전형성을 나타낸다고 해도 좋을 정도이다. 경주를 문화도시라고 하며 경주에 대한 연구서나 문화자료 소개서는 참으로 많다. 그러나 안동에는 본격적인 관광안내서 하나 없다. 안동을 읽을 수 있는 제대로 된 책 한 권 간행되지 않았다.

선조들이 가꾸어 놓은 문화재는 이렇게 대단하고, 우리 할배와 할매들은 지역문화를 이처럼 소중하게 지켜왔는데, 지금 우리는 무엇을 하고 있는가. 문화재가 전국에서 가장 많은 줄조차 모르고 있다. 가문이나 자신은 대단한 줄 알면서 고장의 전통이나 지역문화는 대단한 줄 모르는 것이다. 산업사회의 물신숭배 사조 속에서는 이들 전통문화들이 제대로 대접받기는커녕 훼손되기 딱 알맞다. 문화재 보호구역 안에 상업적 시설을 하여 돈벌이하려고 애쓰는 주민이나 이른바 개발논리를 앞세워 이를 허용해 주려는 행정관료들을 보면, 천여 년 지켜온 우리 문화재의 앞날이 크게 걱정된다. 21세기에 접어들면서 새 천년이 시작되는데, 앞으로 천년은커녕 당장 내일이 걱정된다.

마치 할머니가 어두운 밤길을 가듯이 우리 고장에는 아직 살펴보아야 할 전통문화가 위태로운 상태로 남아 있는 것이 많다. 따라서 밤길을 이리저리 살펴가며 조심하여 걸어가라고 당부하는 것처럼, 전통문화를 보존하고 계승하는 마음은 밤길을 배웅해야 하는 할머니처럼 더욱 신중하고 조심스러워야 한다. 그래야 내일의 우리 후손들에게 새 문화재를 만들어주지는 못해도 이미 있는 문화재나마 고스란히 물려줄 수 있다. 안동의 문화재들은 결코 오늘 우리들의 것이 아니다. 길이 지켜가야 할 우리 민족 모두의 문화유산임을 명심해야 한다.

Ⅶ. 안동문화, 과연 무엇이 수수께끼인가

아직도 무엇이 수수께끼인지 모를까? 사실 답은 이미 어느 정도 제시되어 있다. 안동문화에 대한 일련의 질문들을 통해서 안동문화에 대한 수수께끼는 자세하게 드러나 있다. 이들 수수께끼를 풀기 위해 우리는 2년이라는 긴 시간을 두고 하나씩 하나씩 질문을 던지고 그에 대한 답을 찾아왔다. 물론 안동문화에 관한 수수께끼가 모두 제기된 것은 아니다. 안동이 왜 성주신앙의 본향인지도 궁금하다. 안동에 퇴계 선생과 같은 훌륭한 인물이 어떻게 배출되었는지도 알고 싶다. 이 밖에도 여러 가지 수수께끼를 더 제기할 수 있다. 따라서 이 작업은 계속되어야 마땅하다. 중요한 것은 수수께끼의 답을 제대로 푸는 것이다. 그러기 위해서도 수수께끼에 대한 문제의식이 정확해야 한다. 다음 두 가지 질문을 통해서 그러한 가능성을 찾아볼 필요가 있다.

1. 안동이 유학의 본고장이라는데 조선조 이전에는 어땠는가

흔히 동방의 추로지향(鄒魯之鄕)이라고 일컬을 정도로 안동은 유교문화가 드센 곳이다. 퇴계와 도산서원을 중심으로 형성된 영남학파는 조선조 성리학의 구심점이 되었다. 퇴계학은 현재 국제 퇴계학회가 성립될 정도로 국제화되어 있으며, 당시 도산서당은 지금의 서울대학이나 다름없을 정도로 가장 훌륭한 인재를 길러 내는 교육기관 가운데 하나였다. 따라서 안동을 성리학의 본산이라 할 만하다. 그러나 이런 사실은 모두 퇴계 이후 도산서원의 학맥에 기초한 것이다.

그럼 유교문화가 본격적으로 형성되기 이전에 안동의 불교문화는 어땠으며, 불교문화 이전의 우리 토착문화는 어땠을까? 바꾸어 말하면 조선조에는 유학의 중심지였는데, 신라 때는 어땠고 고려 때는 어떠했는가? 또는 민족사의 전개에 안동사는 어떤 구실을 하였는가? 하는 질문을 던질 수 있다.

신라 때는 안동이 변방의 작은 고을에 지나지 않았다. 그럼에도 당시의 불교문화 전통을 입증할 만한 문화재들이 많이 남아 있다. 특히 주목되는 것은 법흥동 7층 전탑(塼塔)을 비롯한 전탑의 집중적 분포와, 봉정사 극락전, 이천동 마애불 등이다. 다른 고장에는 희귀한 전탑이 안동을 중심으로 동심원을 그리며 10여 기가 집중 분포되어 있어서 안동이 독자적인 불교문화를 창출하였음을 알 수 있다. 우리 나라에서 가장 오랜 목조건물이 안동시 봉정사에 극락전의 형태로 남아 있으며, 가장 거대한 마애불 가운데 하나가 안동시 이천동 제비원에 자리잡고 있다. 이 마애불은 주민들에게 제비원미륵불로 더 알려져 있다. 그리고 법흥사에서부터 서악사까지 추녀가 이어질 정도로 사찰이 즐비하여 비오는 날에도 버선발로 다닐 수 있었다고 한다. 신라 변방의 작은 고을이었지만 경주에 버금가는 불교문화를 누렸다고 할 수 있다.

고려 때는 안동이 고려 통일의 기틀을 마련한다. 고창(古昌)전투에서 견훤의 세력에 밀리던 왕건은 안동의 권행(權幸), 김선평

(金宣平), 장길(張吉) 등 삼태사(三太師)의 도움으로 견훤을 물리치고 승리함에 따라 후백제를 멸망시키고 통일고려를 세우는 기틀을 마련한다. 아직도 고창전투와 관련하여 '야래자(夜來者)' 전설 및 '가수내' 전설이 전하고 있다. 동채싸움의 유래를 이 전투의 승리에서 찾기도 한다. 안동이 도호부(都護部) 또는 대도호부로서 행정구역의 지위가 상승하게 된 것도 이때부터이다.

고려말에는 공민왕이 홍건적의 난을 피하여 안동으로 몽진(蒙塵)해왔다. 이로써 안동은 고려의 임시수도가 되었다. 공민왕이 전국의 여러 고장을 다 제쳐두고 하필 안동으로 몽진해온 까닭도 수수께끼이다. 이때 안동부의 사람들이 공민왕을 잘 맞아들이고 섬겨서 홍건적을 물리치고 무사히 환도하게 하였다. 안동의 놋다리밟기 놀이도 노국공주를 맞이하기 위한 것이라는 유래가 있다. 이 일로 안동은 복주목(福州牧)에서 안동대도호부로 다시 승격한다. 그러므로 고려시대 안동은 고려 초기의 건국 기틀을 마련하고, 중후기에는 야별초 등의 반란군을 진압하며 홍건적의 침입에 따른 위기를 극복하는 데 결정적으로 이바지함으로써, 고려사를 만들고 지탱하며 마무리하는 구실을 하였다. 이로써 안동사와 고려사는 함께 발전해왔다고 해도 지나침이 없다.

조선시대에는 억불숭유정책이 시행된다. 불교의 고장이었던 안동은 불교문화를 유지하면서 당시의 새 정치이념인 유교의 중심지로 새로운 위상을 확보한다. 역동(易東) 우탁(禹倬) 선생이 예안(禮安)에 주자학의 뿌리를 박고 퇴계 선생이 도산서당을 중심으로 성리학을 꽃피운다. 퇴계 이후에는 그 문도들이 도산서원을 거점으로 성리학의 이념을 발전시킨다. 그 결과 "조선의 인물 반이 영남에서 나고 영남의 인물 반이 안동에서 났다"고 할 정도로 많은 인재가 이 고장에서 배출되었다. 학자들의 저술 결과물인 문집의 수도 전국에서 가장 많다. 각종 성리학 관련 저서들이 안동에서 쏟아졌다. 자연히 서원도 전국에서 가장 많이 설립되었다. 사부향(士夫鄕) 안동 또는 '추로지향' 안동이란 말이 성립되는 근거를 마련하였다. 그러므로 조선조에 안동이 차지하는 위상은 고려 때보다 그 비중이 더욱 커졌다.

2. 외래문화 전래 이전의 토착문화는 어떠했는가

불교문화든 유교문화든 한결같이 우리 토착문화가 아닌 외래문화이다. 자생적인 토착문화로서 민족고유의 문화라 할 수 있는 것은 민속에서 찾아야 한다. 그런데 안동은 민속문화재가 가장 풍부하다. 전국적으로 널리 알려진 것만 하더라도 하회별신굿탈놀이, 동채싸움, 놋다리밟기, 성주신앙 등이다.

성주신앙은 문화재로 지정되지 않았으되, 무당들이 성주굿을 하면서 부르는 성주풀이를 들어보면 전국 어디서든 "성주의 본향은 어드메냐 경상도 안동땅 제비원이 본일레라"고 하여, 안동이 성주신앙의 메카임을 노래한다. 제비원에 마애불이 조성되어 불교문화가 뿌리를 내리기 전에는 안동이 우리 토착신앙 가운데 하나인 성주신앙의 중심지였음을 알 수 있다. 이 밖에 안동포, 안동소주, 안동식혜, 고건축 등 의식주생활 전반에 걸쳐서 문화적 독자성과 우수성을 잘 유지하고 있다. 이들 문화재들은 불교문화나 유교문화와 구별되는 민속문화재들이다. 따라서 안동은 민속의 고장이라 할 정도로 민속문화재로 지정된 문화재 또한 전국에서 가장 많다. 그러므로 안동의 문화사적 전개과정을 주목해 보면, 토착문화인 민속문화와 함께 불교문화, 유교문화가 각 시대마다 강성했을 뿐 아니라, 이미 있는 문화유산을 잘 계승하면서 새로

운 문화를 받아들이는 데도 융통성을 발휘했음을 알 수 있다.

그런데 왜 그 동안 안동을 추로지향으로만 편벽되게 알고 있었을까? 연구자들이 문헌자료만 들여다보았기 때문이다. 조선조 이전에는 아무나 한문을 터득할 수 없을 뿐 아니라, 문헌을 간행할 수 있는 처지에 있는 사람은 더욱 제한되어 있었다. 기록을 남기고 문헌을 간행할 수 있는 사람들은 한결같이 사대부 계층이다. 따라서 문헌 속에는 유교문화에 관한 내용이 중심을 이룰 수밖에 없다.

그러나 유물자료와 구비전승자료를 대상으로 연구를 하게 되면 불교문화의 자취와 민속문화의 자취도 함께 밝혀낼 수 있다. 그러므로 안동문화의 온전한 이해를 위해서는 문헌수집과 함께 유물자료를 보기 위하여 답사를 하고 민속자료를 수집하기 위하여 현지조사도 해야 한다. 안동문화의 실체를 총체적으로 밝히기 위해서는 문헌자료만 매만질 것이 아니라 현장에 남아 있는 유물자료와 구전자료를 조사하고 연구하는 쪽으로 관심을 돌릴 필요가 있다. 다른 고장의 지역문화 연구도 마찬가지이다.

Ⅷ. 지금의 안동문화는 어떠한가

지금은 안동이 문화의 오지라고 할 정도로 문화적 변방에 속해 있다. 안동의 어떤 문화도 중앙문화를 제치고 이 시대의 새로운 문화로 전범을 이루지 못하고 있다. 역사적으로 각 시대마다 당대문화의 중심지였던 안동이 지금에 와서는 왜 문화의 변방으로 처져 있게 되었을까? 그것은 문화의 입지조건이 다르기 때문이다. 농경사회의 자연스러운 문화적 조건과 달리 산업사회는 산업과 교통, 정치, 경제, 행정, 교육이 앞서야 문화적 입지조건을 잘 갖출 수 있는데, 안동은 그런 처지에 놓여 있지 못하다.

안동은 이들 입지 가운데 어느 것에서도 중심지 구실을 하지 못하고 있다. 국가공단 한 평 없는 안동이 산업의 중심지일 수 없으며 서울까지 5시간 정도 걸리는 안동의 지리적 위치가 교통의 중심지일 수 없다. 정치와 경제, 행정은 더 이를 필요가 없다. 다만 교육문제에 관해서는 중등교육이 다소 두드러져 있다. 그러나 이미 교육수준이 높아져서 고등교육이 발전하지 않고서는 교육의 중심지 구실을 할 수 없는 상황이다.

그럼에도 불구하고 안동문화의 전통은 지금도 살아 있다. "부자가 망해도 3대는 버틴다"는 말이 있듯이, 유교문화에 이은 새로운 문화로서 기독교문화가 안동에 강성하다는 사실이 이를 입증한다. 일찍이 천주교 안동교구청과 개신교 안동경안노회가 대구교구청 및 경북노회와 나란히 경북 북부지역 기독교 행정의 중심지 구실을 해온 것은 좋은 보기이다. 오래 전부터 안동의 문화공간 대부분을 가톨릭재단에서 제공하고 있고 안동의 진보적인 인사들의 민주화운동 및 문화운동 또한 기독교의 배경 속에서 이루어지고 있다. 지금 동시대의 안동문화를 이끌어가고 있는 힘의 동력은 유교문화라기보다 오히려 기독교문화에서 더 적극적으로 제공된다고 할 수 있다.

안동과 같은 양반고장에 기독교가 강성한 까닭은 어디에 있을까? 이 또한 자세하게 따져봐야 할 수수께끼 가운데 하나이므로 별도로 다루게 된다. 성급한 대로 우선 답을 찾아본다면, 문화적 조건이 크게 달라져도 오랜 전통의 힘이 현재 안동문화의 위상을 지탱해주고 있는 까닭으로 이해할 수 있다. 안동문화의 전통은 이미 있는 문화를 지켜 가는 동시에 당대의 새로운 문화를 능동적으로 받아들여 주체적으로 재창조하는 융통성을 지녔다고 할 수 있다. 따라서 기존의 유교문화와 대척적인 관계에 있는 기독교문화라고 하여 맹목적으로 거부하지 않고 적극적으로 받아들인 셈이다.

그러므로 안동문화의 전통을 제대로 알고 계승하려면 이미 있는 전통만을 고집하는 보수적 경직성에서 해방되어 다양한 전통의 가능성을 제대로 이해하고 오늘날에 맞게 창조적으로 계승하며 새로운 문화를 융통성 있게 수용해야 한다. 이런 전통을 되살린다면 안동문화는 다시 한 차례 비약할 가능성이 있다. 그런 비약을 꿈꾸며 안동문화의 수수께끼를 하나씩 풀어 가기로 한다.

임 재 해

2. 안동의 역사 이야기

안동에는 왜 양반이 많은가

Ⅰ. 누가 양반인가

양반이란 말은 아주 폭넓고도 다양하게 쓰여 왔다. 원래는 고려시대 문반과 무반을 지칭하는 것에서 유래된 것이라 한다. 양반이란 말이 지배신분층을 지칭하는 의미로서 더 보편적으로 쓰이게 된 것은 조선시대였다. 그러나 조선시대에도 양반이라는 용어가 법제적으로 분명하게 규정되어 있었던 것은 아니었다. 따라서 구체적으로 누가 양반인지 분명하지 않았다. 더욱이 세상은 어느때 없이 변화하기 마련이고, 신분 역시 고정불변일 수만은 없었다. 따라서 양반의 구체적인 대상과 의미가 달라질 수도 있었다. 신분적으로 양반이라는 것과는 달리 '이 양반, 저 양반'으로 지칭되기도 하였던 것은 이러한 현실을 반영하고 있다. 이같은 사정에서 양반에 대한 여러 주장들이 제기되었던 것이다.

양반을 조선시대의 신분제와 분리하여 이해할 수는 없다. 조선시대의 신분제는 양반·중인·평민·천민의 4분법적으로 이해되는 것이 일반적이다. 그러나 처음부터 이렇게 편제되어 있었던 것은 아니었다. 크게는 양인(良人)과 천인(賤人)이라는 이분법적인 구분 위에 현실적으로 경제적 사회적 정치적인 특권을 장악한 양인 상층이 양반으로서 존재하면서 양반·평민·천민이 형성되었고, 17세기에 이르러 다시 양반과 평민 사이의 고급 전문직종의 종사자를 중심으로 한 중인층이 분화됨으로써 마침내 4개의 신분층이 형성되었던 것이다. 초기 양인층 내부에는 상당한 개방성이 있었지만, 점차 유교적인 의식과 체제가 확립되면서 신분간의 배타적인 체계가 확고해지게 되었다. 이러한 과정을 거치면서 점차 양반은 배타적이면서도 특권적인 존재로 고정되어 갔다.

신분제 사회에서 신분을 엄격히 구분하는 것은 아주 중요한 문제였다. 이것은 바로 체제를 유지하는 문제와 직결된 것이다. 그래서 이를 구분하기 위해 거의 모든 문서에는 신분이 기재되기 마련이었다. 호적이니 호패니 하는 국가의 공적 기록에는 물론이고, 개인간의 사문서에도 반드시 신분을 표기하였다. 그렇다고 하여 여기에 양반이니 평민이니 하는 식으로 적었던 것이 아니라, 개개인이 종사하는 직역을 기재하였다. 이것이 사실상 신분을 구분하는 근거였다.

양반이란 말은 사대부(士大夫)란 말과도 통용되었고, 또 사족(士族)이라고도 하였다. 사대부란 독서하는 선비[士]와 전·현직 관료[大夫]를 일컫는다. 전·현직 관료라 하더라도 선비에서 출발하였고, 또 신분이 개인적인 문제가 아니라 가문을 단위로 결정되는 까닭에 이들을 사족이라고 하였던 것이다.

선비가 관료가 되는 일반적인 방법은 과거를 통해서였다. 양반이 참여하는 과거에는 문·무과가 있고, 또 여기에 대·소과가 있었다. 문무의 대과합격자를 급제(及第)라고 하고, 소과합격자를 생원(生員)·진사(進士), 또는 출신(出身)이라 하였다. 공신 또는 고관을 역임한 자들의 자손에게는 음직(蔭職)이 주어지기도 하였고, 충순위(忠順衛)·충찬위(忠贊衛) 등을 두어 국가유공자의 후손을 예우하기도 하였다.

이러했음에도 모든 양반이 관직이나 품계를 가질 수 있었던 것은 아니었다. 관직이나 품계를 가지지 않은 이들을 통칭해서 유학(幼學)이라고 하였다. 말하자면 양반이란 크게는 유학층을 기반으로 하여 전·현직 관료와 품계를 가진 사람들이라고 할 수 있다. 이들은 농업 등의 생산활동에 참여하지 않았고, 국가에 대한 군역의 부담을 지지 않는 특권층이었다.

그러나 양반을 이러한 직역만으로만 구분하기엔 곤란한 점도 있다. 가령 관직과 품계를 가졌다 하더라도 실제로는 평·천민일 수 있기 때문이다. 평·천민층은 돈으로 관직과 품계를 살 수도 있었다. 임진왜란 이후에는 부족한 국가재정을 보충하기 위한 방편으로 공명첩(空名帖)이니 납속첩(納粟帖)이니 하는 것을 남발해서 상당수의 평·천민들에게 관직과 품계를 주었다. 평·천민들은 나아가 유공자의 후손들을 예우하기 위해 설치하였던 충순위·충찬위 등에 투속하기도 하였고, 양반의 일반적인 호칭이던 유학을 모칭하기도 하였다. 이로 말미암아 유학층이 급격히 증가하였다. 유학층의 급격한 증가는 물론 기존 양반의 수적 증가에서도 오는 것이었지만, 더 직접적으로는 평·천민들의 모칭 때문이었다. 하층민들은 사회적인 차별만이 아니라 경제적으로도 군역을 비롯한 각종 역을 부담해야만 했고, 양반 직역(職役)의 취득은 하층민들이 신분적인 혹은 경제적인 질곡에서 벗어날 수 있는 유일한 방법이었다.

아무튼 18세기 이후에는 직역만으로는 양반인지 아닌지를 구분하기가 몹시 어렵게 된다. 그래서 양반을 직역이 아닌 다른 기준으로 판별해야 할 것을 주장하기도 한다. 혹자는 당시대인들의 인식을 기준으로 누가 양반인지를 가려야 하며, 이같은 기준에서 가장 중요한 것은 바로 현조(顯祖)의 존재라고 한다. 즉 직계조상 가운데 학문이나 관직상으로 뛰어난 사람이 있으면 양반으로서 인정할 수 있다는 것이다. 사실 당시 지역사회에서는 나름대로의 기준에 따라 '양반 중의 양반'을 구별하고 있었다. 이들은 스스로를 문족(門族)·세족(世族) 또는 청문사족(淸門士族)으로 인식하고 있었다.

이들은 여말선초에 각지 호장층(戶長層)을 구성하였던 토성층(土姓層)의 후예였지만, 향리들과 스스로를 구분하면서 그들 중심의 향촌 지배질서를 확립하고자 향안(鄕案)을 작성하기도 하였다. 향안은 명문사족들의 명부인 셈이었다. 안동에서는 향안이 16세기부터 작성되었던 것으로 보인다. 16세기 초반 안동의 향안에는 사족으로서 문제가 될 수 있는 인물, 즉 향리·서얼가문, 그리고 군사·백성가와 결혼한 양반가문 등이 입록되기도 하였지만, 이후 몇 번에 걸친 심사과정을 통해 이들을 축출하고, 그 후손들의 참여를 엄격히 제한하여, 말하자면 청문사족만을 대상으로 한 향안을 작성하게 되었다. 어느 고을에서나 향안에 참여하기 위해서는 삼향(三鄕 : 본향·외향·처향)에 신분적인 하자가 없어야 했다. 따라서 향안 입록자는 명실공히 그 지역사회에서 자타가 공인하는 양반이었고, 그 기준은 관직의 고하보다는 오히려 가문을 중요시하였다.

따라서 전·현직 관료나 문과 급제자, 생원·진사라 하여 반드시 1급양반[淸門士族]으로 인정되었던 것도, 반대로 유학이라고 해서 하층양반으로 취급되었던 것도 아니었다. 이러한 사정을 성호(星湖) 이익(李瀷)은 "영남에서는 사환(仕宦) 외에 세족(世族)이라는 것이 있어 양반으로서의 지위를 영구히 잃지 않는다"고 하였다. 이렇듯 각 지역마다 자기 기준에 의한 1급양반인 세족·문족·청문사족을 구별하기도 하였지만, 중앙집권세력 또한 그들 중심으로 양반을 구분하고 있었다. 즉, 자신들은 문벌(門閥)로 인식하면서 대부분의 지방양반들을 한문(寒門)이나 향족(鄕族)으로 낮추어 보았던 것이다.

18, 19세기 조선왕조의 신분제는 크게 동요되고 있었다. 이같은 동요는 농업의 발전을 토대로 한 것이었다. 이에 따라 양반 가운데서도 몰락하는 경우가 있었고, 상천(上賤)이 경제적인 부를 축적할 수도 있게 되었다. 몰락양반은 대체로 양반의 지위를 유지하기 어려웠고, 부의 축적이 가능하였던 농민은 이를 바탕으로 신분을 상승시키기도 하였다. 농민들의 신분상승은 앞에서 언급하였듯이 납속이나 공명첩을 통해서 합법적으로 행해지기도 하였지만, 타인의 족보를 사거나, 관리들과 결탁하여 호적상에 유학으로 모칭하거나, 아니면 공신·종실의 후예로 자처하는 등 비합법적인 방법이 더 일반적으로 행해졌다. 이중환(李重煥)이 《택리지(擇里志)》에서 "사대부가 혹 평민이 되기도 하고, 평민이 오래되면 혹 사대부가 된다"고 한 것이나, 다산(茶山) 정약용(丁若鏞)이 유학층의 증가를 두고 "한 나라가 모두 양반이 되면 장차에는 양반이 없게 될 것이다"고 한 것은 바로 이같은 사정을 말한 것이었다.

아무튼 양반이란 법제적으로 명확하게 규정되어 있었던 것도, 조선왕조 전시기를 두고 똑같은 의미를 가졌던 것도 아니었다. 따라서 양반이란 말은 그 쓰임새와 시기, 또는 지역에 따라 그 대상과 의미를 조금씩 달리 할 수 있는 것이다. 그러나 여기서는 이 모든 양반을 논의하자는 것은 아니다. 다만 이같은 사실을 염두에 두고 우리는 대략 다음과 같이 규정해 보기로 한다.

양반이란 조선왕조의 지배층으로, 과거 등을 통하여 관직에 나아갈 수 있으며, 비록 과거에 합격하지 못하더라도 향촌사회를 호령하면서 군역을 담당하지 않고, 생산활동에 직접 참여하지 않으면서도 살아갈 수 있는 사람들이라고, 그리고 누가 양반인가 하는 문제는 누가 양반집안인가라는 문제에서 접근해야 한다는 것을 사족(蛇足)으로 붙여두기로 한다.

Ⅱ. 과연 양반이 많았는가

흔히들 안동을 양반고을이라고 한다. 이것은 그냥 신분상 특권 계급으로서의 양반 신분의 사람이 많다는 의미이기도 하겠지만, 사실은 예의범절을 잘 지키는 참으로 양반다운 양반이 많다는 뜻일 것이다. 조선시대의 양반은 정치 사회적인 지도층이었다. 이들은 성리학적인 윤리와 가치관을 벗어날 수 없었지만, 사회 지도층으로서의 의무와 사명을 수행하고 있었다.

따라서 안동에 양반이 많다면, 이들은 다만 특권적인 지배신분층으로서만이 아니라 정치적 사회적으로 지도적인 역할을 수행한 휼륭한 사람이 많다는 의미이기도 할 것이다. 만일 화회탈춤에 나오는 양반처럼 오직 하층민으로부터 야유와 비판만 받는 존재라면 안동에 양반이 많은 것이 무슨 의미가 있겠는가. 조선시대 안동의 풍속이 순후(淳厚)하고 근검절약하는 미풍양속으로 전국에서 제일로 꼽히고 있었던 것은 양반이 많다는 것과 무관한 것이 아니었다.

  그러면 양반다운 양반이 과연 많았을까. 그러나 여기서는 이같은 양반을 골라서 헤아릴 수가 없다. 양반답다는 것은 지극히 애매하고 또 상대적이며, 많다는 것 또한 정해진 기준이 있는 것이 아니기 때문이다.

  이제 우리는 어쩔 수 없이 그냥 양반의 수가 많았다는 것으로 돌아가지 않을 수 없다. 그렇다고 하여 정말 많았는지에 대한 물음을 회피할 수는 없다. 그냥 많을 것이라는 막연한 생각은 우리를 늘 불안하게 하기 때문이다. 그러나 양반이 얼마나 많았는지를 수량적으로 정확히 제시할 수는 없다. 양반의 가장 기본적이고 일반적인 존재형태인 유학(幼學)이 얼마나 되는지를 알 수 없기 때문이다.

  양반이 많으면 자연히 과거합격자도 많고, 과거합격자가 많으면 관리로서 현달한 인물도 많을 것이며, 유행(儒行)과 문학으로 이름난 사람도 많을 것이다. 다행히도 조선시대에는 어느 고을이나 읍지(邑誌)라는 것이 있어서 이들의 명단을 적어두고 있기 때문에 그 대략적인 수를 확인할 수 있고, 나아가서는 다른 고을과의 비교를 통해서 그 많고 적음을 헤아려 볼 수 있다.

  우리는 우선 이들 읍지에 등재된 인물수를 한정적이나마 그 지방 양반수의 축소판이라고 생각하기로 한다. 물론 읍지의 인물수를 병렬적으로 단순 비교한다는 것은 무의미할 수 있다. 각 고을마다 읍세와 지역적인 대소의 차이가 있기 때문이다. 이같은 문제점을 보완하기 위해 우선은 안동과 비슷한 고을을 대상으로 하고, 또 이들 군현의 호구(戶口)와 전결수(田結數)를 함께 제시함으로써 단순한 숫자상의 비교가 가지는 한계를 최대한 줄여보기로 한다.

  표 1에서 볼 수 있듯이 안동은 비슷한 규모의 읍세를 가진 여러

표 1. 경상도 중요 군현의 읍세와 인물(양반수)

읍명	호수	전결수	양반수	문과	생진	음사	일천	유행	문학
안동부	1,887	11,283	915	229	329	147	54	34	122
예안현	174	908	217	61	41	65	28	7	15
경주부	2,332	19,733	269	65	88	57	9	22	28
영천군	863	7,432	227	48	63	40	6	20	50
밀양군	1,999	10,285	293	57	65	49	0	15	107
상주목	2,521	15,360	477	208	96	99	26	9	39
선산부	1,005	9,170	216	116	47	32	8	8	5
성주목	2,445	15,555	522	91	144	78	12	17	180
진주목	2,220	12,730	349	91	90	57	10	29	72

비고 : 양반수는 문과·생진·음사 등을 합한 수임
자료 :《세종실록지리지》호구 전결수
　　　《교남지》인물조(문과·생진 등)

지역과 비교할 때, 어느 곳 못지않게 양반이라고 할 수 있는 사람들의 수가 많음을 알 수 있다. 이와 더불어 경상도 71읍 가운데에서 조선 전·후기를 통틀어 문과급제자를 한 명도 배출하지 못한 경우가 5개 고을, 문과와 생진을 합하여 10명 미만인 경우도17개 고을이나 되었음을 염두에 둘 필요가 있다. 물론 객관적인 기준이 되는 문과·생진·음사와 일천(逸薦)의 경우와는 달리 유행(儒行)과 문학(文學)에 해당하는 인물의 경우에는 선정기준이 각 고을마다 같았다고는 할 수 없을 것이다. 여기서 이를 제외한다 하더라도 안동의 양반수는 결코 다른 지역에 비해 적지 않다. 여기에 안동으로 범칭할 수 있는 독립 군현이었던 예안까지를 포함한다면 안동에 양반이 많다는 말은 그냥 해보는 소리만은 아님을 알 수 있다.

Ⅲ. 양반이 왜 많았는가

안동에 양반이 많았다면 이들은 고래로부터 안동에서 거주했던 것일까? 그렇지는 않다. 고려시대의 지방 지배세력은 향리였다. 이들은 말하자면 신라말 고려초에 각지에 웅거하던 호족들의 후예이다. 조선시대의 양반들은 이들 향리의 후예라고 할 수 있다. 그렇다고 하여 안동 향리들의 후손이 곧 안동의 양반이 되었던 것은 아니다. 조선시대 각 고을의 양반은 어느 곳 할 것 없이 대부분 타지에서 이주해온 성씨들로 구성되어 있다. 그리고 이러한 이주는 대부분 15~16세기에 이루어졌다. 안동의 경우도 예외는 아니었다. 결국 안동에 양반이 많다는 것은 많은 양반들이 고려말 조선초에 다른 곳에서 안동으로 이주해와서, 이들이 크게 번창하였음을 의미한다. 그러면 많은 양반들이 왜 안동으로 이주해왔으며, 이들은 어떻게 성장할 수 있었을까? 우리는 다음과 같은 몇 가지 이유를 생각해볼 수 있다.

1. 고려 이후 토착세력이 강성하던 곳이다

후삼국시대 왕건과 견훤이 신라를 중간에 두고 각축전을 벌이고 있을 때 안동지방은 고려의 입장에서는 매우 중요한 전략적 요충지였다. 그러나 견훤이 경주를 함락한 여세를 몰아 경북지역 일대를 석권하게 되자 고려와 견훤군은 일대 격전을 벌이지 않을 수 없었다. 이것이 바로 태조 13년에 일어난 안동 병산(屛山)전투였다. 이 병산전투의 승리로 태조 왕건은 후삼국을 통일할 수 있는 결정적인 계기를 잡게 되었다. 즉, 이후 안동 주위의 30여 군·현이 투항하였고, 곧이어 경순왕(敬順王)이 사신을 보내고, 또 신라 동쪽 바닷가의 여러 주군(州郡)이 모두 항복해 왔던 것이다.

병산전투의 승리는 무엇보다 당시 안동지방을 장악하고 있던 성주(城主) 김선평(金宣平)과 군인(郡人) 권행(權幸)·장길(張吉) 등의 공로가 컸다. 그래서 왕건은 이들에게 벼슬을 내리고 그들의 본관인 고창군(古昌郡)을 안동부(安東府)로 승격시켰다. 이들이 바로 토성(土姓)의 우두머리로 안동김·권·장씨의 시조가 되었고, 왕건으로부터 삼한공신의 칭호를 받았다. 이들 삼한공신은 말하자면 안동의 호족인 셈이었다. 이들과 이들의 후손들은 공신의 칭호와 호장직을 통해 안동의 지역사회를 장악하였다.

특히 이들 안동의 호족은 개성 주변지역의 호족이 고려의 왕건에게 귀순함과 동시에 상경하여 중앙의 관인이 되었던 것과는 달리 오랫동안 그들의 근거지를 떠나지 않았다. 말하자면 안동에는 고려시대부터 강력한 재지적(在地的) 기반을 가진 토착세력이 있었다는 것이다. 조선시대의 양반은 하늘에서 내려온 것도 하층농민에서 솟아오른 것도 아니다. 바로 이들 향리들의 일부가 과거를 통해 중앙으로 진출하여 관료가 됨으로써, 또는 여말선초의 혼란기에 품관층(品官層)이 됨으로써 양반이 되었던 것이다.

안동의 토성은 튼튼한 재지적 기반을 바탕으로 고려중기 이후에 활발하게 중앙으로 진출하기 시작하였다. 이들 가운데 일부는 고려후기에 이르러 중앙의 권문세족, 또는 명문가문으로 성장하면서 본관지(本貫地)와 인근의 토착세력을 대거 중앙정계로 이끌어들였다. 이로써 안동과 인근의 토착 토성세력들은 선초에 이르기까지 선후의 차이를 가지면서 끊임없이 중앙정계로 진출하게 되어 마침내는 조정에 두루 포진할 수 있게 되었다. 또한 이들은 중앙의 명문귀족 또는 타도·타읍 출신의 재경관인과 광범한 혼인 관계를 형성해 나갔다. 여말선초의 이같은 사정은 왕조교체와 이후의 빈번한 정치적 혼란기에 중앙의 명문사족들을 대거 안동으로 유인하는 직접적인 계기를 만들었다.

중앙의 명문사족들이 왜 하필이면 안동으로 이주하게 되었을까? 이것은 당시 결혼풍속과 깊은 관련을 가진다. 당시의 결혼풍속은 오늘날과 달리 신랑이 신부집으로 장가를 말 그대로 가버리는 남귀여가혼(男歸女家婚)이 일반적이었다. 따라서 남자들은 결혼과 더불어 대부분이 처가살이를 하는 형편이었고, 이들은 장인·장모로부터 처남과 똑같은 자격으로 재산을 분배받았던 것이다. 많은 경우에 사위가 장인이 살던 집을 그대로 승계하였고, 외손들은 외가에서 자라기 마련이었다. 이러한 사정에서 안동의 토성사족 출신들은 물론이고, 이들과 혼인관계를 갖게 된 타지의 사족들도 안동에 경제적 기반을 확보하고 있는 셈이었다.

여말선초 정치세력의 교체와 계속되는 정치적 혼란은 재경관인층에게 자의반 타의반으로 낙향을 강요하고 있었다. 재경관인들이 선택할 수 있는 낙향지는 본향이나 처향·외향일 수밖에 없었다. 연고가 없는 곳으로 이주한다는 것은 사실상 불가능한 것이었다. 안동의 토착세력과 연고를 가진 이들은 곧 처향·외향을 따라 안동으로 이주하게 되었다.

이에 따라 고려중기 이후 안동 출신 인사의 중앙진출이 빈번했던 것만큼 여말선초의 변혁기에는 중앙과 타지 사족들의 안동 이주가 활발하게 전개되었다. 고성이씨(高城李氏)·의성김씨(義城金氏)·홍해배씨(興海裵氏)·청주정씨(淸州鄭氏)·영양남씨(英陽南氏) 등은 바로 이러한 과정에서 처향 또는 외향인 안동에 정착하게 되었던 것이다.

결국 안동지방에는 고려 초기 이래 강력한 재지적 기반을 확보하고 있던 토착세력이 있었고, 이들의 토착적 기반을 바탕으로 중기 이래 많은 안동 출신의 인사가 상경종사하였다가 여말선초 혼란기에 이들이 타도·타읍 출신의 사족들과 함께 안동에 낙향함으로써 안동은 양반의 고장으로 성장할 수 있었던 것이다. 이들을 포용할 수 있었던 것은 물론 경제적인 넉넉한 터전이 있었기 때문이다.

2. 미개발된 임내(任內)가 많았다.

안동은 고려 건국 이래 대읍웅부(大邑雄府)로 성장하였고, 이로써 많은 임내(任內)를 거느리게 되었다. 임내란 지방관이 파견되지 않은 속현과 향·소·부곡을 말한다. 안동의 임내지역으로는 개단(皆丹)·소천(小川)·소라(召羅)·춘양·내성·재산·감천 등지가 있다. 15세기에 전국에서 경상도가, 경상도에서 안동이 가장 많은 임내지역을 가지고 있었다. 안동에 많은 사족이 운집할 수 있게 되고, 또 성장할 수 있었던 것은 많은 임내의 존재와 무관하지 않다. 그러면 이들 임내지역의 많음과 안동에 양반이 많다는 것과는 무슨 관계가 있는가?

조선시대의 양반, 곧 사족은 여말선초에 이족(吏族)에서 분화되면서 원거주지인 읍치(邑治)지역을 벗어나 임내지역에 그들의 근거지를 마련해가고 있었다. 당시 읍치지역은 이미 개발되어 있었고, 기존의 향리들이 모두 장악하고 있었으며, 또한 관사조직이나 행정조직의 통제가 직접적으로 미치는 곳이었다. 반면에 임내지역은 거의 미개발된 상태였으며, 관부로부터 멀리 떨어져 있어 사족에 의한 개발이 용이하였다.

사족은 이들 지역을 개발할 수 있는 좋은 조건을 갖추고 있었다. 관청으로부터 개간허가권인 입안(立案)을 쉽게 확보할 수 있었고, 풍부한 노동력을 소유하고 있었으며, 지식인으로서 새로운 농법을 수용하고 있었다. 또한 이들은 여기에 이미 거주하고 있던

표 2. 향안 입록 인물의 지역별 분포

지역 / 입록인 수	부내	동면	차동면	남면	차남면	서면	차서면	북면
	21	19	17	16	8	24	17	15

지역 / 입록인 수	임하현	길안면	일직현	풍산현	감천현	내성현	합계	
	30	9	28	98	19	15	335	

표 3. 명문양반가의 거주지 분포

성관	가문의 명조	거주지역	구분
풍산류씨	류운룡·류성룡	하회동	풍산속현지
풍산김씨	김양진	오미동	〃
광산·순천김씨	김수·김유온	구담리	〃
안동권씨	권주	가일리	〃
안동김씨	김삼근	소산리	〃
순흥안씨	안경노	지내동	〃
의성김씨	김진	천전리	임하속현지
전주유씨	유성	수곡·박곡	〃
고성이씨	이증	운흥리	읍치부근
의성김씨	김한계·김굉	구미리	일직속현지
한산이씨	이문영·이상정	소호리	〃
안동권씨	권벌	유곡	내성속현지
의성김씨	김우굉·김성구	해저리	〃
안동김씨	김계행	묵계동	길안속현지
안동권씨	권칙	석남리	감천속현지
진성이씨	이정·이정회	주촌	읍치의 외곽지역

농민들과 토지를 그들의 전호(佃戶)와 농장으로 편입시키면서 경제적 기반을 쉽게 확보해 나갈 수 있었다. 말하자면 안동의 이러한 넓은 임내지역은 많은 양반을 포용할 수 있는 터전이 된 셈이었다. 이같은 사정은 1530년 안동 〈향안〉에 입록(入錄)된 인물의 거주지역이나, 명문양반가의 거주지 분포를 통해서도 확인된다.

표 2, 표 3에서 볼 수 있듯이 명문양반가의 거주지 대부분이 안동의 속현지역이었고, 이에 따라 속현지역에서 향안 입록 인물들을 많이 배출하고 있음을 알 수 있다.

속현지역의 이들 양반마을은 몇 굽이 돌아서야 겨우 찾아갈 수 있는 산간 오지에 위치하고 있다. 따라서 번잡한 가로변이 아닌 인적이 드문 조용하고 한적한 곳이다. 따라서 처사적인 풍류를 즐기는 선비들의 취향에도 적격이다. 더욱이 우리는 수많은 외침

안동김씨 집성촌 풍산 소산동의 김상헌(金尙憲) 선생 종가(오른쪽).

을 받아왔다. 해변과 강 하구, 대로변은 전란시에 큰 화를 입게
마련이었다. 여말선초 북로남왜(北虜南倭)의 외침 속에서 생존은
그 무엇보다도 중요한 것이었다. 안동은 피병지(避兵地)로서도 의
미를 가질 수 있다. 이러한 안동의 자연지리적 조건은 다른 지역
양반의 입장에서는 부러울 수밖에 없었다. 다산이 양반의 거주지
로 안동을 우선적으로 꼽고 있었던 것도 이같은 사정 때문이기도
하였다.

3. 농업의 선진지대였다

어느 시대이고 사람이 살아가는 데 필요한 중요한 하나의 조건
은 경제적인 기반일 것이다. 이것은 양반에게도 마찬가지이다. 학
문을 위해서도, '봉제사 접빈객(奉祭祀接賓客)'을 위해서도 절실한
문제이다. 결국 안동에 양반이 많은 이유도 경제적인 문제와 직
결된다. 그러나 경제적인 측면에서 안동에 양반이 많다는 것은
쉽게 납득되지 않는다. 그것은 평야는 물론이고 풍산들을 제외하
고는 넓은 들조차 없는 형편이기 때문이다. 농경지라야 기껏 산
곡간에 산재해 있을 뿐이다.

그러면 안동 양반은 오직 근검절약하면서 고고하게만 살았을
까? 물론 그러한 경우도 많았을 것이다. 그러나 안동의 양반들
또한 손님을 대접하고 제사를 받들기 위해서도 적지않은 경제적
인 기반이 필요하였다. 더욱이 16세기 후반기에 중앙의 정치 주
도세력으로까지 성장하고 활동할 수 있었던 것 또한 경제적인 기
반 없이는 불가능한 것이었다. 그러면 안동의 양반들이 이같이
성장하고 활동할 수 있었던 경제적인 배경은 무엇이었을까? 이것
은 또한 여말선초 많은 사족들을 안동으로 유인할 수 있었던 경

제적인 배경이기도 할 것이다.

오늘날의 사정과는 달리 15, 16세기의 안동은 선진적인 농업지대의 하나였다. 안동의 재지사족은 당시 최신농법이었던 강남농법, 즉 이앙법을 앞장서서 수용하고 있었으며, 시비법·종자개량 등에도 많은 관심을 가지고 있었다. 이앙은 기존의 직파법에 비해 더 많은 수확을 가능하게 하면서도 노동력을 절감시킬 수 있었다. 당시의 현실에서는 가히 혁신적인 것이었던 만큼 위험부담을 안고 있었다. 그것은 물의 공급이 원활하지 못하면 크게 실농할 수밖에 없었기 때문이었다. 이러한 사정에서 조정에서는 이앙법을 전면적으로 금지하고 나섰던 것이다.

안동의 양반들이 일찍부터 이앙법을 수용할 수 있었던 것은 안동의 농업조건이 이앙에 최적지였기 때문이다. 이앙에 가장 중요한 것은 관개(灌漑)였다. 안동의 농경지는 산곡간에 산재해 있었고, 여기에 물을 공급하기란 그리 어려운 문제가 아니었다. 흐르는 계곡의 물을 간단한 천방이나 보를 설치함으로써 쉽게 농업용수로 활용할 수 있었던 것이다. 조선 초·중기의 농업용수는 대천(大川)의 물이 아니었다. 평야지대가 농업의 중심지로 자리잡은 것은 대체로 조선후기라 할 수 있다. 이러한 점에서 조선초 안동은 농지의 규모에 비해 생산성이 높은 쌀농사를 지을 수 있었던 것이다.

이 시기에는 쌀농사도 중요하였지만, 사실상 주곡은 보리였다. 이앙은 쌀농사뿐만 아니라 보리농사도 가능하게 하였다. 즉 벼농사와 보리농사의 이모작이 가능하였던 것이다. 논에서 쌀과 보리를 함께 수확할 수 있다는 것은 크나큰 행운이었다. 이러한 사정에서 안동은 다른 어느 곳 못지않게 농업생산력이 높았던 곳이었다. 말하자면 안동은 쌀의 생산과 함께 당시의 주곡이었던 보리

를 통해 자급자족할 수 있었을 뿐만 아니라 나아가서는 어느 정
도의 부를 축적할 수 있었고, 이렇게 축적된 부는 안동 양반들이
성장할 수 있는 경제적 기반이었음은 말할 필요도 없다. '경상도
보리 문동(文童)'이란 바로 안동을 중심으로 한 보리농사지대의
경제적 기반과 이를 바탕으로 중앙정계에서 활동하고 있던 안동
의 선비들을 지칭하는 말이다.

안동을 당시 경제적인 선진지대로 발전할 수 있게 하였던 것은
이곳 양반들의 선진농법의 수용과 자연지리적인 조건뿐만 아니라
안동을 비롯한 경상도 농민들의 부지런함 때문이기도 하였다. 경
상도에는 천방·보가 유별나게 많고, 농민들의 밭 갈고, 김 매고,
거름 줌이 타도에 비해 배나 된다는 말이 15세기 조정에서 운위
될 정도였다.

15, 16세기 안동이 가지는 경제적인 위치는 18세기 이후에는
크게 달라지게 된다. 이앙법의 전면적인 보급과 저지대·평야지대
의 개발은 논농사의 비중을 더욱 높이는 반면에 농업의 중심지까
지도 이동시키고 있었다. 안동은 조선후기에 이르러 더 이상 경
제적인 중심지가 아니었다. 더욱이 상업의 발달은 이를 더욱 가
속화시키고 있었다. 경제 중심지의 이동은 자연스럽게 정치 주도
세력의 이동을 가져왔다. 조선후기 안동 양반들의 정치적인 몰락
은 바로 이같은 경제적인 조건의 변화와 일치하는 것이다.

4. 불교가 성한 퇴계의 고장

안동은 고려시대에 불교가 크게 흥성하였던 곳으로 곳곳에 사
찰이 있었다. 조선시대 서원의 수와 향교의 규모가 재지사족세력
의 번성 및 쇠잔과 비례하듯이 사찰의 규모와 수도 고려시대 재

지세력의 강약과 일치한다. 신라말 골품제 사회에서 지방의 호족
이 성장할 수 있었던 한 배경은 불교, 즉 선종(禪宗)의 역할이 컸
던 것이다. 고려시대 향리세력은 학문적 정신적 토대를 불교에
두고 있었고, 사찰의 건립과 팔관회·연등회 등 다양한 불사를 통
해서 지역민을 그들의 지배하에 묶어둘 수 있었으며, 동시에 지
역민과의 일체감과 유대감을 형성할 수 있었다. 조선시대 양반의
학문은 성리학이었고, 성리학은 불교를 철저히 배척하고 있었다.
그러면 안동에 불교가 성한 것과 양반이 많은 것이 무슨 관계가
있는가?

　우리는 불교와 유학(성리학)을 쉽게 이분법적으로 편갈라버리고
만다. 그리고 조선의 건국과 더불어 불교와 성리학은 철저히 단
절되어 있었던 것으로 생각한다. 그러나 선초의 성리학자들은 불
교에 많은 소양을 가지고 있었고, 승려들 또한 성리학에 대한 식
견이 높았다. 많은 양반들이 오랫동안 절간에서 공부하기도 하였
다. 이것은 오늘날 고시공부하듯 그냥 돈 주고 방이나 얻어 쓰는
정도는 아니었을 것이다. 성리학의 심학(心學)은 불교에서 얻음이
컸었고, 고승들과의 토론은 유·불의 이분법적인 저급한 수준을
넘어서는 것이었다. 이것은 후대의 고지식한 양반들이 선배들이
절간에서 공부했던 것을 문제삼고 있었던 것에서도 알 수 있다.
결국 불교가 성하였다는 것은 양반 유학자들의 학문적인 발전에
기여하는 바도 적지 않았을 것이다. 그러나 불교의 성함은 이러
한 학문적인 측면에서만 양반의 성장에 긍정적으로 작용하였던
것은 아니었다.

　고려시대의 사찰은 조선시대의 서원과 향교가 그러하듯이 많은
토지와 농민을 소유하고 있었다. 이 막대한 물적자원이 왕조교체
와 더불어 관부와 향교·서원의 경제적 기반이 되었음은 물론이

고, 지방 양반들의 경제적 사회적 기반으로 쉽게 전환될 수 있었던 것이다. 말하자면 안동의 양반은 불교세력이 가졌던 경제적 기반을 바탕으로 크게 성장할 수 있었던 것이다. 예컨대 사찰이 해체되어 관부와 향교의 건축자재가 되었고, 많은 절들이 양반들의 재사(齋舍)나 정사(亭舍)로 개조되었고, 또 절터에는 서원이나 향사당 등 양반들의 공적 지배조직이 들어서게 되었다. 또한 명맥을 이을 수 있었던 사찰은 관부(官府)나 서원·향교, 또는 양반가문에 예속되어 일정한 공역(貢役)을 담당하였다.

안동이 양반의 고장으로 존재할 수 있었던 또 하나의 배경에는 안동에 퇴계가 있었기 때문이라고 할 수 있다. 퇴계는 젊은 날을 주로 16세기 초반 사화기(士禍期)에 활동하였다. 특히 사림의 개혁 정치가 실패하고 많은 사류가 처참히 살육되는 기묘사화를 목도함으로써 사회적 개혁과 학문적 이상의 실현이 얼마나 어려운 것인가를 인식할 수 있었다. 이러한 젊은 날의 경험은 이후 학문적 정치적 활동에 크게 영향을 끼쳤을 것임은 물론이다. 퇴계의 학문은 '인(仁)'을 중요시한다. 말하자면 근신하고 자기를 항시 되돌아보아 스스로를 닦아 학문에서나 생활에서 모나지 않는 인간상을 강조하였다. 이러한 퇴계학은 이후 안동 양반의 처세술에 큰 영향을 주었을 것으로 보인다. 또한 퇴계는 동서분당 이전에 생존함으로써 정치적인 분열·대립과 큰 관계없이 사림의 종장으로서 위치할 수 있었다.

안동의 양반은 학문적으로는 영남학파의 적통으로 자임하면서, 정치적으로는 영남 남인을 주도해 가는 위치에 있었다. 이러한 학문적 정치적 위치는 안동 양반들이 관직으로 진출할 수 있는 더 많은 기회를 제공해주었다. 조선시대에는 과거를 통해 관직에 나아가는 것이 보편적이었다. 따라서 출세는 개인의 능력에 따른

최근에 재현된 도산별시(陶山別試)의 모습

것으로 보인다. 그러나 과거응시와 합격자는 군현의 세력에 따라 차이가 있었고, 설사 관직에 나아가서도 학맥·혈연과 함께 지연 또한 중요하게 작용하였다. 말하자면 안동의 양반은 안동에 살고 있었기 때문에 상대적으로 많은 혜택을 누리고 있었던 셈이었다.

　조선후기 대부분의 지방 양반들은 관직에서 소외되어 있었다. 관직으로의 진출은 생계와 사회적인 명예를 획득하는 지름길이었다. 양반들은 관직에서 소외되면 될수록 이를 더욱 더 연연해 하였다. 그러나 안동의 양반은 비록 상대적이기는 하지만 그래도 초연하게 지낼 수 있었다. 안동의 양반은 학문적인 성취만으로도 사회적 명예, 즉 양반으로서의 지위를 지킬 수 있었기 때문이었다. 안동에서 양반의 높낮이는 관직의 고하에 있지 않았다. 어느 집안의 후손이며, 누구의 제자인가 하는 것이 더 중요하였다. 이 점을 타지의 양반들은 심히 부러워하였던 것이다. 이뿐 아니라 안동은 퇴계로 말미암아 학문과 정치적으로 결속할 수 있었다. 안동의 양반은 퇴계를 연원으로 하는 학문적 전통과 남인으로서의 정치적 결속으로 그들 스스로에 대한 자부심과 긍지를 가지게 되었다. 이같은 자부심과 긍지는 안동을 양반고을로 만든 또 하나의 요인이었다.

안동의 양반, 양반고을로서의 안동은 결코 무에서 창조된 것이 아니었다. 앞 시대의 토착적 기반과 문화적 전통을 바탕함으로써 성장 발전할 수 있었던 것이다.

정 진 영

공민왕은 왜 하필 안동으로 몽진해 왔을까

I

고려왕조 말기에 홍건적의 침입으로 공민왕이 안동으로 몽진(蒙塵)해 왔다는 사실은 우리나라 역사를 배운 사람이라면 대부분 알고 있을 것이다. 그리하여 우리 안동은 고려시대 약 3개월 동안 임시수도가 되었던 것이다.

전통사회에서 왕이란 지위는 한 나라의 운명을 좌우할 수도 있는 막중한 존재이다. 따라서 왕의 거동에는 세심한 배려가 요청되었으며 더욱이 전란의 시기에 그가 몽진하는 곳은 여러 가지 측면에서 까다로운 조건이 요구되기 마련이었다. 왜냐하면 왕의 존재로 보아서 그것은 국가의 흥망과 직결되는 문제이기 때문이다.

그러므로 이 글은 고려말 홍건적 침입 때 국왕 공민왕이 당시 전국의 오백팔십여 개가 넘는 수많은 군현 가운데 그의 피난 대상지로 하필 안동을 선택하게 된 배경을 밝혀보고자 하는 데 주된 목적이 있다. 그와 동시에 안동지방이 공민왕 몽진 이후 고려 왕조에 기여한 점이 무엇인가도 부수적으로 해명함으로써 홍건적 격퇴과정에서 우리 안동지방이 차지하는 비중도 함께 규명해보고자 한다.

II

다 아는 바와 같이 홍건적이란 원나라 말기 중국의 한족(漢族)을 중심으로 일어난 반란군을 말한다.

몽고족을 중심으로 성립된 원나라는 건국 초기에는 그런 대로 참신한 정치를 시행하여 피지배계층의 대부분을 이루고 있는 중국인들의 호감을 사기도 하였다. 그러나 시간이 경과할수록 우수한 선진문화에 동화되면서 지배계층인 몽고인들은 점차 문약(文弱)에 빠지는 경향을 드러내었다. 그 결과 여러 가지 모순과 비리가 격화되었는데 이러한 과정에서 자연히 하층민들의 생활은 어려워지면서 불만이 고조되기 시작하였다.

이와 같은 사회적 현상을 재빠르게 정치적으로 이용하여 중국인들의 민족주의와 긍지를 자극하는 일대 저항운동이 북중국을 중심으로 활발히 전개되었다. 홍건적도 그러한 항거집단의 하나로 그들은 주원장(朱元璋) 등 중국인 지도자들을 앞세워 중국의 북방지방을 석권하면서 원나라 정부를 괴롭혔다.

그러므로 원나라 지배층은 통치체제의 안정을 유지하기 위해서도 홍건적에 대한 일대 소탕작전을 전개하지 않을 수 없었다. 그러한 토벌작전 과정에서 원나라 관군(官軍)에 쫓긴 홍건적들은 사방으로 분산하여 이동하게 되었는데, 그 가운데 요동지방으로 옮겨온 일단의 홍건적들이 인접한 고려에 침입하였다.

홍건적은 두 차례에 걸쳐 고려를 침공하였는데, 먼저 1차침공은 1359년(공민왕 8) 12월에 홍건적 지도자 가운데 한 사람인 모거경(毛居敬)의 공격이었다. 그는 이 해에 4만여 명의 군사를 이끌고 얼어붙은 압록강을 건너 평안도 의주(義州)지방을 삽시간에 함락시킨 후 그곳 주민 1천여 명을 학살하는 만행을 저질렀다. 이어 이웃고을인 정주(靜州)와 인주(麟州)를 차례로 점령하면서 고려 서북면 도지휘사(都指揮使)인 김원봉(金元鳳)을 죽였다. 사태가 이에 이르자 고려정부는 문하시중(門下侍中) 이암(李嵓)을 서북면(西北面) 도원수(都元帥)로 임명하고 홍건적에 대응하기 위하여 승선(承宣) 이상의 고위관리들은 말 한 필을 바치도록 하는 동시에 각 사원에 소속된 승려와 말도 모두 징발하여 홍건적에 대처해 나갔다.

이와 같은 대응에도 불구하고 적들은 계속적으로 남하하여 마침내 고려왕조에서 매우 중요시하는 서경(西京)까지 함락하여 인심을 크게 동요시켰다. 그러나 우리의 병사들은 다시 전열을 가다듬고 힘써 싸운 결과 서경을 수복하는 개가를 올릴 수 있었으며, 그 여세를 몰아 이방실(李芳實)을 주축으로 홍건적을 압록강 밖으로 몰아내는 데 성공하였다. 그런데 이와 같이 쫓겨간 적들은 수도 개경을 함락시키지 못한 것이 천추의 한이 되었던지 그로부터 2년 뒤인 1361년(공민왕 10) 주원수(朱元帥) 등을 중심으로 10만여 명의 대군을 이끌고 재차 고려를 침공하였다. 이때는 병력도 1차 때보다 두 배 이상이었으며, 기타 모든 면에서도 전번보다는 월등히 증강된 것이었다. 그들은 이렇게 우세한 병력을 앞세워 파죽지세로 압록강을 단숨에 건너 평안도 삭주(朔州)를 함락시켰다.

고려왕조는 다시 이방실을 서북면 도지휘사(都指揮使)로 임명하여 방어하게 하는 한편, 거국적으로 동원령을 내려 이에 대처하고자 하였다. 특히 서북지방에서 수도 개경(開京)에 이르는 길목에 있는 천혜의 요충지인 절령(岊嶺)에 군대를 집중 배치하여 철저히 방어하도록 지시하였다.

고려측의 이와 같은 대응에도 불구하고 막강한 기동력을 가진 홍건적은 성난 파도처럼 밀고 내려와 평안도와 황해도지방 각 고을을 차례로 점령한 뒤, 마침내 고려정부가 심혈을 경주하여 지키고 있던 절영요새지까지 이르게 되었다. 고려측에서는 절령 주변에 방어용 목책(木柵)을 견고히 하면서 1차침입 때 개선한 이방실(李芳實)·안우(安祐)·김득배(金得培) 등의 이름난 장수들을 앞세우고 병력과 무기들을 집중 배치하여 적의 공격을 분쇄하고자 하였다. 이렇게 되자 홍건적도 절령 함락에 더욱 결의를 단단히 하여 치밀한 격파작전을 수립하고 있었다. 즉 이들은 밤이 되기를 기다려 절령 성책 바로 곁에 1만여 명의 군대를 매복시켜 놓았다가 첫닭이 우는 새벽을 기하여 중무장한 기마병(騎馬兵) 5천으로 집중 공격, 요충지 절령을 기어이 함락시켰던 것이다.

사태가 이렇게 되자 고려정부와 백성들은 모두 크게 동요하게 되었으며 그 결과 적의 날카로운 칼날을 피할 방도를 강구하지 않을 수 없었다. 이리하여 고려 공민왕도 부득이 몽진 대상지를 물색하여 피난하지 않을 수 없는 막다른 처지에 이르고 말았다.

III

국왕의 처소는 전란 때라고 하여 함부로 이동할 수 없으며 오히려 비상시에는 국가의 위기를 극복하는 원천으로서 더욱 소중히 다루어지지 않으면 안 된다. 그런 까닭에 전란시 왕의 몽진 대상지역 선정에는 여러 가지 조건이 고려되어야만 한다. 그 가운데 주요한 몇 가지만 들어본다면 다음과 같다.

첫째, 적의 침공을 막기에 적당한 지형적 조건을 구비하여야 한다. 특히 이와 같은 지형은 전근대사회의 전투에서는 커다란 기능을 발휘하기 때문에 더욱 고려되었던 요소이다. 둘째는 그 지역이 경제적으로도 여유가 있어야 하는데, 이는 물자유통이 원활하지 못한 전시에 왕을 비롯한 지배층의 부양을 위해서뿐만 아니라 재기(再起)를 도모하는 데도 필요하기 때문이다. 셋째는 해당 지방 주민들이 평소부터 신의(信義)를 존중하여 믿을 수 있어야 하겠다. 이러한 고장의 주민들은 비록 위급한 경우에 직면하더라도 배신하지 않고 국가를 위하여 충성을 다하기 때문이다. 역사에서 전란 등의 위기상황이 전개될 때 국가와 정부를 팽개치고 도주하는 지방의 주민들을 흔히 발견할 수 있다.

마지막으로 거론할 수 있는 조건은 당시 중앙의 집권층에 연고가 있는 친숙한 곳이라면 더욱 좋겠다. 위급하여 피난하는 처지에서 그 대상지가 집권층에게 여러 가지 이유로 낯설지 않다면 그곳을 찾게 되는 것은 인지상정이다.

왕의 몽진 대상지 선정조건이 대체로 이와 같다면 우리의 안동지방은 앞에서 제시한 조건들을 어느 정도로 충족시키고 있었는지 지금부터 검토하여 보기로 하자.

먼저 안동지방의 지형적 조건을 살펴보면 북서쪽에는 소백산맥이 질주하는 가운데 특히 죽령(竹嶺)과 조령(鳥嶺)이 병풍처럼 울타리 구실을 하고 있고, 동쪽으로는 태백산맥이 달리면서 호위하는 형세이다. 그 당시 홍건적은 북쪽에서 쳐내려오고 있었으므로 안동지방의 북쪽을 험준하게 가로지르는 죽령과 조령은 이곳을 지키는 든든한 방패막이 구실을 충실히 수행할 수 있었으며, 여기에 금상첨화로 남쪽으로는 낙동강이 굽이쳐 흐르고 있어서 외적(外敵)을 방어하기에 적당하였다.

이러한 안동의 지형적 특성은 일찍부터 여러 사람들에게 공감되었는지 《교남지(嶠南誌)》 안동고을 산천조(山川條)를 보면 "千年 兵禍 不入之地"로 표현하여 오랫동안 전란의 재앙이 들어올 수 없는 안전한 곳으로 단정하고 있다. 따라서 우선 지형적 조건에서 당시 북쪽으로부터 내려오는 홍건적을 방어하기에 우리 고장은 합격할 수 있었다.

여기에 덧붙여 고려말기에는 동남쪽 해안지방을 중심으로 왜구(倭寇)들도 한창 고려를 괴롭히고 있었기 때문에 그들이 출몰하기에 적당한 바닷가에 인접한 지방은 제외될 수밖에 없었다. 그러나 안동은 그같은 해안으로부터도 멀리 떨어진 내륙지방이기 때문에 왕의 몽진 대상지로서는 더욱 안성맞춤이었다.

여기에 더하여 홍건적은 위에서 이미 언급한 바 있지만 그들의 주력부대가 기병(騎兵)이었기 때문에 말이 잘 달릴 수 있는 평야지대는 몽진 대상지로서 제외되지 않을 수 없었는데, 안동지방 주변에는 산악지대가 많이 있어 이 점에서도 유리한 조건이었다.

두번째로 경제적 측면에서 비교적 여유가 있어야 한다는 조건을 살펴보기로 하자. 당시 국왕을 비롯한 지배계층들이 전란 속에서 기약도 없이 버틸 수밖에 없었기 때문에 그들을 때로는 장기간 부양하거나 재기를 위하여서는 경제력이 우선 뒷받침되어야 하는 것이다. 더욱이 급박한 전란시에는 다른 지방에서 물자수송조차 차단되는 경우도 자주 발생되고 있었으므로 몽진지방 자체의 경제력이 빈약하다면 커다란 문제가 되지 않을 수 없겠다.

그러나 안동지방에서는 주변에 낙동강이 흐르고 있어서 그렇게 넓지는 못하지만 골짜기마다 평야가 산재하여 일찍이 고려말엽부터 신흥사대부(新興士大夫)들이 발흥하는 데 유리하였다. 주지하는 바와 같이 이들 신흥사대부들은 중소지주층(中小地主層)이란 경제적 배경을 중심으로 중앙의 정치계에 진출할 수 있었으며 그를 바탕으로 정치적 발언권을 확대하기도 하였다.

여기에 더하여 인근 풍산(豊山)에는 비교적 넓은 평야가 존재하여 피난 온 고려지배층의 부양과 국가의 재기(再起)에 경제적으로 뒷받침이 가능했던 것이다. 더구나 이 지방의 풍속은 여러 가지 요인 때문에 대체로 주민들이 근검절약을 숭상하는 한편, 농업에 힘쓰고 있었으므로 전란이라는 극한 상황 아래서도 경제적 처지를 개선하고 유지해 나가는 데 좀더 수월했을 것으로 판단된다.

세번째 조건인 몽진 대상지역 주민들의 신의와 충성심이 강해야 한다는 측면을 보면, 안동지방 주민들은 이 점에서는 다른 지방과 비교할 수 없을 정도였다. 여기에 관한 몇 가지 사례를 고려시대에 국한하여 찾아보기로 하자.

먼저 나말여초(羅末麗初)의 혼란기에 유력한 호족(豪族)들이 서로 주도권을 잡기 위하여 다투고 있었음은 다 아는 사실이다. 한때 후백제의 견훤은 신라를 치기 위하여 북쪽에서 내려와 안동지방에서 왕건의 군대와 서로 다투게 되었는데, 이것이 유명한 병산전투이다. 이때 이 지방 주민 대표인 삼태사들은 당시 조국 신라를 공격하려는 견훤의 군대를 타도하고 조국에 충성을 다하기 위하여 왕건 군대에 협조하였다. 그리하여 병산전투는 왕건의 승리로 끝났으며, 그 후 천하를 통일한 뒤 고려태조 왕건은 안동지방 주민들의 충성심을 높이 평가하여 포상했음은 널리 알려진 사실이다.

그 다음 사례는 고려 무신집권 이후 하극상(下剋上)의 풍조가

태사묘(太師廟) 병산전투에서 왕건을 도와 고려 통일에 공헌한 삼태사의 제당이다.

만연하여 전국 각지에서는 농민을 비롯한 하층민들의 반란이 빈발하여 고려정부를 괴롭히고 있었다. 그러나 이 지방에서는 고려정부에 협조함으로써 그들의 호감을 샀으며 충성심을 인정받게 되었다. 그 뒤 안동지방의 지식층들은 고려정부에 발탁되어 많은 사람들이 중앙정계에 진출하여 활약할 수 있었다.

마지막 조건으로 거론한 중앙집권층에 친숙한 지방이라면 더욱 좋다는 점에 관하여 살펴보자. 이 문제는 바로 위에서 고찰한 세 번째 조건과 연결하여 생각해보면 더욱 잘 이해할 수 있을 것이다. 즉 이 고장 주민들이 고려 건국 초창기부터 고려태조에게 협조하고 신의를 지켰기 때문에 당시 정부의 환심을 사게 되었으며, 그러한 결과인지는 몰라도 고려시대 안동지방 출신으로서 중앙의 요직에 진출한 자들이 많게 되었다.

그런데 고려시대 결혼형태(結婚形態)는 가격(家格)이 비슷한 가문끼리 혼인하는 경우가 일반적인 경향이었으므로 이 고장 출신의 중앙관인(中央官人)들은 다른 지방 출신의 유력한 관인들과 통혼(通婚)함으로써 그들의 인맥은 확대될 수밖에 없었다. 그 결과 당시 고려정부의 요인(要人)들 가운데 안동지방과 직접 또는 간접으로 관계를 맺은 사람들이 많게 되었다. 이를테면 이 고장이 그들의 처향(妻鄕)이거나 외향(外鄕)인 경우도 있었고, 벼슬하는 과정에서 이곳의 지방관을 경유하였거나 기타 여러 가지 이유로 관계를 맺은 분들이 많았다.

그리하여 고려말 공민왕이 홍건적을 피하여 안동으로 몽진할 때 수행한 측근 관료들 가운데에는 이렇게 안동지방과 연관된 사람들이 전체의 약 60퍼센트나 되었다는 사실에서도 그것을 확인할 수 있다. 따라서 몽진 대상지 선정에서 이들의 입김이 상당히 작용했으리라는 것을 짐작할 수 있다. 더욱이 공민왕의 둘째 왕비[次妃] 이씨는 이제현(李齊賢)의 딸인데, 주지하다시피 이제현의 장인은 권부(權溥)로 그는 안동 출신이다. 그러므로 차비의 외향이 안동이기 때문에 당시 쫓기는 절박한 처지에서 여러 가지로 몽진 조건을 구비하고 있는 안동을 그녀는 강하게 추천했을 것이다.

Ⅳ

홍건적이 수도 개경을 육박하자 고려의 조야(朝野)는 크게 동요하여 어쩔 줄을 몰랐다. 그러한 가운데 공민왕과 조정관료들은 남쪽으로 피난길을 재촉하면서 안동으로 향하고 있었다. 기록에 따르면 이 당시 공민왕을 모시고 수행하는 가까운 신하들은 모두

28명에 지나지 않았다. 위급한 전란시에 왕이란 존재는 외적(外敵)의 일차적인 공격대상이었으므로 그를 따라 몽진한다는 것은 상당한 위험부담이 수반되고 있었다. 그리하여 피란 수행을 기피하는 경향이 있었을 것이므로 그 숫자가 이렇게 적었다고 생각되며, 그 뒤 환도 이후에는 이들의 영향력이 더욱 증대되었을 것으로 판단된다.

그러면 지금부터 왕을 비롯한 이들 수행관료들이 안동지방으로 몽진하면서 경유한 지방 가운데 중요한 몇 곳을 선택하여 그 고장 사정이 어떠했는지를 살피는 한편, 우리 안동지방의 경우와 비교해봄으로써 그 차이점을 파악하고자 한다.

먼저 공민왕 일행이 수도 개경의 숭인문(崇仁門)을 빠져나와 파주(坡州)와 양주(楊州)를 거쳐 그 해 11월 무진일(戊辰日)에 지금의 경기도 광주(廣州)에 도착하였다. 그러나 이 지방 관리와 백성들은 이미 모두 인근에 있는 산성(山城)으로 도망쳐 대피하고 없는 가운데 고을의 행정책임자만이 쓸쓸히 남아 있는 실정이었다. 왕의 일행은 다시 발길을 돌려 11월 신미일(辛未日)에 이천(利川)지방에 다달았다. 그런데 이날은 눈과 비가 함께 섞여 휘몰아치는 궂은 날씨였다. 공민왕은 입고 있던 옷이 눈비에 젖어 얼어붙고 말았으므로, 살갗에 스며드는 추위를 이길 수가 없어, 젖은 옷을 말리기 위하여 모닥불을 피우지 않을 수 없었다. 이러한 상황에서 공민왕 일행이 겪은 고통이 어느 정도인지는 충분히 짐작할 수 있을 것이다.

그 뒤에도 왕과 그를 호종하는 신하들은 남행(南行)을 계속하여 11월 임신일(壬申日)에 충주 북쪽에 있는 음죽(陰竹)고을에 도착하였다. 이 지방에서도 역시 관리와 백성들은 모두 도망치고 없었으므로 그들 일행은 상당한 고생을 하지 않을 수 없었다. 그 다음 충주와 문경새재를 거쳐 예천을 지나서 안동고을로 향하였다. 그런데 안동에 다다르기 전에 공민왕과 왕비 일행은 다리가 놓이지 않은 냇물을 건너지 않을 수 없었다. 추운 겨울철의 이 곤란한 장면을 지켜본 안동지방의 부녀자들은 냇물에 뛰어들어 기꺼이 서로 등을 잇대어 인교(人橋)를 만들고 노국대장공주 일행을 무사히 건너게 하였다. 이 일은 그 뒤 이 고장의 한 가지 전통놀이로 정착되어 매년 정월 보름날 놋다리밟기라는 민속놀이로 전승되고 있음은 우리 모두가 잘 아는 사실이다.

이와 같이 공민왕과 그 일행들은 안동지방 입구에서부터 이 고장 주민들의 따뜻한 환대를 받게 되었으니 이같은 사실은 위에서 이미 살펴본 다른 지방의 경우와는 좋은 대조를 이루고 있다.

여하튼 공민왕과 그를 호종하던 요인들은 수도 개경을 떠난 지 약 1개월이 지나서 천신만고 끝에 그 해 12월 임진일(壬辰日)에 드디어 안동고을에 무사히 도착하였다. 그리하여 이곳에 살고 있던 주민들은 상하의 계층을 초월하여 모두 극진히 공민왕 일행을 정성껏 보살피게 되었다. 이를테면 이 고을 행정책임자였던 김봉환(金鳳還)과 토착 재지세력(在地勢力)이었던 호장층(戶長層)들은 그들이 머무르는 몇 개월 동안 힘을 다하여 보호하였으며 당시 일반 주민들도 스스로 우러나는 뜨거운 마음으로 그들을 받들어 모셨다.

V

온갖 고통과 위기를 넘기면서 간신히 안동지방에 도착한 당시 고려왕조의 집권계층은 이 고장 주민들의 따뜻한 보호와 적극적인 협조에 힘입어 다시 안정을 되찾게 되었다. 그리하여 그들 집권층은 정신을 차리면서 우선 이 고장의 새로 지은 향교(鄕校)에 9묘(九廟)의 가신주(假神主)를 봉안하는 한편 옛날부터 있던 향교에는 여러 왕릉(王陵)을 관리하는 기구를 설치하여 각각 춘계(春季)제사를 지낼 수 있었다. 이로 말미암아 고려왕실은 피난지에서도 그들의 권위를 회복하게 되었는데, 이것은 전적으로 이 지방 주민들의 희생적인 봉사에 따른 결과로 볼 수 있다.

이와 같은 모든 사실들이 공민왕의 심금을 크게 울렸던지 그는 다음과 같은 귀중한 물품들을 이 고장에 하사하면서 고마운 마음을 나타내고 있다. 이를테면 이곳 주민들에 대한 사례로 백옥대(白玉帶) 1개, 쌍은식기(雙銀食器) 1벌, 금선단(金縇段) 3필, 목단금대(牧丹金帶) 1벌, 상홀(象笏) 1개 등을 하사하였다. 그리고 이 고장 일대의 교통과 통신을 관장하고 있던 안기역(安奇驛)의 직원들도 그들에게 많은 봉사를 하고 있었던지 별도로 유기잔구대(鍮器盞俱臺) 14개를 내려주었다.

위에서 든 물품들은 당시 고려왕실에서도 매우 아끼던 소중한 것들로서 앞서 홍건적의 1차침입 때 그들을 물리친 이방실(李芳實)에게조차도 노국대장공주가 하사하기를 반대한 물품들이었다. 공민왕은 이와 같은 귀중품을 하사하는 것에만 그치지 않고, 1362년 4월에는 이 고을 행정명칭까지 한 단계 승격시켜 복주목(福州牧)에서 안동대도호부(安東大都護府)로 개칭하였다.

여하튼 안동지방 주민들의 적극적인 협조와 보살핌에 힘입어 다시 생기를 되찾은 고려정부는 새롭게 정신을 가다듬어 홍건적을 물리칠 대책을 수립하였다. 즉 공민왕은 이곳에서 전국의 백성들을 위로하는 특별 교서(敎書)를 내려 민심을 안정시키는 한편 각 도에 사람을 파견하여 군사를 모았다. 이러한 토대 위에서 여

러 장수들을 모아 수도 개경(開京)을 수복할 작전을 수립하도록
하였다. 이를테면 총병관에는 정세운(鄭世雲), 상원수에 안우(安祐),
부원수에 김득배(金得培)와 이방실 등을 임명하고 양계(兩界)와 6
도에 흩어져 있던 기마병(騎馬兵)과 보병(步兵) 10여 만 명을 동원
하여 진격하도록 명령했던 것이다.

이리하여 적의 정예부대가 밀집한 개경 수복을 목표로 전열을
가다듬어 총병관인 정세운과 이방실·안우·김득배·최영 등 여러
무장과 전국에서 끌어들인 도합 20여 만 명의 병사들을 개경 동
쪽 교외에 있는 천수사(天壽寺) 일대에 집합시켜 기회를 노리다가
마침 눈비가 내려 그들의 방어상태가 소홀해진 틈을 이용하였다.
공민왕 11년 1월 갑자일(甲子日)을 기하여 총공격을 감행했으나
홍건적도 성안에 목책을 쌓고 완강히 저항하였으므로 전투는 다
시 교착상태에 빠지고 말았다.

이러한 상태를 극복하기 위하여 여러 가지 방안들이 강구되었
는데, 안동지방에 인접한 영해(寧海)고을의 박강(朴强)이 제시한
묘안이 효력을 발휘하였다. 그것을 간단히 소개하자면 다음과 같
다. 즉 장병들이 말에서 내려 판비(板扉)로 사닥다리를 만든 다음
성 위로 올라가 칼을 빼어들고 크게 호령하도록 하였다. 이에 성
을 지키던 적들이 모두 놀라 떨어짐에 박강이 따라 내려가 수십
명을 목베니 고려의 여러 무장들이 계속 따라서 성문을 열고 들
어가 사방에서 일제히 함성을 지르고 공격하여 적의 두목 사유
(沙劉)·관선생(關先生) 등을 죽이고 수많은 적들을 목베었다. 이렇
게 되자 나머지 홍건적들은 사기가 꺾여 파두번(破頭潘) 장군의
인솔로 개성 숭인문을 빠져나가 압록강 너머로 도망쳤다.

그런데 이와 같이 홍건적을 격퇴하는 데는 무장들의 공이 컸지
만 각 지방에서 자발적으로 분기한 이름없는 백성들의 애국적인

투쟁과 협조도 결코 지나쳐버릴 수가 없다. 일반 민중들의 그러한 애국적 행위의 발현은 여러 가지 측면에서 설명될 수 있겠지만 그 가운데서도 가장 두드러진 배경은 아마도 안동지방에서 활력을 회복한 공민왕의 국민에 대한 간절한 호소조의 교서가 크게 작용했을 것이다. 지금부터 백성들이 홍건적에 투쟁한 사례를 몇 가지만 들어보기로 하자.

먼저 홍건적의 기병 가운데 일부가 안변부(安邊府)에 이르러 횡포를 부리자 그곳 주민들이 거짓으로 항복하는 체하면서 그들에게 술을 먹여 취하게 한 뒤 적들을 모두 죽였으며, 염주(鹽州) 사람 낭장 김장수(金長壽)는 고을 사람들을 이끌고 홍건적을 습격하여 140여 명을 살해하였다. 강화부(江華府)에서도 적군이 쳐들어오자 거짓으로 항복하는 체하면서 주민 왕동첨(王同僉)이 고을 사람들을 많이 매복시켜 홍건적을 모두 죽였다. 특히 수도 개경에서는 홍건적이 쳐들어온 이후 온갖 만행을 자행하자 잔류해 있던 1만여 명의 개성 주민들이 거기서 빠져나와 적에게 꾸준히 항거하였던 것이다.

홍건적을 물리친 이면에는 국가의 관군(官軍) 외에도 이와 같이 전국 각 지방에서 국가를 위하여 항거한 이름없는 민중들의 희생이 있었다는 사실을 잊어서는 안 되겠다.

공민왕은 홍건적을 격퇴한 이후 흐트러진 수도 개경을 복구하고 정돈하기 위하여 평장사(平章事)인 이공수(李公遂)와 참지정사(參知政事) 황상(黃裳), 그리고 추밀원(樞密院) 신하 김희조(金希祖) 등 재추(宰樞)를 개경으로 먼저 보내어 유민들을 안집시키는 한편 길가에 드러난 시체들을 매장하도록 조치하였다.

고려왕조가 이와 같이 잔악한 홍건적을 외세의 도움 없이 단독으로 물리치자 원(元)나라는 크게 기뻐하면서 집현원(集賢院)의 시독학사인 혼도(忻都)를 보내어 격찬하는 한편 요동지방에서 준동하고 있는 홍건적의 잔당을 소탕하는 데 고려측의 협조를 요청하였다.

위에서 대략 살펴본 바와 같이 고려정부가 중국을 통일한 원나라도 진압하기 어려웠던 홍건적을 외부의 도움 없이 자체적으로 물리칠 수 있었던 배경은 여러 가지로 해석할 수 있겠지만 그 가운데서도 안동지방으로 몽진한 공민왕 일행을 안정시키는 데 주역을 담당한 이 고장 주민들의 헌신적인 노력을 결코 과소평가해서는 안 될 것이다. 당시 적의 침입으로 전국은 혼란이 극에 달했는데 만약 안동지방 주민들도 대부분의 다른 지방 주민들과 같이 도망치기에 바쁘고 비협조적이었다면 어떻게 고려왕조의 지배층들이 안정을 되찾을 수 있었으며 재기의 꿈을 꿀 수 있었겠는가를 생각해보면 충분히 이해할 수 있을 것이다.

VI

공민왕을 비롯한 고려정부의 지배계층은 홍건적이 물러가자 1362년 2월 신축일(辛丑日)에 이곳 안동을 떠나 수도 개경으로 향하였다. 그리하여 예천지방을 지나서 이번에는 문경조령을 거치지 않고 상주쪽으로 방향을 돌려 같은 달 계묘일(癸卯日)에 상주 치소(治所)에 도착하였다. 이 고을에 머물면서 공민왕은 수도 개경에 각 관청의 분사(分司)를 설치하도록 지시하였다. 그러면서 그는 말타기에 숙달되도록 밤에는 가끔 상주 서문 밖에 나가서 기마(騎馬)를 연습하였다.

그 뒤 상주를 떠나 8월 정해일(丁亥日)에 보은 속리사에 이르렀다. 같은 달 경인일(庚寅日)에는 보령현(報令縣)에 이르렀으나 홍수를 만나 떠날 수 없게 되자 이웃에 있는 각 고을에 명령하여 배 10척을 징발한 다음 이튿날에 회인(懷仁)지방에 도착하였다. 그 다음날인 8월 임진일(壬辰日)에 내륙지방의 요충지인 동시에 식량공급이 용이한 충청도 청주에 이르렀다. 1363년 2월 을해일(乙亥日)에 다시 청주를 떠나 같은 달 병자일(丙子日)에 죽주(竹州)지방에 도착하여 봉업사(奉業寺)에 안치된 고려태조 왕건의 영정을 배알하였다.

그 해 2월 신사일(辛巳日)에 파주에 있는 봉성현(峰城縣)에 이르니 개경에 미리 와 머물고 있던 일부의 재추(宰樞)들이 임진강까지 나와서 맞이하였다. 그 이튿날 임오일(壬午日)에 조정의 백관들이 통제원(通濟院)에서 환영하였으며 2월 계미일(癸未日)에 개경을 떠난 지 약 1년 3개월 만에 꿈에도 그리던 개경의 남쪽 교외에 있는 흥왕사(興王寺)에 도착하니 그 다음날에는 모든 고려조정의 관원들이 함께 모여 서로 위로하면서 환도(還都)를 축하하는 잔치를 벌였다.

그런데 공민왕 일행이 이 당시 바로 개경에 있는 왕궁으로 가지 않고 근처에 있는 흥왕사에 머무른 이유는 다름이 아니라 청주(淸州)에 머물고 있을 때 중서문하성(中書門下省)과 상서성(尙書省) 소속의 재상들과 노인들을 불러모아 개경으로 환도(還都)하는 문제를 논의한 결과 참석한 사람 모두가 종묘와 사직이 있는 개경으로 바로 들어가자고 주장했으나, 천문을 관장하는 서운관(書雲觀)이 음양의 부조화를 이유로 송도 남쪽에 있는 흥왕사에 머물러 있다가 강안전(康安殿) 궁궐이 완전히 수리되거든 개경으로 들어가자고 주청하니 그 의견에 따라 그렇게 된 것이다.

시간이 지나 개경이 복구되고 궁궐 수리가 끝나자 공민왕은 개

안동웅부현액 공민왕이 안동에 머무를 때 부민들이 충심으로 왕을 잘 모셨으므로, 대도호부로 승격하고 공민왕 친필로 이 현액(縣額)을 하사하였다고 전해진다.

경에 정착하였다. 그곳에 있으면서도 그는 늘 마음속 깊이 안동 지방을 생각하면서 이 고장 주민들의 따뜻한 환대와 뜨거운 협조를 항상 잊지 않고 있었다. 그리하여 위에서 이미 언급한 바와 같은 귀중한 왕실의 보물들을 하사했을 뿐만 아니라 평소 입버릇처럼 늘 안동(安東)이 나를 중흥(中興)시켰다고 되뇌이면서 여러 가지 배려를 아끼지 않았다. 이를테면 이 고장의 유명한 누각인 영호루(映湖樓)의 현판 글씨를 직접 써서 내려보내는가 하면, 고을 치소(治所) 입구에는 안동웅부(安東雄府)란 현판이 걸려 있는데, 그것도 그의 글씨라고 전해지고 있다.

전통사회였던 왕조국가에서 외적의 침입을 받아 국왕이 다른 지방으로 몽진하는 경우를 역사에서 흔히 볼 수 있다. 이때 대부분의 사람들은 왕이 지나가는 모든 고을의 주민들이 으레 환대하고 잘 협조할 것으로 인식하고 있으나 사실은 그렇지 못하였다. 이미 앞에서 살펴본 바와 같이 광주(廣州)와 음죽(陰竹)지방의 사례가 이를 분명히 보여주고 있다. 어떤 사람들은 그것은 홍건적이 곧 뒤따라 오려는 절박한 상황이었으므로 어쩔 수 없지 않겠느냐고 반문할지도 모른다. 물론, 그같은 주장은 상당한 타당성을 지니고 있겠지만 적이 물러가서 어느 정도 안정을 되찾았다고 하여 꼭 환대하고 협조하는 것은 아니었다. 다음 사례를 보도록 하자.

공민왕을 위시한 고려정부의 요인들은 1362년 1월 을축일(乙丑日) 고려의 군사들이 개경을 수복하자 환도길에 올라 같은해 2월 계묘일에 상주에 도착하였다. 이때는 고려가 개경을 수복한 지 한 달 가까이 지났으므로 어느 정도 안정을 되찾고 있었다. 그런데도 이 고을 목사(牧使)가 공민왕 일행을 부실하게 대접했다가 결국은 파면되었으니, 이는 안동 사람들의 계층을 초월한 환대와는 좋은 대조를 이루고 있다.

어쨌든 안동지방은 고려왕조 건국 이래로 고려정부와 긴밀한 관계를 유지해왔다. 그 결과 이 고장의 재지토착세력들 가운데 상당수가 상경종사(上京從仕)하게 되어 집권층에 가담하게 되었다. 그리하여 이들의 통혼권(通婚圈)은 전국적 규모로 확대되어 안동지방 출신이 아닌 집권자들도 많은 사람들이 이 고장과 직·간접으로 인연을 맺게 되었던 것이다.

여기에 더하여 이 지방의 지형적 조건은 북서쪽으로는 소백산맥이 가로질러 방패막이를 하고 있으며, 낙동강은 주변을 감싸 농업에 유용할 뿐만 아니라 방어에도 한몫을 하고 있었다. 이러한 지형이 안동지방 문화에 끼친 영향은 여러 측면에서 조명될 수 있겠다. 그러나 우선 생각할 수 있는 것은 외적의 침입이 적었기 때문에 문화적으로 안정될 수 있다는 사실이다. 이렇게 안정된 고장은 전근대사회에서는 흔히 피난처로 꼽히는 동시에 학문하는 곳으로도 주목되었다. 공민왕이 안동으로 홍건적을 피하여 몽진한 것도 위의 사실들을 종합해볼 때 결코 우연한 일이 아닐 것이다. 그리고 학문하는 장소는 안정되고 조용한 곳이어야 한다. 그러한 바탕 위에 일정한 경제력이 뒷받침된다면 더욱 좋겠다. 소백산맥이 서북쪽을 가리어 아늑한 곳에 주변을 감도는 낙동강은 이 고장 곳곳에 넓지는 못하나 계곡평야를 형성시켜 경제적 안정에도 기여하였다. 따라서 이 고장 사람들은 이와 같은 배경에 힘입어 안심하고 자존심도 어느 정도 유지하면서 독서를 할 수 있었다. 고려말 중국으로부터 성리학을 도입하여 보급하는 데 앞장선 안향(安珦)도 이 고장 인근 출신이며 여말선초(麗末鮮初)에 대두한 신흥사대부들 가운데 크게 활약한 우탁(禹倬)·김구용(金九容)·권적(權適)·정도전(鄭道傳) 등도 모두 이 지방과 연관이 깊다. 이러한 주자학적 토양 위에서 조선왕조 성리학의 태두인 이황(李滉)도 출현할 수 있었던 것이다.

전통왕조시대의 안동은 나름대로 거기에 부과된 역사적 사명을 충실히 수행하였다. 이를테면 고려왕조 건국 초기에는 왕건을 도와 고려 건국에 기여하였으며, 무신란 이후 빈번히 일어난 반란 진압에도 일정한 공헌을 하였다. 그리고 고려말 홍건적이 쳐들어와 국가를 온통 뒤흔들었을 때는 공민왕으로 하여금 재기할 수 있는 힘을 불어넣은 곳도 이 고장이요, 조선왕조 성립에 기여한 신흥사대부들도 여기서 많이 배출되었다. 이런 뜻에서 안동은 자부심을 가질 만한 자랑스러운 곳이다.

그러나 우리는 여기에 만족하고 멈출 수는 없다. 지난날 고려시대 한때의 임시수도 역할을 했다고 자위할 것도 아니다. 우리들은 온고지신하는 자세로 과거의 찬란한 역사적 배경을 바탕으로 전진하는 새로운 안동을 건설해야 한다. 이제 폐쇄적인 자연환경을 과감히 극복하면서 폭넓게 다른 문화를 수용할 수 있는 아량을 가져야 하겠다. 왜냐하면 현대문명은 서로 이질적인 문화의 활발한 교류에서 정상적 발전이 기대되기 때문이다.

　고려왕조 말기 공민왕의 몽진으로 임시수도 역할까지 했던 안동! 우리들은 지금 그러한 자랑스런 고장에 살고 있다. 그러나 그것은 분명히 과거의 사실이다. 그런 과거의 영광을 오늘에 되살리기 위해서 새로운 각오와 다짐이 필요하다. 우리는 추억을 반추하면서 살아가는 노인이 아니라 끝없는 미래를 설계하는 희망찬 청년이어야 한다. 그런 자세를 안동주민 모두가 견지하는 날 안동의 발전은 양양할 것이다. 지금부터 우리 안동지방 사람들은 열린 가슴으로 서로를 이해하려는 자세를 가져야 한다.

　포용하는 마음도 더욱 필요하다. 이러한 바탕에서 진정한 화합을 기대할 수 있으며, 그것만이 안동 발전의 촉진제가 될 것이다. 그리하여 낙후된 안동이라는 오명을 과감히 떨쳐버리고 서로 합심 단결하여 끝없이 발전하는 안동 건설에 우리 모두 앞장서는 지혜를 보일 때가 바로 지금이다.

김 호 종

안동에는 왜 갑오년의 난리가 없었는가

Ⅰ. 문제의 소재

1994년은 '동학농민혁명'(농민전쟁이라는 용어도 일반적으로 쓰이고 있다)이 발발한 지 100주년이 되는 해이다. 그동안 여러 학술단체의 기념학술발표회는 고사하고, '혁명'이라는 용어만으로도 색안시하던 일부 신문과 방송에서도 앞다투어 이를 기념하는 여러 활동을 지원하고 아까운 지면을 크게 할애하고 있다. 그뿐 아니라 농민혁명이 일어났던 지역에서는 기념사업회가 조직되기도 하고, 또 이들 지역을 찾는 전국 각지의 답사객과 손님들을 안내하느라 무척 분주하다.

이런 사회 분위기 속에서 이제 농민혁명은 왜곡과 억압의 사슬에서부터 벗어나 우리 근대민족사에서 그 역사적 의의와 성격이 제자리를 확보할 수 있게 되었다. 그리고 이것은 특정지역의 특수한 이유 때문에 일어난 것이 아니라 봉건모순과 외세침략이라는 시대적 민족적 문제로 전국적인 범위에서 전개된 민중의 반봉건 반외세 혁명운동으로서의 모습을 더욱 분명히 드러내게 되었다.

그러나 동학농민혁명이 아무리 높고 크게 평가되더라도 안동 사람에게는 그것이 여전히 생소할 뿐이다. 결국은 우리와 상관없는 일로 치부되고 만다. 그렇다고 하더라도 우리는 민족사의 커다란 범주에서 벗어날 수 없다. 시대적 민족적 중차대한 상황이 전개되고 있었을 때 우리 안동에서는 무엇을 하고 있었을까? 동학농민혁명은 우리 안동과는 상관없는 일일까. 안동에도 필시 농민이 있었고, 생각 깊은 선비들도 많았을 텐데. 하다못해 양반들의 "이놈들!" 하는 기세당당한 호통소리라도 있었을 법한데……. 그런데도 아무 기척도 들은 바가 없다는 생각에 우리는 갑자기 역사에서 소외되어버린 듯한 느낌을 갖게 된다.

동학농민혁명이 우리와 무관할 수 없고, 역사의 큰 흐름에서 소외시키거나 아니면 애써 외면할 수도 없다. 그럴 수는 더더욱 없는 일이다. 농민혁명이 우리에게 주는 생소함이나 이로 말미암은 소외감은 무엇보다 우리가 우리의 역사에 관심을 가질 때 쉽게 해소될 수 있는 문제다. 안동에서는 동학농민혁명기에 무슨 일이 있었을까. 이를 구명해보는 것은 단순히 안동의 특수성을 더 드러내고자 하는 것이 아니다. 이것은 역사에 기꺼이 동참하고자 하는 우리들 의지의 표현이다.

Ⅱ. 동학농민혁명 — 누가, 왜, 무엇을 하였는가.

동학농민혁명이 일어난 19세기 말 우리나라의 사정은 안으로는 봉건사회의 모순이 극도로 심화되고 있었고, 밖으로는 일본과 서구 열강의 침략이 노골적으로 전개되고 있었다. 민씨 척족세력들을 중심으로 한 부패한 관리들은 권력을 독점한 채 온갖 탐학을 자행하고 있었다. 정치는 극도로 문란하여 국가와 국민의 이익이 아닌 사리사욕을 위한 도구로 전락하여 온갖 부정부패가 전사회적으로 만연하였고 이러한 폐단은 결국 농민의 고통으로 전가되고 있었다. 농민들은 탐학의 직접적인 대상이기도 하였지만, 지주제 경제구조 아래에서 소작농으로 궁핍을 모면할 수 없었다.

권력에서 소외되었던 대부분의 지방 양반지주들은 나라 일을 앞장서 이끌어가던 이전의 당당한 역할을 포기한 채 다만 향촌사회에서 농민들을 닦달하여 그들 자신의 기득권 보호에만 급급할 뿐이었다.

일본과 서구 열강은 약육강식의 힘의 논리를 앞세워 아무런 힘과 준비가 없는 조선을 강제로 세계자본주의라는 무대로 끌어들여 온갖 이권을 침탈하기에 바빴다. 개항과 더불어 전개된 자본제 상품의 수입과 쌀의 수출, 각종 이권의 양도 등은 자본의 유출과 곡가등귀를 가져와 권세가와 토지소유자를 제외한 대부분의 가난한 농민과 도시노동자, 소상인 등을 더욱 더 몰락하게 하였다. 더욱이 열강의 힘의 논리에 대응하기 위한 정부의 부국강병

책은 막대한 재원을 필요로 하였고, 이것의 부담은 오직 농민에게만 강요되고 있었다.

지방의 양반지배층은 외세의 침략에 중화주의(中華主義)를 바탕으로 일본과 서양을 강하게 배척하고 있었지만, 이것은 아직 상소(上疏)운동이라는 수준을 벗어나지 못하였다. 이전부터 봉건지배층의 수탈에 시달리던 농민들은 대대적으로 모여 수령에게 항의하거나 관리들을 징치하기도 하였다. 그러나 이러한 농민의 항거는 그때뿐이었고 더 큰 탄압만이 뒤따를 뿐이었다. 농촌에서 더 이상 살아갈 수 없었던 농민들은 도망하여 깊은 산곡에 화전을 일구거나, 무리를 지어 화적(火賊)이 되어 관리를 습격하고 악질양반을 징치하기도 하였다. 불우한 지식인과 몰락양반을 포함한 많은 사람들은 《정감록(鄭鑑錄)》류의 비기(秘記)를 바탕으로 새로운 사회를 갈망하거나 변혁을 도모하고 있었다. 이러한 19세기 후반기에는 농민항쟁이 빈발하였고, 화적이 대낮에도 횡횡하였으며, 동학(東學)이 창도되었다.

동학은 1860년 수운(水雲) 최제우(崔濟愚)에 의해 창도되어 1861년부터 경주일대를 중심으로 포교되기 시작하였다. 동학은 반상·빈부·남녀간의 차별을 타파하여 사람이 하늘같이 존중되는 인간평등의 실현과, 서학(西學)과 서양으로부터 조선을 구하고자 하였다. 나아가서는 이를 위해 세상을 개벽(開闢)하고자 하였다.

이러한 동학의 희망은 당시 시대상황에서는 결코 용납될 수 없는 것이었다. 그러나 고통받는 민중과 새 세상을 갈구하던 사람들뿐만 아니라 진보적 지식인들도 앞다투어 동학에 입도하였다. 당시 지배층이 이를 용납할 리 없었다. 1864년 수운이 대구감영에서 순교하고, 봉건정부와 지배층의 지속적인 탄압은 동학의 조직적 기반을 크게 와해시켰다. 해월(海月) 최시형(崔時亨)은 수운의 뒤를 이어 경상도·강원도·충청도 산간지방에서 지하포교를 하여 더 많은 신도를 확보하였다. 그리고 1880년대에 이르러서는 호서·호남의 평야지대, 1890년대에는 전라지역에까지 포교활동이 전개된다.

이를 바탕으로 1891년 10월 공주취회, 1892년 11월 전라도 삼례취회, 1893년 2월 복합상소를 전개하여 포교의 자유와 교조의 신원을 요구하였다. 이러한 운동은 종단적인 차원의 목표는 달성하지 못하였지만, 동학의 조직력과 위세를 확인함으로써 당시 수령의 탐학에 시달리던 민중들과 새로운 세상을 꿈꾸던 혁명가들이 동학의 조직을 이용하고자 다투어 동학에 입도하게 되는 계기를 마련하였다. 동학 입도자의 상당수는 동학이 가지는 종교적인 의미와는 관계없이 수탈에서 벗어나기 위한 방법을, 아니면 새 세상을 만들기 위한 힘을 동학의 조직력에서 찾았던 것으로 보인다. 이제 동학조직과 일반농민들이 더욱 적극적으로 결합할 수 있게 되었다. 이를 바탕으로 1893년 보은취회에서는 마침내 농민대중의 요구이자 민족적 명분이기도 한 '척왜양(斥倭洋)'의 기치가 전면에 등장하였다.

동학교단의 종교운동과는 달리 농민과 동학의 하부지도자들은 변혁운동을 위한 정치투쟁을 전개해 나가고 있었다. 이들 변혁운동세력은 동학조직을 이용하여 교단에 압력을 넣기도 하였고, 금구 원평에서 별도의 집회를 열어 전면적인 봉기를 꾀하기도 하였다. 이들은 마침내 전봉준(全琫準)을 중심으로 하여 고부에서 봉기하고, 무장에서 각 지역 농민군의 연합전선을 형성하고, 다시 백산에서 크게 모여 서울로 진격하여 중앙의 권귀(權貴)를 몰아내고 보국안민(輔國安民)할 것을 천하에 선언하였다. 농민군은 황토재에서 전주 무남영의 군대를 깨뜨리고, 장성에서 중앙의 장위영군 선발대에 승리하고, 이어 전주를 점령하였다.

그러나 전주성 점령 이후 내외적인 환경이 급박하게 돌아가고 있었다. 농민군에 대해 경상도·충청도 지역에서 일부 호응이 있었지만, 이들 지역을 장악하고 있던 북접교단이 가세해 오지 않았을 뿐만 아니라 도리어 적대적인 입장을 나타내기도 하였다. 농번기를 맞이한 농민의 마음 또한 흔들리고 있었고, 더욱이 청국과 일본군대가 상륙함으로써 민족적 위기가 고조되고 있었다. 농민군과 관군은 민족적 위기 앞에서 '전주화약(全州和約)'을 맺었다. 농민군은 해산하여 각 군현단위로 집강소(執綱所)를 설치하여 자치적으로 농민통치를 단행하였다. 여기서는 주로 양반과 상놈의 신분적 굴레를 없앴으며, 불합리한 세금을 깎고 지주의 가혹한 도조(賭租)와 고리대를 정리하기도 하였다. 경복궁 쿠데타와 청일전쟁을 통한 일본의 침략이 노골화됨에 따라서 대일전쟁을 위한 군수전(軍需錢)과 군량미·무기 등을 비축하는 데 큰 힘을 쏟기도 하였다.

이러한 집강소의 활동은 자연히 양반지주와 부농들의 이해와는 전적으로 상반될 수밖에 없었다. 인심을 잃은 양반지주가는 혹독한 고초를 감내하지 않으면 안 되었지만, 반면에 평소 농민들로부터 신망을 얻고 있던 양반가는 분란 속에서도 도리어 평온한 나날을 보낼 수 있었다. 양반들은 '척왜'라는 명분에 따라 농민군에 합세해 오기도 하였고, 자신의 재산과 생명의 보전을 위해 농민군에 가탁하기도 하였다. 후자의 대부분은 농민군이 열세에 놓였을 때 재빨리 농민군을 탄압하는 데 앞장을 섰다.

일본군의 경복궁 무력 강점(6월 21일)과 청일전쟁의 도발은 농민 2차봉기의 원인이었다. 그러나 '척왜'를 기치로 한 농민군의 2차봉기는 9월 중순에야 단행될 수 있었다. 이때에는 북접의 농민군도 합류하였지만, 일본군이 청일전쟁을 끝내고 전열을 재정

비하기에 충분한 시간이었다. 일본은 서울의 용산과 각지에 설치되어 있던 병참부 군대를 동원하여 각지 농민군의 공주 집결을 차단하면서 전략적인 요충지였던 공주에 방어진지를 공고하게 구축하고 있었다. 더욱이 일본은 조선의 군사지휘권을 쥐고 조선군을 총동원하였고, 여기에 지방수령·양반·향리들이 중심이 되어 조직한 민보군·수성군이 일본군을 적극 협조하고 있었다. 농민군은 이들 반농민군세력과 공주에서 대대적인 싸움을 벌였으나 화승총(사정거리 100여 보, 수동식)과 죽창으로는 일본과 관군의 최신식 무기(카트링식 기관총과 스나이더 소총 ; 사정거리 500여 보, 자발식)의 위력을 감당할 수 없었다.

공주대회전은 농민군의 참담한 패배로 끝났고, 그 주력은 다시 논산·전주·원평·태인을 거치면서 전투를 벌이다가 각지로 흩어져 갔다. 한편 공주로의 집결이 차단되어 각지에서 활동하던 농민군은 경상도 진주감영과 성주·김천읍, 강원도 강릉부, 황해도의 해주감영·옹진수영, 전라도의 강진병영과 장흥부 등등의 군사요지를 일시적으로 점령하여 반봉건과 반일투쟁을 전개하였다.

이렇듯 2차봉기는 가히 전국적인 차원에서 전개된 것이었지만, 각지의 농민군 또한 일본과 관군, 그리고 보수 지배층의 민보군에 의해 결국은 퇴패하고 말았다. 이들 반농민군세력은 1910년대에 이르기까지 동학과 농민군 가담자를 철저히 색출하여 살육하고, 그 가족을 연좌하고, 재산을 약탈하였다.(천주교는 마찬가지로 邪學으로 인식되었지만, 1886년경에 국가로부터 비공식적이지만 포교의 자유를 얻었다.)

이리하여 침략세력인 일본은 도리어 관군과 양반층의 도움으로 식민지침략에 방해되는 세력을 철저히 제거할 수 있었다. 결국 양반층은 척왜를 외치고 있었지만, 그들의 기득권을 지키기 위해

도리어 일본을 앞장서 지원하고 있었다. 이후 안동을 중심으로 한 양반들이 전개한 반일의병투쟁을 생각한다면 이것은 적을 위해 스스로 자신의 팔다리를 자르는 것과 마찬가지였다. 이것은 엄청난 자기 모순이며, 민족적 불행을 예고하는 것이었다.

동학농민혁명을 흔히들 반봉건 반외세 운동이라고 한다. 반봉건이란 당시 제도와 현실의 괴리에서 오는 온갖 부당하고 부조리한 봉건적 요소들을 근본적으로 개혁하자는 것이다. 신분제를 폐지하고, 관리들의 온갖 부정부패의 온상이 되는 삼정(三政 : 조세제도)을 바로잡고, 나아가서는 지주소작제라는 불합리한 토지제도를 개선하자는 것들이 그 구체적인 내용이다. 그런데 이러한 개혁이 다만 농민들만의 주장은 아니었다. 그 정도와 방법에서 다양한 편차를 보이고 있지만, 일부 관리와 양반유생들도 상소와 여러 글들을 통하여 일찍부터 요구하던 것이었다. 실학파의 여러 학자들이 그러하였고, 특히 다산 정약용은 18세기 후반에 이미 모든 사람이 양반이 되고, 모든 토지가 마을단위 농민의 공동노동에 의해 경작되는 신분폐지와 토지개혁을 주장하였다.

'척왜양' 또한 농민군의 주장만은 아니었다. 주로 재야의 양반 유생층은 1876년 병자수호조약 이후 외세의 침략에 맞서 척사운동(斥邪運動)을 더욱 격렬히 전개하고 있었다. 최익현의 척화소(斥和疏)와 이만손을 중심으로 한 '영남만인소(嶺南萬人疏)' 등등의 상소운동은 개항을 강요한 일본을 왜양일체론(倭洋一體論)에 입각하여 반대하였을 뿐만 아니라 개화파와 민씨정권, 그리고 이들이 추진하고 있던 '자강(自强)'정책까지도 위정척사(衛正斥邪)라는 차원에서 반대 배척하고 있었다. 더욱이 농민군이 2차봉기를 하기 직전인 6월에는 일본군이 경복궁을 무력으로 점령하여 친일 개화정권을 수립함으로써 민족적인 위기감을 조성하는 데 모자람이 없었다. 이에 따라 공주유생 서상철은 안동에서 의병을 일으켜 태봉·충주·제천 등지를 이동하면서 반일 의병활동을 전개하기도 하였다.

이러한 민족적인 위기의식의 고조에도 불구하고 농민군이 척왜를 기치로 하여 봉기하였을 때 극히 일부를 제외한 대부분의 재야 양반유생들은 도리어 일본군과 친일정권에 협력하여 농민군의 학살과 탄압에 앞장서고 있었다. 농민군은 이들 연합토벌대에 의해 철저히 패배함으로써 새로운 세상에 대한 꿈은 좌절되고 말았다. 농민군이 꿈꾸던 새 세상은 안으로는 신분과 빈부와 남녀간의 차별이 없는 평등한 인간사회를, 밖으로는 외세의 지배와 간섭을 받지 않는, 말하자면 반봉건 반외세의 자주적인 근대민족국가를 수립하는 것이었다. 자주적인 근대민족국가의 수립은 농민만이 아닌 우리 민족이 반드시 이룩해야만 할 역사적 민족적 과제였다. 따라서 동학농민군의 패배는 민족사의 패배와 좌절을 의미하는 것이었다.

Ⅲ. 안동에는 왜 갑오년 난리가 없었는가

동학농민혁명은 전라도 지역에만 국한된 것이 아니라 전국적인 범위에서 전개된 것이었다. 경상도의 경우만 하더라도 진주병영이 농민군에 의해 점령되었고, 김천·상주·예천·성주 지역에서는 읍성을 제외한 전지역이 일찍부터 농민군의 수중에 있었고, 2차 봉기 때에 읍성이 점령되기도 하였다. 동학농민군의 활동이 치열하였던 이곳은 경상도의 서북지역으로 충청도와 전라도에 연접하고 있다. 이것은 이들 지역의 농민들이 충청도와 전라도 농민군의 활동에 더 직접적으로 영향을 받았던 때문으로 생각된다.

이와는 달리 안동을 위시한 경상도의 동남지역, 이른바 좌도지역에서는 동학농민군의 활동이 크게 드러나지 않고 있다. 그런데 이들 지역은 동학이 처음으로 창도되고 포교된 곳으로 일찍부터 동학조직이 정비되고 교도 또한 다수를 확보하고 있었다. 최수운은 1860년 득도하고 포교에 들어간 다음해인 1862년에 이미 경주·영덕·영해·대구·청하·안동·영일·단양·영양·신령·고성·울산·장기 등지에 포덕접주를 임명하고 있었다. 안동에는 이무중(李武中)이 접주로 임명되었다. 접주의 출현은 일정한 교도를 확보하고 있음을 의미한다. 안동은 이들 지역에서 다른 지역보다 교세가 강성하였던 것으로 보인다. 즉, 안동은 교조 최수운이 체포되었을 때 석방운동을 위한 다수의 자금이 마련된 곳이며, 1864년 수운의 처형과 더불어 전개되는 탄압을 피해 2대교주 해월 최시형이 대구에서 피신해온 곳이다. 특히 안동접주 이무중은 논을 팔아 추격해온 포졸을 매수하여 최시형을 다시 평해로 피신시켰다.

이렇듯 안동 등의 좌도지역에 일찍부터 동학이 전파되어 많은 교도를 확보하고 있었고, 이들 지역의 농민 또한 관리들의 탐학과 양반지주의 토색에서 해방되어 있었던 것도 아니었다. 게다가 동래와 부산을 통한 일본 상인의 침탈이 더 용이할 수 있었다. 그런데도 왜 갑오년의 난리 때는 조용했을까.

물론 안동의 농민들이 전혀 움직임이 없었던 것은 아니었다. 안동의 동학농민군은 예천지역 도접주 최맹순을 중심으로 한 상주·용궁·안동·풍기·문경·영천·단양 등 13접주가 연합하여 예천을 공격하고자 한 계획에 참여하기도 하였고, 또 갑오년 8월 21일경에는 안동 인근의 동학농민군들이 일직면에 모여 안동부를 공격하기 위해 선발대를 파견하기도 하였다. 그러나 안동 인근의 동학농민군은 안동진영 교졸의 선제공격과 민보군조직을 통한 보수 유림의 반격에 대항하지 못하고 곧 흩어지고 말았다. 이렇듯 안동에서는 농민군의 활동이 두드러지지 못하였다.

이제 안동지역에서 갑오년에 동학농민군의 활동이 두드러지지 못하였던 이유를 살펴보자.

그 이유의 하나로 우선 생각해야 할 것은 1871년의 이필제란(李弼濟亂) 또는 '영해작변(寧海作變)'의 문제이다. 이필제란은 이필제 등의 주도로 영해에서 동학교단이 최초로 전개한 교조신원운동이었다. 여기에는 영해만이 아닌 인근 18개 지역의 동학조직이 총동원되었다고 할 수 있다. 안동의 교도들도 참여하였고, 이들 가운데 네 명은 잡혀 효수되거나 유배당하였다. 그러나 이필제란은 실패하였고, 300여 명에 이르는 교도와 농민들이 처참하게 살해되기에 이르렀다. 이것은 초기 경상좌도지역의 동학조직을 복구 불가능하게 하였다. 이후 이 지역에서의 교세는 쉽사리 회복되지 못하였고, 수많은 사람들이 살육당한 참혹한 경험은 갑오년에 이르러서도 동학교도와 농민들로 하여금 쉽게 떨쳐 일어설 수 없게 하였던 것으로 보인다.

다음의 이유로는 안동은 정치적으로는 대체로 남인이었고, 학문적으로는 퇴계를 연원으로 굳게 결속하고 있다는 것이다. 이러한 정치적 학문적 결속은 강고한 것이었다. 노론정권이 영남남인 세력을 견제하고 분열시키기 위해 안동에 김상헌 서원을 건립하였을 때 안동 사림이 보여준 대응의 강도는 이들의 강고한 결속력을 잘 보여주고 있다. 이렇듯 안동의 양반은 대부분의 지역과는 달리 지역사회를 강하게 장악하고 있었다. 이것은 안동의 양반이 농민층을 철저히 통제하고 있었음을 의미하는 것이다.

셋째로는 안동의 경제적 조건에서 오는 것이라 할 수 있다. 이것은 안동의 양반층이 자기분열 없이 강하게 결속할 수 있었던 배경이기도 하다. 안동의 토지는 산곡간에 소규모로, 그리고 척박한 사질토의 밭농사 위주이다. 이것은 대지주로의 성장을 자연스럽게 억제하면서 골골마다 그만그만한 중소지주와 동성촌락을 양산함으로써 양반 상호간 또는 동성간의 결집을 더욱 강고하게 하였다. 일부 양반층의 대지주로의 성장은 결국 농민은 물론이고 다수 동성양반층의 몰락을 수반할 수밖에 없는 것이었고, 이에 따른 대지주와 몰락양반으로의 경제적 분화는 양반 상호간의 결속을 불가능하게 할 것이기 때문이다. 이러한 경제적 불균은 또한 자연스럽게 정치적 입장을 달리하게 하는 계기를 만드는 것이었다.

아무튼 안동의 양반은 다른 어느 지역보다 정치적 학문적으로나 경제적으로도 강한 동질성을 확보할 수 있었다. 또한 여기에 문집을 발간하고 서원과 사우(祠宇)를 건립함으로써 양반으로서의 권위를 계속적으로 유지할 수 있었다. 이러한 사정을 다산 정약용은 "사대부가 수백 년 동안 관직에 이르는 길이 막혀 있어도 존부(尊富)를 잃지 않고, 골골마다 종족이 모여 한 조상을 받들고 양반으로서의 위세를 잃지 않는다"고 하였다. 안동의 양반은 비록 중앙정계로부터는 소외되었지만 학문적 경제적 정치적인 동질성을 확보함과 아울러 동성간의 강한 혈연적인 결집을 이룸으로써 다른 어느 지역보다도 강고한 향촌지배를 유지하고 있었다.

이로써 농민층의 활동은 상대적으로 위축될 수밖에 없었을 것이다. 여기에 전통적인 성리학을 철저히 견지하는 학문적 성향은 동학과 농민이 추구하던 세계관과는 철처히 대립될 수밖에 없었을 뿐만 아니라 실학적인 사고와 개혁으로부터도 차단되어 있었다. 다른 지역에서 영향력 있는 양반이 동학과 농민군 지도자로서 등장하고 있던 사정과는 크게 다른 것이었다. 결국 안동에서는 농민층이 양반지배층의 억압구조를 뚫고 솟아오를 만한 조직과 내재적인 성장이 부족하였던 것이다.

마지막으로 안동지역이 척박함으로 말미암아 봉건지배층의 수탈과 일본상인의 횡포가 상대적으로 미약하였다는 것과 양반층의 향촌지배가 일정하게 기능함으로써 한편에서는 수령과 향리의 가렴주구를 견제할 수도 있었고, 다른 한편에서는 사족 자신들의 무단적인 행위를 일정하게 통제할 수 있었던 것 또한 봉건모순을 완화시키는 한 요인으로 작용하였던 것으로 보인다. 관권과 양반층 모두의 지나친 농민 수탈에 대한 규제는 퇴계향약 이후의 전통이었다.

이러한 사정은 고부를 비롯한 전라도지역이 넓은 평야지대의 미작농업을 위주로 하고 있다는 것과 크게 대조된다. 봉건수탈은 농업생산성이 높은 곳에 집중되게 마련이었고, 미곡수출을 주도하던 일본상인과 지주층의 이해는 이런 곳에서 더 용이하게 일치될 수 있게 마련이었다. 봉건모순과 외세침략의 상대적 완화는 농민층의 반봉건 반외세 활동을 절실하게 만들지 못하였다.

결국 안동지역에서는 일찍이 동학이 포교되어 많은 동학교도를 확보하고 있었지만, 이들은 1871년의 이필제란으로 참혹한 시련을 당함으로써 갑오년의 난리에서는 미처 조직적인 활동을 전개할 수 없었으며, 반대로 안동의 양반층은 학문·정치·경제, 그리고 혈연적으로 강고하게 결속함으로써 농민층을 철저히 통제할 수 있었다. 여기에 안동이 가지는 자연적 사회적 조건은 봉건모순의 심화를 상대적으로 완화시키는 방향으로 작용하였다고 할 수 있다. 말하자면 안동의 농민층이 자기 성장이 부족하였던 것과는 달리 봉건지배층의 치배와 억압의 구조는 상대적으로 더 큰 것이었다.

안동이 갑오년의 난리를 직접적으로 경험하지 못함으로써, 농민들은 이후 근대사회로의 전개과정에서 반봉건 반외세의 주체로서 성장하는 데 크게 제약당하였고, 안동사회 전체적으로는 상하간의 신분질서와 차등적인 인간관계를 더 오랫동안 유지하게 되었다. 이러한 사정은 이후 양반의 주도하에 전개된 안동지역의 반일의병활동을 더 활발하게 하는 요인이 되기도 하였지만, 다른 한편으로는 오랫동안 안동을 봉건적 구습에 묶어둠으로써 양반가문 상호간의 시비와 보수·혁신간의 갈등을 더욱 격렬하게 만든 요인이 되기도 하였다. 오늘날의 안동 또한 이러한 역사적 경험을 외면할 수는 없다.

정 진 영

안동의 독립운동은 얼마나 활발했나

I. 안동에도 독립운동이 있었느냐고 반문하는 안동인들

'안동의 독립운동'이란 말을 끄집어 내면, 이곳에도 독립운동이 있었느냐고 반문하면서 매우 의아해 하는 안동인들을 종종 보아 왔다. 특히 젊은 사람일수록 그러했다. 그러면서도 안동에 대해서는 무조건적인 자부심을 내보이기도 한다. 무엇을 가지고 그렇게 당당해 하는지를 물어보면, 퇴계 선생을 비롯한 몇몇 현학(賢學)들을 손꼽으면서 안동정신, 안동선비정신, 안동문화 등의 단어를 내뱉는다. 안동을 빛낸 선학들의 그늘이 워낙 커서 안동의 독립운동이 덮여버린 것인지, 아니면 안동의 독립운동이 너무 미미하여 내세울 것이 없어 그러한지, 도무지 이해가 되질 않는다.

전국에서도 가장 일찍 독립운동이 시작된 곳이 여기요, 빼어난 독립지사를 많이 배출한 지역도 이곳이며, 또한 어느 지역보다 강렬한 저항성을 보인 곳도 여기 안동이다. 지역 자랑에는 둘째

가라면 서러워하는 것이 당연한 일이요, 더구나 안동은 지역에 대한 자긍심이 대단한 곳이 아닌가. 그럼에도 불구하고 어떻게 해서 안동 사람들이 안동의 독립운동을 모르고 있는지, 필자로서는 도저히 짐작조차 하기 힘들다. 이곳의 대학 강단에서 독립운동사를 공부하고 가르치고 있는 처지에서 생각하면, 한편으로는 안타깝고 또 한편으로는 제구실을 못해 이런 일이 벌어진 것이라는 죄책감 마저 든다.

그래서 이 글을 통해 안동의 독립운동을 요약하여 소개하고자 한다. 안동의 독립운동이란 두 가지로 나누어 생각할 수 있다. 하나는 안동지역에서 전개된 독립운동이요, 또 하나는 안동인이 국내외에서 전개한 그것이다. 여기에서는 이들을 순서대로 살펴보고, 이어서 그 성격이 어떠했는지, 또 왜 그랬는지를 이야기하려 한다.

본 이야기에 들어가기에 앞서 우선 독립운동사라는 말에 대해 간략하게 언급해야겠다. 요즈음 시중에 나와 있는 많은 책들에는 독립운동사, 민족독립운동사, 해방투쟁사, 민족해방투쟁사 등의 용어가 쓰이고 있다. 대체로 앞의 두 가지는 우파적 시각에서, 그리고 뒤의 두 가지는 좌파적 시각에서 쓰고 있다고 보면 큰 잘못이 없다. 그런데 종래에는 양극단적인 시각만이 있었던 데 비해, 최근에 들어 이를 모두 민족의 총역량으로 파악하려는 중도적이고 통합적인 시각을 가진 연구가 나오고 있어 무척 다행스럽다. 필자도 그러한 통합적인 자세로 이 글을 쓰려 한다.

또 독립운동사의 시기에 대해서도 먼저 말해 두어야겠다. 독립운동사에서 다루는 시기는 1894년부터 1945년까지이다. 종전에는 의병이 1895년(을미의병)에 처음 일어난 것으로 이야기되었으나, 의병이 1894년에 시작되었다는 근래의 연구가 나와서 독립운동사의 시점이 1년 당겨 올라갔다. 따라서 여기에서 말하게 되는 안동의 독립운동사도 1894년부터 해방된 1945년까지가 된다.

Ⅱ. 안동지역에서 전개된 독립운동

1. 의병항쟁

의병사는 크게 1894년부터 1918년까지 전개된 것으로 정리되고 있다. 그런데 안동의 의병사는 1894년부터 1910년까지로 보는 것이 좋을 것 같다. 왜냐하면 1910년 이후에는 대체로 계몽운동이 강하게 전개되었기 때문이다. 우리 근대사에서 1894년에 첫 의병이 일어났는데, 그곳이 바로 안동이다.

공주 유생 서상철이 안동으로 와서 의병을 일으키고, 함창·태봉에 주둔한 일본군을 공격했던 거사가 있었다. 이어서 안동 의병의 주체적이고 본격적인 항쟁은 명성왕후 살해사건을 거쳐 단발령이 내려진 1895년 말(양력으로 1896년 1월)에 일어났다.[1] 특히 단발령은 전국적으로 의병항쟁이 가뭄 뒤의 산불처럼 전국적으로 일어나는 주요 원인을 제공하였다. 단발령을 강제로 실시하여 길거리에 나섰다가 상투를 잘린 사람들이 생기고, 관원들이 집을 수색하여 단발을 강행하기도 했다. 부모에게서 물려받은 신체를 손상시킨 것을 얼마나 큰 죄악으로 여겼던 시대인가. 그러니 단발을 당한 사람은 자결하든지, 아니면 그것을 괴롭게 여겨 식음을 전폐하고 몇 날이나 통곡하는 일이 벌어졌다. 어쩌면 통곡하는 것은 살고자 하는 몸부림이었는지도 모른다.

전기 의병(1894~1896)은 정재(定齋) 류치명(柳致明)의 학통을 이은 척사 유림들이 주도하였다. 권세연(權世淵)·김도화(金道和)·이만도

(李晚燾)·이만응(李晚鷹)·이중언(李中彦)·이인화(李仁和)·권상익(權相翊) 등이 그들이었다. 그들은 주변 군현의 의병(영양 김도현, 봉화 금석주 등)과 연합하고, 1896년 초에 류인석(柳麟錫) 휘하의 서상열이 이끄는 제천 의진과 연합하여 다시 태봉의 일본군을 공격하였다.

중기 의병(1905~1907. 7)은 을사조약 체결에 항거한 데서 비롯하였다. 안동에서는 이상룡(李相龍)의 의병 자금 지원과 차성충(車晟忠)·류시연(柳時淵)·권재중(權在重) 등의 활약이 있었고, 특히 신돌석과의 연대가 이루어진 시기였다.

후기 의병(1907. 8~1909)은 해산된 군인들이 의병에 가담한 시기인데, 안동은 그러한 특징이 제대로 나타나지 않았다. 이 시기에는 문경의 이강년 의진을 지원했던 풍산 오미동의 김순흠(金舜欽)이 단식하여 순국하는 장렬한 저항이 있었다. 그리고 이 시기의 의병항쟁은 대체로 소강상태에 접어들고, 점차 계몽운동이 자리잡기 시작하였다.

이후 전환기 의병(1910~1915) 시기에는 의병항쟁의 연장선에서 목숨을 스스로 끊어 순국하거나, 대한광복회 등에 가담하는 양상으로 연결되었다. 또 말기 의병(1915~1918)이 3·1운동 직전까지 소규모로 지속되었으나, 안동에서는 별로 보이지 않는다.

2. 계몽운동

안동 계몽운동의 출발은 동산(東山) 류인식(柳寅植)에 의해 시작되었다. 그가 1903년에 성균관에서 단재(丹齋) 신채호(申采浩)를 만나고, 그의 영향으로 사상의 변혁을 이룬 뒤, 안동으로 귀향하면서 계몽운동의 장을 열었다. 계몽운동이란 교육·학문·언론을 통한 민족의식의 확산과 산업진흥을 통한 민족자본의 성장을 도모하던 방략이요 운동이었다.

안동에서는 교육구국운동의 첫걸음이 협동학교(協東學校)로 나타났다. 이 학교는 류인식·이상룡·김동삼(金東三)·김후병(金厚秉)·하중환(河中煥) 등에 의해 북부지역 최초의 중등교육기관으로 1907년에 내앞[川前]에 설립되었다. 그런데 이 학교는 1910년 일제 통치기에 들어서 커다란 변화를 보였다. 학교를 설립하고 운영하던 주역들이 1910년 12월 말부터 1911년 봄에 걸쳐 압록강을 건너 남만주로 이동하였기 때문이다. 뒤에 언급하겠지만, 이들이 신민회의 만주지역 독립운동 기지 개척사업에 주도적으로 참여하였다. 1912년경에 협동학교는 임동 한들[大坪]에 있던 류연박(柳淵博 : 류치명의 손자) 진사의 집으로 이전하였고, 3·1운동으로 장렬히 산화할 때까지 많은 인재를 양성하였다. 여기 출신들이 경북 북부지역으로 교육구국운동을 확산시켜 나갔고, 특히 임동의 3·1운동에서 크게 활약하였다.

협동학교에 대한 이야기에서 신민회와의 관계 문제는 매우 중요하게 다루어져야 한다. 계몽운동에는 비밀결사운동과 주어진 법 테두리 안에서 이루어지는 등록단체에 의한 운동이 있었다. 대한협회가 등록단체의 대표라면, 비밀결사의 대표적 존재는 신민회였다. 1907년에 안창호의 발기로 출범한 신민회에 이상룡과 류인식 및 김동삼 등이 참가하였고, 그러한 바탕 위에 협동학교의 교사가 신민회에서 파견되었다. 따라서 협동학교는 서울의 신민회 본부와 직접적인 관계를 가진 지방교육기관으로 평가할 필요가 있다.

그리고 교육구국운동의 하나로 교남교육회(嶠南敎育會, 또는 교남학회) 안동지회를 추가시켜야 할 필요가 있다. 교남교육회는 1908년에 경상남북도의 교육진흥을 표방하고 서울에서 조직된 것인

협동학교 교사들
위쪽 양복을
입은 이가
김동삼 선생이며,
가운데가
류인식 선생이다.

데, 안동에는 이상룡·류인식·김동삼 등에 의해 지방지회가 조직
되었다.

안동의 계몽운동에서 빠트릴 수 없는 또 하나의 조직으로 대한
협회 안동지회를 들 수 있다. 대한자강회 출신과 천도교 인물을
중심으로 1907년에 조직된 대한협회는 앞에서도 본 것처럼 등록
단체로 활동한 대표적인 조직이었다.

안동지회는 1909년에 회장 이상룡을 비롯하여 류인식·김동삼·
이준형(李濬衡) 등에 의해 조직되었고, 안동에서 최초로 시작된 근
대적인 대중집회를 개최하였다. 1~2천 명의 참석을 보였다는 연

설회는 그 규모에서도 놀랍지만 정기적으로 개최된 점도 높이 살 만하다. 민중들이 참가한 공개연설회란 것이 서울에서는 1896년 에 성립한 독립협회가 만민공동회를 열면서 시작되었지만, 안동 에서는 이때에 와서야 비로소 이루어졌다. 이 자리에서 근대를 지향하는 많은 문제들이 논의되고 민족문제에 대한 바른 인식을 확산시켜 나갔으니, 사실상 안동에서 근대화를 향한 의식전환의 커다란 계기가 마련된 셈이고, 이것이 곧 계몽운동의 표상적인 모습이었다.

계몽운동이 확산되어 가던 와중에 의병계열과의 갈등도 겪어야 했다. 1910년 7월에 의병들이 협동학교에 들이닥쳐 폭탄으로 교 사 두 명을 비롯한 세 명을 살해한 사건이 바로 그것이었다. 방 략상의 차이를 극복하지 못하고 서로의 존재를 인정하지 못한 결 과였다. 이러한 오류는 새로운 단계로 나아가는 필수적인 과정이 었는지도 모른다. 이러한 갈등은 1910년대 중반을 거치면서 극복 되어 갔고, 그러한 모습이 대한광복회(1915)로 나타나는데, 안동 출신 인사들도 여기에 가입하여 활동하였다.

3. 1910년대

1910년대 안동의 독립운동은 역시 의병과 계몽운동의 두 줄기 연장선상에서 설명되어야 한다.

우선 의병 출신들은 나라를 잃게 되자, 일제에 굴복하여 살아 가는 치욕을 거부하고 곧장 스스로 목숨을 끊어 저항하는 장렬한 모습을 보였다. 특히 안동은 그러한 자결 순국자가 가장 많은 곳 이다. 이미 앞에서 의병활동에 나섰던 김순흠이 1905년에 자정(自 靖)했던 일을 이야기했다. 1910년 국치에 접하자, 이만도(李晩燾 ;

1910, 예안)·이중언(李中彦 ; 1910, 예안)·김택진(金澤鎭 ; 1910. 음 10)·
류도발(柳道發 ; 1910. 음 10, 하회)·이현섭(李鉉燮 ; 1910. 음 10) 등이 단
식하여 순국했고, 권용하(權龍河 ; 1910. 음 9, 와룡면 가구동)·이만규
(李晩奎 ; 1911)가 자결했다. 이러한 영향으로 영양의 의병장 출신
인 김도현(金道鉉)도 1914년에 대진 바닷가 관어대(觀漁臺)에서 도
해(蹈海 : 바다를 밟고 들어가) 순국하였다.[2] 이러한 자결 순국의 대
열은 3·1운동 때 류도발의 아들인 류신영(柳臣榮)의 음독 자결로
대미를 장식하였다. 이러한 순국은 안동의 강렬한 저항정신, 철저
한 선비정신의 표상적인 의거였다고 내세워 이야기할 만하다.

한편 계몽운동을 벌였던 인사들은 앞에서도 본 것처럼 신민회
와 연계되어 만주의 독립운동기지 건설을 위해 망명하였다. 이상
룡 등 고성이씨 일가, 김동삼·김대락(金大洛) 등 내앞 의성김씨 일
가, 류인식 등 전주류씨 일가, 이원일 등 도산의 진성이씨 일가
등 주로 협동학교에 관계했던 계몽운동계열 인사들이 주류를 이
루었다. 이들이 떠난 뒤에도 협동학교는 지속되었고, 그 영향을
받아 동화학교(東華學校)·동흥학술강습소·풍산학술강습소·역동의숙·
금양의숙(錦陽義塾)·봉양서숙(鳳陽書塾)·계명학교(啓明學校) 등 많은
학교가 설립되어 교육구국운동이 전개되었다.

이러한 의병과 계몽운동이 하나의 광장으로 결합하는 모습을
보인 대표적인 조직이 비밀결사조직인 대한광복회였다. 밝혀진
62명의 단원 가운데 경북 출신이 22명이고, 또 그 가운데 안동
출신은 고문을 맡은 권준희(權準羲)를 비롯한 7명이었다. 그런데
1910년대 안동 출신들이 가입하여 활동했던 조직으로 부흥회, 자
강회 등의 이름만 전해지고 있으니, 참으로 아쉬운 느낌이 든다.

4. 3·1운동

안동지역의 3·1운동은 1919년 3월 13일부터 27일까지 전개되었다. 이 시기는 전국의 3·1운동에 비추어 보면 중기에 해당한다. 안동의 3·1운동은 안동면에서 장날인 3월 13일에 시작되었다.[3] 강대극(姜大極 ; 도쿄 2.8선언 참가)과 김원진(金源鎭 ; 군청서기)이 결합하여 시작되고, 안동교회 목사 김영옥(金泳玉), 장로 이중희(李重熙), 김병우(金炳宇), 김병우의 아들 재명(在明 ; 세브란스의전 학생으로 서울시위 소식과 독립선언서 전달) 등에 의해 준비되었다. 그런데 이들이 사전에 일제에 검속당하여 13일의 거사계획은 무산되었다. 그러나 그날 밤에 이상룡의 동생인 이상동(李相東)에 의해 돌파구가 만들어졌다. 즉 그가 오늘의 조흥은행 앞에서 혼자 만세를 외치는 단독시위를 전개함으로써, 자칫 물거품으로 돌아갈 뻔했던 시위계획이 아쉬운 대로 관철된 셈이다. 이것이 안동면의 1차시위였다.

3월 17일에는 예안에서 면장 신상면(申相冕)과 조수인(趙修仁)·이광호(李洸鎬)·이열호(李列鎬 ; 선명학교, 예안보통학교)·신응한(申應漢 ; 예안만촌교회) 등의 주동 아래 1,500명이 참가한 시위가 있었다. 이어서 그들 가운데 600명이 밤중에 안동면으로 이동하여 다음날 벌어진 안동면의 2차시위에 합류하였다.

안동면의 2차시위는 3월 18일에 두 갈래 세력의 주도에 의해 전개되었다. 하나는 김병우·김익현·김계한·황인규·권점필·이인홍 등의 안동교회 세력이고, 또 하나는 송기식·송장식·송홍식·류동붕·권중호·문소응·이종록 등의 유림 세력이었다. 이들에 의해 태극기와 격문이 마련되고 2,500명이 참가한 시위가 전개되었다. 물론 여기에는 예안의 시위대가 합류하여 기세를 드높였음은 더 말할 나위가 없다. 그 뒤 안동면에서는 3월 23일에 3,000명이 참가한 대규모의 3차시위가 전개되었고, 여기에서 대중투쟁적인 양상을 보였다. 안동은 이 시위에서 일본군의 실탄사격으로 30여 명이 사망하는 참상을 겪어야만 했다.[4]

임동의 시위는 역시 장날인 3월 21일에 류동시(柳東蓍 ; 정재 류치명 증손)가 고종인산에 참여 후 귀가하면서 시작되었다. 그는 협동학교 교장이던 류동태(8촌간)와 협의하였고, 그 결과 태극기와 독립선언서가 준비되었다. 이로 일어난 임동시위는 협동학교 출신과 관계 인물이 대거 참여하고, 무실[水谷]을 중심으로 전주류씨 문중(柳淵成·柳東洙 등)이 참가하여 격렬한 항쟁을 벌였다. 그리하여 한 개 면지역의 시위로는 보기 드물게 67명이나 실형을 선고받았다. 또한 이 시위는 영양시위로 연결되기도 했다.

임하면의 시위는 3월 21일에 일어났다. 임찬일이 서울의 봉도단에 참여한 뒤 귀향하면서 준비가 이루어졌다. 이 시위는 길안시위와 연결이 시도되었으나 소수인원만 도착하고, 합류하는 데는 실패하였는데, 이 시위도 상당히 격렬하여 다섯 명이 피살되는 아픔을 겪었다. 길안에서도 장날인 3월 21일에 350명이 모여 시위를 벌였는데, 손영학(孫永學)·김정익(金正翼) 등 5대교회 인사가 중심이 되어 전개하였다.

이 밖에도 예안에는 3월 23일에 절강에서 1백 명이 참가한 가운데 시위가 전개되었고, 풍산에서는 3월 24일에 기독교인 30인과 동화학교 학생들이 참여하여 시위를 벌였다. 그런데 풍남면에서는 안동에서 가장 늦은 시기인 3월 27일에 하회 만송정에서 류점등(柳點登)의 지도 아래 23명의 소년이 만세를 부르며 마을을 한 바퀴 도는 형태의 시위를 벌였다. 이것은 안동의 다른 지역에 비해 그 양상과 성격을 달리한 시위였다.

이상에서 안동에서 일어난 3·1운동의 특성을 보면, 유림이나 문중 중심의 활동(예안시위 수형자 59퍼센트가 유림, 임동의 협동학교와 류씨문중 참여)과 기독교도(안동·예안·길안 시위)의 활약이 두드러진다. 그리고 그들의 경제적인 처지를 보면 유림은 주로 농업에 기반을 둔 인물들이면서 자소작층(임동 수형자 88퍼센트가 농업인)이 주류를 이루었고, 이에 반해 기독교인들은 상업적인 농업이나 양축업 및 상공업에 종사하는 경우가 많았다.

그리고 시위 주도인물의 경력을 보면 의병항쟁 참가자와 계몽운동이나 신교육 이수자로 나눌 수 있다. 먼저 의병항쟁 출신으로는 송기식(안동시위)·이상동(전기 의병, 안동시위)·이동흠(예안시위)·이종영(광복단, 안동시위)·이강욱(李康郁 ; 김동화 의진, 임동시위)·류동환(柳東煥 ; 임동시위) 등이 있었다. 또 계몽운동이나 신교육 이수자 출신에는 협동학교 출신인 이인홍(李仁洪)·류동붕(柳東鵬)·김명인(金明仁 ; 이상 안동시위)·류동혁(柳東爀)·류동경(柳東駉)·류연복(柳淵福)·류동복(柳東馥)·류연기(柳淵琦)·류연태(柳淵泰)·류림(柳林 ; 이상 임동시위) 등과 보문의숙 출신인 이동봉(李東鳳)·이원영(李源永 ; 이상 예안시위), 금양의숙 출신 임호일(林浩逸)·임찬일(林讚逸 ; 이상 임하시위) 및 봉양서숙·선명학교 관계자나 출신자가 주류를 이루었다.

5. 1920년대 독립운동

3·1운동 직후, 안동에도 다른 지역과 마찬가지로 많은 사회단체들이 조직되었다. 1920년 5월에 200명이 참석하여 출범한 안동청년회를 비롯한 예안청년회·안동부인회·기독청년회·불교청년회·일직면금주회·조선노동공제회 안동지회(류인식·김원진·이운호) 등이

조직되었다. 대체로 청년단체가 주류를 이루었고, 교육이나 노동 야학활동을 전개해 나갔다.

3·1운동으로 표출된 민족의 의지를 결집하여 1919년 4월에 중 국 상해에서 민주공화정체를 갖춘 임시정부가 수립되었다. 이에 안동에서는 임시정부의 군자금 모집을 위한 활동을 전개하였는 데, 안상길(安相吉)·김재봉(金在鳳)·이준태(李準泰) 등이 여기에 참 가했다. 또한 1922년에는 주로 안동 출신 망명인사들이 활약하고 있던 서로군정서에 군자금을 모집하여 보내는 비밀결사조직으로 의용단(義勇團)이 조직되었다. 여기에는 김시현(金始顯)·이대기(李大 基)·이종국(李鍾國)·김용환(金龍煥) 등이 활동한 것으로 알려진다.[5]

1923년에 들어 안동에는 류인식을 중심으로 물산장려회가 조직 되고 민족경제를 위한 활동이 시작되었다. 그리고 그 해 10월에 형평사 안동지사가 조직되었다. 그런데 안동에는 백정 인구가 많 지 않아 그 활동이 별로 없었다. 더구나 구성원도 대다수가 백정 이 아니라 오히려 혁신적인 양반층이었고, 신간회의 구성인물과 대체로 비슷하였다.

또 이때부터 경제투쟁 단체들도 속속 등장했다. 대표적인 것이 1923년에 조직된 풍산소작인회였다. 이 조직의 대표적 인물은 이 준태(무산자동지회)·권오설(權五卨 ; 풍산학술강습회 교사, 안동청년회)· 김남수(金南洙 ; 예안청년회, 조선노동연맹회, 동아일보지국 총무)·이용만 (李用萬)·이회승(李會昇 ; 동아일보 기자)·이회원(李會源)·이창식(李昌植) 등이었는데, 이들 대부분은 소작인이 아니었다. 즉 이들은 계몽적 선구적 인식을 갖고 소작운동에 나선 것이었다. 이 모임의 주요 활동 내용은 소작조건 개선운동, 회원 단결을 위한 규제와 자치 활동, 봉건적 신분질서 철폐운동 및 도산서원 철폐운동(1925. 10)이 었다.[6]

그리고 이 단체는 1926년에 조선공산당 안동군 조직의 세포조
직이 풍산소작인회 속에 만들어짐에 따라 조선공산당과의 관계를
가지게 되었다. 또한 이 단체는 1920년대 중반기에 안동지방 청
년단체의 동향에 절대적인 영향력을 가지고 있다.

한편 이보다 앞선 1924년 말 이후 안동지역에서 조직된 청년단
체들은 그 성격을 크게 바꾸고 있었다. 권오설을 중심으로 풍산
소작인회와 안동청년회 인물로 구성된 화성회(火星會 ; 1925. 1)의
영향이 컸고,[7] 이것이 노우회(勞友會 ; 1925),[8] 정광단(正光團),[9] 기우
단(記友團)[10] 등의 결성에도 영향을 끼쳤다.

이어서 각 면의 청년회가 혁신적 성향으로 바뀌게 되었고, 이
들이 민중해방운동의 선구를 주장하고 나섰다. 신흥청년회(풍산청
년회 후신, 1924. 9)·예안청년회(1924. 12)·안동청년회(1925. 2)·안동청년
연맹(1925. 8, 8개 청년회 합류)·임하청년회·남후청년회(1925. 9)·와룡
청년회(1925) 등이 계속해서 조직되었고, 이들이 노동야학과 민중
교육을 펼쳐 나갔다.

1926년 후반에 들면서 독립운동을 위한 좌우합작이 모색되었
다. 민족의 해방을 위해 민족주의와 공산·사회주의 세력의 결속
이 추진된 것이다. 그 결과 서울에서 1927년 2월에 신간회가 조직
되어 안동에서는 그 해 7월에 설립준비회가 열리고, 8월에 회원
197명이 참석한 가운데 설립대회가 열렸다. 이 자리에 서울에서
홍명희가 파견되어 참석하였다. 이 대회에서 1대회장으로 유인식,
부회장 정현모(鄭顯模 ; 2대회장), 총무 권태석(權泰錫 ; 의병활동한 권
재중의 아들) 등이 선임되었다. 그리고 주요 구성원은 교육문화운
동에 참여했던 유지와 화성회·소작인회 등에서 활동하고 있는 인
물이었으며, 회원수는 1928년에 약 600명에 달하는 대규모 조직이
었다.[11]

6. 1930년대 독립운동

1920년대 후반기의 조선공산당에 대한 일제의 탄압으로 안동 청년운동 조직의 주동인물 가운데 상당수가 체포되어 그 운동도 크게 위축되었다. 1930년대의 안동지역 청년운동은 상당히 약화된 모습을 보이게 되었다.

1931년의 '안동 콤 그룹'은 신간회가 해소된 이후 안상윤(安相潤)·이필(李鉍)·권중택(權重澤 ; 모두 안동청년동맹 소속) 등이 중심되어 만들어진 조직이었다. 이 단체는 적색농민조합운동이면서 조선공산당 당재건운동의 하나로 추진되었다.

한편 1930년대에 안동지방에서는 신사참배 반대운동이 있었는데 이원영(李源永)·원세(源世) 형제, 박충락(朴忠洛)·전계원(田桂元)·권수영(權秀盈), 이수영(李壽永)·수원(壽元) 형제 등이 여기에 참가했다. 신사참배 강요에 대해 다수의 교역자가 이에 굴복한 상황이었기 때문에, 이에 저항했던 인물의 저항성이 더욱 돋보이게 되었다고 볼 수 있다.

7. 1940년대 독립운동

1931년에 만주를 지배한 일제는 1937년 7월 7일에 중일전쟁을 일으켰다. 본격적으로 중국본토를 향해 침략의 발걸음을 내디딘 일제는 여기에 필요한 전시물자의 보충을 위해 우리 민족을 처참할 정도로 수탈했다. 1940년대의 통계에 따르면 연간 미곡 총생산량의 45퍼센트에서 60퍼센트를 강제로 공출해 감으로써 1년 가운데 3개월분 식량만 남겨두었다. 즉 우리 민족은 3개월치 미곡으로 1년을 살아야 하는 기막힌 고통의 세월을 보내야 했다. 한편 임시정부가 중국의 깊숙한 내륙인 중경으로 이동함에 따라 국내인사들은 해외독립운동과의 관련성을 점차 상실해 가고 있었다. 이런 상황에서 최남선을 비롯한 유명한 지식인들이 변절하는 경우가 많이 나왔다.

1940년대의 이런 와중에도 국내에는 일제의 마지막 발악을 감지하면서 독립군적 성격을 가진 비밀결사체가 전국적으로 나타났다. 안동에서는 1943년과 1944년에 걸쳐 두 개의 조직이 결성되었다.

하나는 1943년 2월에 조직된 명성회(明星會 ; 혹은 黎明會)였다. 이것은 안동농림학교의 퇴학생인 이정선(李貞善)이 주동하여 조직한 것이다. 이 단체는 4월 30일에 《여명(黎明)》지를 발간하고, 임시정부의 파견원을 통해 입수한 정세분석 기사를 게재하여 배부했다. 1944년 10월에는 안동농림학교를 중심으로 조직된 조선회복연구단과 합류하고, 《새벽》지를 간행하였다.

또 하나는 조선회복연구단인데, 1943년 7월 방학기간에 강제노동에 동원되면서 그 현장에서 발의되어 1944년 10월에 농림학교 8·9·10회생과 교유·목사·의사 등의 사회인이 참여한 가운데 조직되었다. 주요 구성원은 권영동(權寧東)·윤동일(尹東一)·황병기(黃炳基)·이준택(李準澤)·이갑룡(李甲龍)·김오변(金五變)·장인덕(張寅德)·김우현(金佑鉉)·이승태(李承台) 등이었다. 이 조직은 참모부·교화부·연락부·신풍부·특공부·의무부·대외연락부 등 7개 부로 이루어졌다.

후에 명성회와 합류한 이 단체는 구체적인 투쟁계획을 작성하였다. 그것은 안동경찰서를 기습 공격하여 무기고를 파괴하고 무기를 탈취하여 항쟁을 벌이자는 것이었다. 그들의 계획은 한편으로는 무모한 것으로 보일 수 있지만, 그들의 계산으로는 패전에 몰린 전황 때문에 우리 땅에 와 있던 일본군의 주력부대가 이미 이동한 것으로 판단했고, 따라서 일제를 공격하고 대구에서 일본군 증원군이 온다 해도 방어할 수 있다는 확신을 가지고 있었다. 미리 계획했던 1945년 2월 27일의 1차거사에 실패한 뒤, 2차거사 날짜로 일본 육군기념일인 3월 10일을 잡았다. 그러나 일제 경찰의 정보망에 걸려 3월 10일을 전후하여 단원 64명 모두 체포되었고, 특히 손성환(孫聖煥)이 혹독한 고문을 받다가 순국하였으며, 44명이 감옥에서 해방을 맞이하였다.

당시 19세였던 이승태가 감옥에서 보인 의연하고 반듯한 자세는 같은 감방에 있으면서 옆자리에서 취조를 받은 사람에 의해 자세하게 전해졌는데, 이승태는 검사에게 "내가 나가면 일본 국민으로서 대일본제국에 충성을 다하겠다고 경찰조서 끝에 쓰여져 있는데, 그것은 경찰취조관이 일방적으로 쓴 것이니 삭제해 달라"고 요구하고, "내가 앞으로 나가면 일본 사람이 내 조국 땅에서 물러갈 때까지 민족해방운동을 계속하겠다"고 당당한 자세를 보였다.[12]

Ⅲ. 안동인이 국내외로 나가서 전개한 독립운동

1. 국내저항운동

안동인들이 벌인 독립운동은 당연히 독립운동사의 첫머리인 의병항쟁에 참가하는 것으로 시작하였다. 대표적인 예로 이강년(李康秊) 의진에 참가한 인물로 김현동(金賢東)·김택진(金澤鎭)·류시연(柳時淵)·권재중(權在重)·김규헌(金奎憲) 등을 들 수 있는데, 이들은 문경과 제천을 넘나들며 항쟁 대열에 참가하였다.

계몽운동에서 비밀결사의 대표적 존재인 신민회에 참가하여 활동한 안동 출신은 이상룡과 유인식 및 김동삼 등이었다. 또 이들은 교남교육회에도 참가하여 활동하였는데, 이 교남교육회는 1908년에 경상남북도의 교육진흥을 표방하고 서울에서 조직된 것으로 안동에는 이들에 의해 지방지회가 조직되었다.

1910년 이전의 우리나라 독립운동은 대체로 의병계열과 계몽운동계열에 의하여 주도되었다. 물론 신민회가 독립군기지 건설을 계획하면서 1908년 이후 본격적인 전환을 도모하고, 의병계열 인물들이 1910년 직전에 공화주의사상을 수용하는 움직임을 보이기도 하였으나, 대체로 두 세력의 결집은 1910년대 중반에 들어 가능했다.

풍기광복단(1913)이 의병계열의 단체였음에 비해, 대구에서 조직된 조선국권회복단(1915)은 계몽운동계열의 단체였다. 이것이 1915년에 대구에서 하나로 결합했으니, 곧 대한광복회였다. 이는 국내와 만주를 연결하는 비교적 거대한 조직이었고, 국내의 박상진과 만주의 김좌진을 대표적 인물로 거론할 수 있다. 여기에 참가한 안동인들도 많았다. 김응섭(金應燮)은 조선국권회복단에서 활약하다가 상해와 만주로 가서 활약한 인물이다. 현재까지 알려진 대한광복회원은 모두 62명인데, 그 가운데 경북지역 출신이 22명이며, 안동 출신은 고문을 맡은 권준희(權準羲)를 비롯하여 권준흥(權準興)·류시만(柳時萬)·권의식(權義植)·채소몽(蔡素夢)·정송산(鄭松山)·이종영(李鍾瑛) 등 7명이나 된다.

1919년 3·1운동이 전개될 때 서울시위에서 활약한 인물로 권병택(權秉宅)을 들 수 있다. 그리고 3·1운동의 계획단계에서 빠졌던 유림들이 파리강화회의에 독립청원서를 제출했던 이른바 '파리장서의거(1차유림단의거)'에 안동 출신 유림들이 주도적으로 참가하였다. 일찍이 의병항쟁에 참여하고 1910년 나라를 잃게 되자 24일 동안 단식하여 순국한 이만도의 아들인 기암(起巖) 이중업(李中業)이 주도적으로 참여하여, 강원·충북 지역의 유림들로부터 서명받는 작업을 담당하였다. 그는 앞에서도 본 것처럼 단식 순국한 향산 이만도의 아들이며, 그의 부인도 3·1운동에 참가하였다가 일제의 모진 고문으로 두 눈을 실명하였다. 또 뒤에 언급하겠지만, 그의 두 아들은 6·10만세시위에서 공을 세웠다. 파리장서의거에 참가한 인물로 예안의 이만규(李晩煃)를 빠트릴 수 없고, 또한 장서를 상해로 가져간 김응섭도 마찬가지이다. 또 안동 계몽운동사의 장을 연 류인식의 아버지 류필영(柳必永)도 그러한 인물이다.

1920년대 초에 우리의 손으로 대학을 설립하자는 운동이 일어났으니, 곧 민립대학 설립운동이다. 윤치호·남궁억·박은식·양기탁 등이 나선 이 운동은 1923년에 총회를 열고 '민립대학발기취지서'를 채택하고 설립계획을 확정하였다. 여기에 안동 출신으로 류인식이 참가하여 활동하였다. 이 노력은 일제의 탄압과 경성제국대학 설립이라는 대체정책으로 좌절되고 말았다.

1925년에 유림에 의한 마지막 저항이 국내외에 걸쳐 추진되었는데, 그것은 파리장서의거를 벌이고 상해에 망명했던 김창숙이 중심이 되어 독립운동 기지 건설에 필요한 자금마련을 위해 의열단원인 나석주와 연계하여 벌인 의열투쟁이었다. 이른바 2차유림단의거로 불리는 이 활동에 이중업의 아들 이동흠(李棟欽)·종흠(棕欽) 형제가 참여하였다.

1920년대 중반에 들면서 청년운동과 사회주의운동에도 안동 출신들이 대단한 활약상을 보였다. 서울에서 결성된 조선청년동맹에 이지호가 참여하여 활약하였고, 조선공산당에는 김재봉·권오설·권오직 등이 핵심으로 활약하였다. 한편 1926년 6월 10일에 일어난 6·10만세시위에는 서울에서 이선호(李先鎬)·류면희(柳冕熙 ; 류인식의 조카)·권오상(權五尙)·권오운(權五雲) 등이 주역으로 참가하였다. 이 의거는 조선학생과학연구회가 주도적인 역할을 담당했는데, 이들이 바로 여기에 소속되어 활동하였다. 또 1927년 2월에 출범한 신간회에서 이지호·심규하(沈揆夏) 등이 서울에서 활약하였다.

1930년대 국내투쟁에 이육사의 활동을 빼놓을 수 없다. 물론 육사의 경우 국외지역과 연결된 활동이 많았지만, 국외와 연계되지 않은 활동도 있었다. 대표적인 것이 광주학생의거의 영향이 전국으로 파급될 때, 그가 대구 거리에 항일투쟁격문을 붙였던 의거와 대구청년동맹 재건운동 등이 그러하다. 이러한 활동은 제대로 규명되지 못하고 있어서, 앞으로 해결하여야 할 과제로 남아 있는 셈이다.

2. 국외저항운동

안동 출신 인물들이 국외로 나가서 벌인 독립운동은 그 어느 지역 출신보다 대단한 것이었다. 협동학교와 대한협회 안동지회, 교남학회 안동지회 등을 통해 구국운동에 전념하던 석주와 동산 그리고 일송 등은 1910년에 나라를 잃게 되자 조상 대대로 살아오던 고향을 등지고 만주로 망명길에 올랐다. 사람은 누구나 정든 땅을 버리기 어렵고, 특히 부와 명예를 지킬 수 있는 터전을 쉽게 포기할 수 없는 법이다. 그럼에도 불구하고 그들은 조상으로부터 물려받은 산천을 버리고 앞길이 명확하지 않는 험한 세계로 나아갔던 것이다. 때문에 이들의 망명길이 더욱 빛났다.

안동 출신 인사들이 자리잡은 곳은 주로 남만주 일대였고, 그

곳의 무장항쟁사에서 주역을 담당하였다. 1910년 12월 말부터 이
듬해 봄에 걸쳐 수십 가구가 집단으로 망명하여, 1910년대에는
경학사(耕學社 ; 1911)·부민단(扶民團 ; 1912)·백서농장(白西農庄 ; 1914)·
한족회(韓族會 ; 1919)·서로군정서(西路軍政署 ; 1919) 등을 조직하였다.
특히 서로군정서에서 활약한 대표적인 인물을 들면, 이상룡·김동
삼·김동만(金東滿)·김형식(金衡植)·김규식(金圭植)·김원식(金元植)·김
만수(金萬秀)·김대락(金大洛) 등이 있고, 특히 협동학교 출신인 김
성노(金聲魯)·이광민(李光民)·류기동(柳基東)·류림(柳林) 등을 빼놓을
수 없다.[13] 1920년대에는 대한통군부(大韓統軍府 ; 1922)·대한통의부
(大韓統義府 ; 1922)·국민대표회의(國民代表會議 ; 1923)·전만통일회의
(全滿統一會議 ; 1923)·정의부(正義府 ; 1925)·민족유일독립당재만촉진회
(民族唯一獨立黨在滿促進會 ; 1928)·혁신의회(革新議會 ; 1928) 등을 조직
하고 이를 중심으로 활동하였다.

　한편 상해지역 초기활동에서는 김동삼과 김응섭의 활동을 꼽아
볼 수 있다. 이들은 대한민국임시정부 수립(1919)에 참여하였다.
1920년대 부분에서 특히 중요하게 거론해야 할 일은 국민대표회
의와 초대국무령에 관한 일이다. 1923년 1월 초부터 6월 초까지
상해에서 국민대표회의가 열렸다. 파리강화회의에 기울인 임시정
부의 외교적 노력이 큰 성과를 거두질 못했고, 국내와의 연결망
이던 교통국과 연통제가 일제에 의해 붕괴된 뒤, 임시정부는 커
다란 위기를 맞게 되었다. 이 난국을 타개하고 독립운동의 앞길
을 계획하고자 상해에서 독립운동자 대표회의를 가졌다. 이 회의
는 독립운동사상 가장 큰 규모의 모임이었다. 각 지역과 단체 대
표 300여 명이 상해로 몰려들었고, 그 가운데 회의에 대표자격을
인정받아 참석한 인물이 125명이나 되었다. 즉 당시 전세계에 걸
쳐 활약하고 있던 독립운동계의 대표들이 집결한 대규모요, 만 5

개월이나 진행된 장기적인 회의였다. 이 모임에서 의장에 취임한 인물이 바로 김동삼이었다. 부의장이 안창호와 윤해였으니, 그의 위치를 가늠해볼 만하다.

1923년 이후 임시정부가 더더욱 난관에 빠지게 되고 임시대통령이던 이승만이 이를 수습하지 못하자, 임시정부는 그를 탄핵하고 박은식을 그 후임으로 추대하였다. 그러나 그가 노환으로 물러나자 임시정부는 내각책임제로 제도를 바꾸고 그 대표직으로 국무령을 두게 되었다. 그래서 첫 국무령으로 당시 만주 독립운동계의 정신적 지주인 이상룡을 초빙하여 추대하였다. 상해의 어려운 사정 때문에 1925년 말부터 1926년 초까지 비록 반년 정도의 짧은 시기 동안 취임했지만, 이를 통해 두 가지 사실을 알 수 있다. 하나는 임시정부가 만주의 큰 인물을 초빙하여 위기를 극복하려는 계획을 가졌다는 것이고, 또 하나는 이상룡이 만주 독립운동계를 대표하는 큰 인물이었다는 사실이다. 여기에서 또 한 가지 말해두어야 하는 것은 이상룡과 김동삼의 관계다. 즉 만주의 정신적 지도자는 나이가 많은 이상룡이요, 실제 활동의 주역은 김동삼이었다.

1920년대의 국외활동 가운데 의열투쟁도 활기를 띠었다. 김지섭은 의열단원으로서 동경 일본왕의 궁성 입구인 이중교(二重橋)에 폭탄을 던지는 의거를 벌였고, 3·1운동에 참가하였던 김시현(金始顯)은 만주로 가서 서로군정서에서 활약한 뒤, 1922년에 의열단의 밀양경찰서 투탄의거에 참가하였다. 뒤이어 그는 1924년에 황옥(黃鈺)사건으로 불리는 무기반입의거에도 참가하는 등 항일투쟁을 줄기차게 펼쳐 나갔다. 사실상 이러한 의열투쟁을 일제강점기 동안 끊임없이 전개한 예는 흔치 않다. 한두 번의 투쟁과 그에 따른 옥고를 거치면 대개 국내생활로 은거하기가 쉬웠기 때문이다. 그러나 김시현의 경우는 전연 굴하지 않고 투쟁을 계속했고, 특히 그의 아내 권애라(權愛羅)도 소련과 만주를 넘나들며 불굴의 투사로 활동하였으니 참으로 대단한 부부인 셈이다.

안동 출신의 항일 시인으로 이름 높은 이육사도 실제 독립운동에 공헌한 인물이다. 아직 그에 대한 연구가 제대로 이루어지지 않고 있으나, 그는 1925년에 중국 북경과 만주를 오르내리며 활동하고, 1926년에는 중국 광주까지 진출하였다. 1927년 가을에 귀국한 뒤 장진홍의거에 연루되어 2년 동안 옥살이를 치르고, 1930년에《조선일보》대구지국 기자로 활동하면서 대구시가지에 광주학생의거의 확산을 기도한 격문을 붙였고, 1932년에는 중국 남경으로 가서 의열단에서 설립한 조선혁명군사정치간부학교 1기생으로 입교하여 초급군사간부 교육을 이수하였다.[14] 1933년에 귀국하여 언론을 통해 의열단의 국내조직을 설치하고 항일투쟁의식을 고취시키려는 목적으로 조선일보사에 취업하였다. 그러나 대구지국에 기자로 임명된 직후 체포되었다. 그는 1930년대 후반에는 주로 문학활동과 기자활동에 몰입하면서도 대구청년동맹 재건운동을 벌였다.

특히 이육사의 활동은 1940년대에 들어 빛났다. 이 시기에 들어서면 이전에 항일투쟁하던 인물들도 일본의 승전을 예견하면서 민족을 배신하고 부일배로 전락하거나 조선총독부의 관리로 나서는 일이 많았다. 그런 상황임에도 불구하고 이육사는 오히려 국내의 제한된 활동 범주를 과감히 넘어서서 국외로 발길을 돌렸다. 그는 1943년에 다시 북경으로 가서 중경(重慶)에 있던 임시정부와 연안(延安)의 조선독립동맹과 연락 및 국내 무기반입을 통한 국내 무장항쟁 조직의 결성을 도모하다가 체포되어 1944년 1월에 북경 감옥에서 순국하였다.[15] 그의 활동은 국내나 국외의 어느 한 곳에 고정되지 않고 계속하여 국내외를 연결하고자 한 특징을 갖고 있었다.

1940년대 중국 본토지역에서 활동한 인물로 류림(柳林)을 들 수 있다. 협동학교 졸업생으로서 서로군정서에 참가하고 북경으로 가서 신채호의 영향을 받아 그는 중국 사천성에 있는 성도대학(成都大學)을 다니면서 아나키즘에 심취하였다. 1930년대에 만주와 북경에서 아나키스트로서 활동을 벌이던 그는 5년 옥고를 치른 뒤, 다시 연안을 거쳐 임시정부가 있던 중경으로 가서 임시정부의 국무위원이 되었다.

또한 1940년대에 활동한 안동 출신 광복군을 들 수 있다. 이들은 대개 초모공작원에 포섭되거나 1943, 1944년 징병이나 학병으로 중국전선에 끌려갔다가 그곳에서 탈출하여 광복군에 입대한 경우가 주류를 이루었다. 안동 출신으로는 12명의 이름이 알려져 있다.

IV. 안동 독립운동의 특성은 어떠하며, 그 원인은 무엇인가

1. 특성

안동지역 독립운동의 성격은 물론 다른 지역의 그것과 공통점도 많지만 독특한 점도 많다. 첫째, 전체적으로 타지역에 비해 매우 활발했다. 최초의 의병항쟁이 일어난 곳이고, 3·1운동에서 가장 격렬한 항쟁을 벌인 곳도 이곳이었다. 더욱이 안동 출신으로서 타지역에 나가 활동한 것을 포함할 경우, 더욱 그러하다.

둘째, 이 지역의 독립운동은 통혼권, 학통, 문중 및 동족부락 중심의 조직과 관련되어 이루어진 경우가 많았다. 의병항쟁이나 계몽운동, 3·1운동 등이 모두 그러한 바탕 위에서 이루어졌다. 하지만 그러다보니 계급문제나 이데올로기의 대립이라는 문제로 시작한 경우에도 문중 사이의 갈등으로 번져 결국에는 문제의 본질을 이탈하는 일이 더러 나타났다. 그러한 특성은 오늘날에도 타지역보다 강하게 남아 있고, 그것이 안동사회가 나아가는 데 장애가 되는 경우가 있다.

셋째, 양반층 인물에 의한 활동이 주류를 이루었다는 점이다. 초기에 척사 유림들이 독립운동의 장을 열었고, 계몽운동도 그러했으며, 심지어 사회주의운동도 그러했다. 그 과정에서 계급간의 연대의식이 특징으로 드러났고, 풍산소작인회나 청년회 활동에서도 계몽적 차원에서 양반출신이 주도했음을 확인할 수 있었다. 사회주의의 경우, 그것을 받아들인 지식인의 영향이 절대적이었고, 일반 농민이나 농민단체활동에 사회주의가 바로 반영된 것은 아니었다.

넷째, 안동인의 보수성향으로 인해 근대를 향한 변화가 타지역에 비해 상당히 늦었다. 계몽운동도 서울보다 상당히 늦었지만, 그보다도 민중 주도의 저항운동이 무척 늦었다는 점이 특별하다. 양반 가운데 일부가 혁신적 성격을 갖고 돌파구를 마련함으로써 독립운동이 진척되었는데, 이것조차 타지역에 비해 매우 늦은 것이었다.

다섯째, 안동 출신 인물들은 해외에서 특히 남만주를 중심으로 활동했다. 계몽운동을 전개하던 이상룡·김동삼 등이 만주로 망명한 곳이 그곳이었기 때문에 류림(柳林)처럼 뒤에 망명했던 인물들은 자연히 그곳으로 합류하였다. 또 그들은 신민회의 방략에 동참하여 이동한 뒤, 대(對)국내 무장항쟁노선을 견지하였고, 그러다보니 국내와 맞닿은 그 지역에서 주로 활동하였던 것이다.

2. 원인

안동의 독립운동이 이러한 특성을 갖게 된 원인은 무엇일까. 이에 대해서는 분명한 결론을 내리기 힘들지만, 다음과 같이 유추해볼 수 있다.

첫째, 정치적인 원인인데, 조선시대 후반기에 남인의 정치행로가 막힌 뒤 학문생활에 몰입하면서 대의명분이 강했던 것과, 큰 인물들을 배출한 명문거족이 자리잡고 있어서 지방 수령에 대한 견제가 가능했기 때문으로 여겨진다. 예컨대 1882년 겨울에 전학수(全學洙) 부사와 아전의 횡포로 민란이 발생하기 직전에 이르렀는데, 이를 서산(西山) 김흥락(金興樂)이 부사를 꾸짖고 민중들을 위로하여 사태를 해결한 일은 후자의 예가 된다. 이것은 전라도 고부에서 동학농민운동이 일어난 것과는 상당한 차이를 보이고 있다. 즉 고부에서는 조병갑의 탐학을 견제할 명문거족이 버티고 있지 않았고, 이를 견제할 길은 결국 농민의 항쟁뿐이었다.

둘째, 학문적인 이유인데, 안동은 퇴계학통이란 구심점을 갖고 있었다. 여러 사우(祠宇)와 서원 및 문집 발간을 통해 학통과 공동체의식을 유지하고 있었다. 때문에 실제 독립운동에서도 유림의 여론으로 전개된 경우가 많았는데, 전기 의병에서 김흥락과 유지호가 권세연을 의병장으로 지명했던 경우가 바로 그러했고, 이 점은 계몽운동에서도 마찬가지였다.

셋째, 경제적이고 환경적인 원인을 들 수 있다. 이 지역은 밭작물 중심의 농사지역으로 대지주가 없고 중소지주가 주류를 이루었다. 완전 지주는 0.01퍼센트로, 전국 평균의 60분의 1, 경북 평균의 20분의 1에 불과했다. 또 자산 1만원 이상 소유자의 경우,

경북 평균의 10분의 1 정도에 지나지 않았다. 게다가 일본인 지
주도 소수에 불과하였는데, 일본인 지주에 소작하는 경우가 2.2퍼
센트로 경북의 20퍼센트선, 전국의 16퍼센트선이었다. 그러다보니
양반계급의 경제적 분화나 분열이 미미하였고 수탈도 적었다. 전
라도의 경우에는 대지주와 중소지주로 지주계급이 분열하고, 여
기에서 소지주계급이 대지주계급에 항쟁하는 상황이 나타났다.
동학농민군 지휘자의 다수가 양반 출신이라는 최근 연구가 이것
을 뒷받침하고 있다. 그런데 안동에는 동학과 관련된 격변이 없
었다. 그것은 경제적으로 분화되지 않은 양반층이 자체의 갈등을
비교적 약하게 갖고 있었음을 의미하기도 한다.

　넷째, 사회적인 원인을 몇 가지 거론해야 한다. 하나는 안동사
회가 통혼권을 통해 양반의 권위를 유지하고 있었고, 동성·동족
간 결집이 강했다는 점이다. 다음으로는 퇴계향약 이후에 농민에
대한 수탈 규제가 전통화되었고, 때문에 신분간의 갈등이 적고
연대감이 강하여 의병항쟁이 드세게 일어날 수 있는 배경이 되었
다는 것이다. 또 그 다음에는 대부호가 없고 봉건적 모순이 타지
역에 비해 완화되는 방향으로 작용하였다는 사실이다.[16] 때문에
조선후기와 한말에 민란이 거의 없었고, 화적에 대한 기록도 아
주 미미한 정도였다. 1892년 당시 기록에 화적이 안동지역에 잠복
한 일이 있었지만 실제 양반가문을 공격한 사실은 없었다. 이에
비해 타지역에는 무덤을 파헤치는 굴총적(堀塚賊)이 있기도 했고,
심지어 지방 관아를 습격하는 일도 있었다.

　그런데 양반층과 민중의 계몽적이고 연대적인 관계가 긍정적인
특성만을 가져다준 것은 아니었다. 민중에 대한 양반층의 온정적
이고 계몽적인 자세는 오히려 안동지역에서 농민이 반봉건 반외
세의 주체로 성장하는 데 상당한 제약이 되는 역기능으로 작용하

기도 했다. 즉 안동의 독립운동이 혁신적인 양반층 인물에 의해
주도됨에 따라 농민들이 주체적인 위치로 성장하지 못했다는 것
이다. 게다가 서원과 향교 및 유도진흥회 등도 농민의식의 진보
적인 변화에 제동을 거는 데 한몫을 하였다.

김 희 곤

3. 안동의 문화재 이야기

안동을 왜 목조건축의 보고라 하는가

I

안동은 우리나라 목조건축의 전통을 가장 잘 지켜오고 있는 곳이다. 이 점을 부인할 사람은 아무도 없을 줄로 믿는다. 나라에서 지정한 문화재 수를 따져보아도 안동시가 보유하고 있는 목조건축문화재가 웬만한 도의 숫자와 맞먹는다.

뿐만 아니라 안동에 있는 많은 고가(古家) 가운데 아직도 문화재 지정 신청을 하지 않은 것이 허다하며, 이미 지정된 문화재를 보아도 안동에 있다는 이유 때문에 등급 판정에서 불이익을 받은 것이 적지 않다. 만약에 다른 도에 있었다면 분명히 국가지정문화재로 되었을 것인데, 단지 안동에는 그와 비슷한 것이 많다는 사실 때문에, 또는 안동에는 그보다 나은 것이 있다는 사실 때문에 지방문화재로밖에 지정되지 못한 것이 실제로 많다. 이 점은 경주에 있는 석탑과 석불들이 오직 경주에 있다는 사실 때문에 지정조차 되지 않은 것이 있는 것과 사정이 비슷하다.

그러나 내가 안동을 우리나라 목조건축의 보고라고 감히 말하는 더 큰 이유는 옛 모습을 그대로 갖추고 있는 건물이 많다는 사실보다도 그 목조건축이 존재하는 환경이 ― 옛 모습은 아니어도 ― 옛 분위기를 유지하고 있기 때문이다. 건물의 기능이 사라진 죽은 공간이 아니라 지금도 그렇게 사용되고 있는 살아 있는 공간이라는 사실이다.

지금 우리나라 어디에도 안동처럼 반촌(班村)과 민촌(民村)의 동성(同姓)취락을 잘 유지하고 있는 곳은 없다. 하회의 풍산류씨, 소산의 안동김씨, 내앞의 의성김씨, 무실의 전주류씨, 소호의 달성서씨, 일직의 일직손씨, 외내의 광산김씨, 풍산의 선성이씨, 온혜의 진보이씨, 안동 처처의 안동권씨……. 이루 열거할 수도 없는 그 많은 문중이 대부분 입향조(入鄕祖) 이래의 전통을 지키려고 노력하는 것은 거의 기적에 가까운 일이다.

안동댐과 임하댐으로 물 속에 잠긴 한옥이 몇백 채이고, 잠길 수 없어 산 위로, 저 건너 동네로 옮겨 앉은 고가(古家)가 또 몇백 채인지 헤아릴 수 없는 가운데 그런 막심한 타격에도 불구하고 우리나라 목조건축의 '대종가(大宗家)'로 그 위용과 품위를 지키고 있다는 것은 안동의 자랑일 뿐만 아니라 나라의 긍지인 것이다. 최소한 나는 그렇게 생각하고 있다.

안동이 목조건축의 보고라는 것은 비단 민가(民家)만을 들어 말하는 것이 아니다. 우리 목조건축의 종류를 보면 우선 궁실(宮室)은 서울 이외의 지역에는 남은 것도, 있을 수도 없는 것이니까 제외한다면 관아(官衙), 절간건축, 향교와 서원, 민가 등이다.

그 가운데 관아건축은 조선왕조에서 일제시대로 넘어가는 과정에 거의 모두 파괴되어 전국에 오늘의 도청격인 감영(監營)은 고사하고 면사무소격인 현청(縣廳)의 동헌(東軒) 하나 온전하게 남아 있는 것이 없이 파괴되었다. 그것은 대부분 일본인 주재소로 쓰이거나 새 면사무소로 개조되거나 소학교 건물로 쓰이게 됨으로써 헐리고 만 것이다. 지금 옛 안동부(安東府) 속현으로 있던 11개 현에서 오직 예안현에 있던 선성객사(宣城客舍)만이, 그것도 안동댐으로 민속경관지로 옮겨 앉아 있을 뿐인데, 이것은 안동만의 현상이 아니었으니 한국건축사 또는 조선시대 건축사에서 관아 부분이 부실하고 빈약한 것은 어쩔 수 없는 일이다. 따라서 이 또한 목조건축의 논의에서 제외된다.

공공건축으로서 향교는 전국의 시·군·면에 아직도 건재하여 지방 유림에서 관장 관리하고 있는 경우가 많은데, 안동향교도 그러하듯이 대부분 새 건물인데다 그 구조가 대성전·명륜당·동무·서무라는 정형화된 건축이어서 그것을 조선시대 건축의 압권으로 지목하는 이는 거의 없다. 이는 우리 시대 초등학교 건물들이 길에서 80미터 안쪽에, 400미터 트랙 운동장을 두고 약간 높은 곳에 지붕이 없는 일자 슬레이트집으로 짓는다는 규정 때문에 단 한 채도 건축적 주목을 받지 못하는 처참한 모순과 같은 것이다. 그래서 향교건축 또한 논의에서 제외된다.

그러면 목조건축에 대한 이야기는 절간건축, 서원, 그리고 민가로 압축되는데, 그 세 분야 모두가 안동을 빼고는 얘기할 수 없고 또 안동에서부터 그 이야기의 실마리를 잡지 않을 수 없다. 뿐만 아니라 현존하는 목조건축 가운데 가장 오래된 것, 가장 아름다운 것, 가장 대표적인 것, 가장 많이 있는 것을 모두 안동에서 찾지 않을 수 없으니 안동은 분명 목조건축의 보고인 것이다.

Ⅱ

먼저 절간건축으로 서후면의 봉정사 극락전은 현재 남아 있는 목조건축 가운데 가장 오래된 건물로 추정되고 있다.

현재 창건연대를 확실히 알고 있는 가장 나이 많은 집은 수덕사 대웅전이다. 수덕사 대웅전은 1934년 해체공사 때 1308년에 창건되었다는 기록을 발견했다. 그렇다고 이 집이 가장 오랜 건축이라고는 말할 수 없다. 부석사 무량수전은 1916년 해체중수 때 묵서명(墨書銘)이 발견되었는데, 이에 따르면 1376년에 중건한 것으로 되어 있으니 창건은 이보다 100년 이상 앞선 것으로 추정된다. 더욱이 부석사 조사당(祖師堂)을 1377년에 원응(圓應)국사가 창건

봉정사 정경 이름 그대로 봉황이 깃든 듯한 아늑한 산사의 아름다움이 살아 있다.

하였다는 묵서명이 발견되어 이 기록의 신빙성은 더욱 보증된다.

그런데 봉정사 극락전은 이보다 15년 앞선 1362년에 중수한 사실이 밝혀졌고 창건연대는 역시 100년 이상 앞선 것으로 추정되니 현존 최고(最古)의 건물은 봉정사 극락전으로 되는 것이다. 이를 좀더 자세히 살펴보면, 1972년 9월에 봉정사 극락전을 중수하기 위해 완전 해체했을 때 중도리에 홈을 파고 '기문이 들어있는 곳' 이라는 뜻으로 '기문장처(記文藏處)'라고 표시한 곳에서 상량문이 발견되었다. 이 상량문은 1625년(인조 3) 기와 수리공사를 하면서 써둔 글이었다.

우리로서는 고마운 글이며, 그런 기록을 다른 곳 아닌 건물 부재의 깊숙한 곳, 절대로 손을 타지 않고 건물과 생존을 같이할 곳에 넣어 둔 마음자세를 배우지 않을 수 없다.

이 글은 이렇게 시작된다.

봉정사 극락전 현존하는 최고(最古)의 목조건축으로 단아한 고격(古格)이 돋보인다.

"안동부 서쪽 30리쯤 천둥산 산기슭에 절이 있어 봉정사라 일컬으니, 절이 앉은 지세가 마치 봉황이 머물고 있는 듯하여 이와 같은 이름으로 부르게 됐다. 이 절은 옛날 스님 능인대덕(能仁大德)이 신라 때 창건하고…… 이후 원감(圓鑑), 안충(安忠), 보조(普照), 신경(信敬), 밀암(密巖) 등 여러 스님들에 의해 여섯 차례나 중수되었으나 지붕이 새고 초석이 허물어져 1363년(공민왕 12, 至正 23)에 용수사(龍壽寺)의 대선사 축담(竺曇)이 와서 중수했는데 다시 지붕이 허술해져서 수리하였다."

여기서 봉정사 극락전은 중수시기가 부석사 무량수전보다 15년 앞선다고 해서 그것이 더 오래됐다고 말하는 것은 물론 아니다. 그 15년이라는 수치는 거의 무의미한 것이다. 이보다도 봉정사 극락전을 부석사 무량수전이나 수덕사 대웅전보다도 더 오랜 건물로 추정하는 것은 건축양식상 이들보다 고식(古式)으로 생각되는 점이 많기 때문이다.

봉정사 극락전은 흔히 고구려식 건축으로 통한다. 그것은 고구려 고분벽화에 기둥과 공포그림이 나오는데 그것과 합치되는 결구방식을 보여주고 있으며, 또 기둥과 기둥 사이에서 옆으로 가로지른 창방을 받치고 있는 나무받침이 역시 고구려 벽화 속에서 보이는 복화반(覆花盤), 즉 꽃잎을 엎어놓은 모양을 하고 있고, 집을 지을 때 사용한 자[尺]가 고려척이라고 해서 고구려 자로 요즘 자(30.3센티미터)보다 약간 긴데, 이 자로 측정해보면 앞면 39척, 측면 24척으로 꼭 맞아떨어지게 되어 있고, 무엇보다도 간결하면서도 강건한 인상을 주는 건물의 느낌이 그러하다는 것이다. 그리고 건축사가들은 고려 초에는 삼국시대 문화에 대한 일종의 복고풍조가 석탑, 불상 등 각 장르에 넓게 퍼져 있었음을 상기하면서 그런 시대적 분위기에서 나온 고식으로 이해하고 있다.

봉정사 극락전의 이 간결하면서 강인한 아름다움은 내부에서 더 잘 볼 수 있다. 곱게 다듬은 기둥들이 모두 유려한 곡선의 배흘림을 하고 있는데, 낱낱 부재와 연등천장이 남김없이 다 드러나 뻗고 걸치고 얽힌 결구들이 이 집의 견고성을 과시하듯 단단히 엮여 있고, 간간이 화려한 복화반 받침이 변화를 일으킨다. 그런데 이 집 내부의 또 다른 매력은 9량집이면서도 지붕이 높지 않고 낮게 내려앉아 안정감을 줄 뿐만 아니라 오히려 야무진 맛을 풍긴다. 그것은 이 집의 측면관에도 잘 나타나 있지만 무엇보다도 내부에서 정확히 관찰된다.

봉정사 극락전의 또 다른 매력은 이 집이 9량집으로 되어 있으면서도 실내에 들어앉을 4개의 높은 기둥[高柱] 가운데 앞쪽 2개를 생략하여 내부공간이 아주 넓고 시원해 보인다는 점이다. 기둥이 시야를 차단하지 않으므로 트인 맛이 더욱 살아나는 것이다.

이런 구조적 특징으로 앞쪽에 고주가 생략됨으로써 고주와 고주를 잇는 대들보는 앞면의 기둥에서 뒷면의 고주로 연결하지 않으면 안 되는데, 그 높이에 차이가 있으므로 이것을 어떤 식으로든 해결해야 하는 가구(架構)상의 문제가 나온다. 이것이 어떻게 처리됐는가를 신영훈 선생은 다음과 같이 설명하고 있다.

앞의 평주에서 고주로 대들보가 걸리는데 이 대들보를 다듬는 방식이 흔히 보는 살림집 것과는 다르다. 청자의 매병처럼 보의 어깨를 넓게 잡고 차츰 내려오면서 훑쳐서 홀쭉하게 하고 굽에 이르러서는 직선으로 다듬었다. 그래서 항량(缸樑)이라고도 부르는데, 이 항아리보는 주심포계의 구성에서만 볼 수 있는 특색이며, 이것은 12세기의 보 형태로 여겨진다(신영훈 감수, 《한국의 미 13. 사원건축》, 계간미술, 1983. p. 217)

봉정사 극락전 내부 배흘림
기둥에 단순한 가구(架構)로
고식(古式) 건축의 힘이
느껴진다.

봉정사는 극락전만이 자랑스러운 건물이 아니다. 보물 제55호
로 지정된 대웅전은 고려 말 건물로 늠름한 다포집의 위용을 과
시하며, 임란 이후 지어진 것으로 추정되는 화엄강당(보물 제448
호)과 고금당(보물 제449호) 두 채의 맞배집은 기품 있고 단아한
멋을 풍겨준다. 그리고 이 세 건물이 만세루 누각과 함께 이루어
낸 절 앞마당은 아늑한 공간으로 건물들을 유기적으로 연결하고
또 유기적으로 분할한다. 우리나라 건축개념 가운데 가장 탁월한
공간개념인 마당이 넓지도 좁지도 않게 비어 있는 것이다.

봉정사의 이런 가람배치를 김봉렬 교수는 전형적인 산지중정형

(山地中庭形)으로 부르고 있는데, 여기서 중요한 것은 중정의 마당으로 이런 마당은 서원 및 살림집에서도 그대로 나타나는 공간개념인 것이다.

봉정사 자리앉음새는 바로 윗쪽 영선암에 올라 내려다볼 때, 아니면 가벼운 등산삼아 개목사까지 가는 길에 산중턱에서 내려다볼 때 정말로 이름 그대로 봉황새가 머물고 있는 절, 봉정사를 실감하게 되고 우리나라에서 가장 아름답고 조용하고 고풍스러운 산사의 하나임을 새삼 깨닫게 된다.

안동은 이 봉정사로 인하여 절간건축에서 가장 오랜 건물과 가장 전형적인 산사의 미학을 구현한 사찰을 갖게 된 것이다.

Ⅲ

안동의 문화재 가운데 대종을 이루는 것은 목조건축이고 그 목조건축의 대종을 이루는 것은 고가옥이다. 성병희 씨가 〈문화재를 통해 본 안동지역 문화의 특성〉(1992)에서 밝힌 바에 따르면, 전국의 고가옥문화재 가운데에서 3분의 1이 북부 경북지역에 집중되어 있는데, 그 가운데 3분의 2가 안동지역에 분포되어 있다. 이 점에서 안동은 살아 있는 목조건축 박물관이라 해도 과언이 아니다.

안동의 고가옥을 얘기할 때면 흔히 국가지정문화재 또는 관광의 명소 내지는 전국적인 지명도 등에 따라 대개 알려진 몇 채의 고옥만이 언급되고 있다.

법흥동의 임청각·군자정·고성이씨 종택, 하회의 충효당·양진당·북촌댁, 내앞의 의성김씨 대종택과 소종택, 풍산의 예안이씨 종택,

일직의 소호헌 등이 그 대표적인 예이다. 그러나 이는 그야말로
빙산의 일각이다. 나라에서 문화재로 지정하는 기준은 얼마나 오
래되었고, 얼마나 드물며, 얼마나 아름다운가, 얼마나 원형이 잘
보존되었나에 있다. 그런데 앞에 열거한 것들은 안동의 고가옥 가
운데 원형이 잘 보존된 오래된 집을 기준으로 지정했을 뿐이며,
드물다는 것과 아름답다는 것, 희소가치와 미학적 가치에서는 거
의 고려되지 않았다는 혐의가 짙다. 아니면 안동에서는 드물 것이
없으며, 아름답지 않은 것이 없었기 때문인지도 모른다.

이 점에서 나는 안동의 고가를 말하면서 저 유명한 나라의 보
물들 말고 일반에게는 잘 알려져 있지 않고, 안동시와 건축학자
들의 소개나 연구논문이 거의 없는 와룡면 오천동의 속칭 군자리
(君子里) 문화재단지의 고건축을 살펴보고자 한다.

오천 군자리 문화재단지는 본래 안동 예안면 오천동(외내)에 있던
광산김씨 예안파의 중요 건물들이 안동댐으로 수몰되게 되자 1974
년 이곳으로 집단 이주하여 하나의 문화재단지를 이룬 것이다.

그래서 어떤 사람들은 이것을 인위적인 공간으로 치부하며 별
로 눈여겨보지 않는다. 허기사 거기 모여 있는 열한 채의 한옥 가
운데에는 나라에서 국보나 보물로 지정한 것도 없고, 안동 일대에
는 집도 마을도 사람도 고스란히 남아 있는 반촌(班村)이 허구많
은데 여기까지 눈길을 줄 수 있겠냐 싶은 생각도 든다. 또 옮기는
과정에서 변질된 것은 얼마나 많을 것이며, 사람도 살지 않는 그
삭막한 공간에서 무슨 볼 거리 배울 거리가 있겠냐 싶기도 하다.

그러나 나는 안동답사에서 한옥의 아름다움을 면밀히 관찰할
수 있는 지역으로 가장 좋은 곳은 오히려 여기라고 생각하며 여
기를 거르는 일이 없다. 오천 군자리는 분명 죽은 공간이다. 그러
나 여기에 옮겨진 열한 채의 한옥 가운데 여덟 채의 사랑채는 마

오천 군자리의 한 정경 비록 수몰로 이주된 공간이지만 번듯번듯한 한옥들이 고가의 매력을 물씬 풍겨준다.

치 고가(古家) 모델하우스 같기도 하고, 멋쟁이 사랑채 경연장 같기도 하다. 거기에는 두 칸짜리 작은 방에 툇마루를 돌린 아담한 집이 있는가 하면, 여덟 칸 마루에 여덟 칸 방을 앉힌 대갓집도 있고, 큰 제청(祭廳)을 동반한 종갓집 가옥도 있다. 집집마다 저마다의 특징과 표정이 있고, 취하는 바 아름다움의 뜻이 제각기 다르니 그 미묘한 차이를 읽어낸다는 기쁨에는 한옥의 아름다움을 재발견하는 배움과 일깨움이 있다.

오천 군자리 문화재단지 안쪽 주차장에 내리면 왼쪽에 제사(祭舍)와 사당(祠堂)이 있는 종가댁의 여러 건물이 먼저 눈에 들어온다. 이 사당(또는 별묘라고도 함. 지방문화재 제27호)은 입향조인 김효로와 그의 증손자로 양관(兩館) 대제학을 지내고 임란 때 의병장을 지내 가문을 한층 빛낸 근시재(近始齋) 김해(金垓 ; 1555~1593)의 부조위(不祧位)를 모신 곳이다. 부조위란 불천위(不遷位)라고 해서,

본래 제사는 고조할아버지까지 4대 봉사를 하고 4대가 지나면 더
이상 제사지내지 않게 되어 있으나 나라에 큰 공이 있거나 학덕
이 높은 분에 대해서는 국가에서 위패를 옮기지 않고[不遷] 영원
토록 모시는 것을 허락하는 것이다. 따라서 불천위를 모신다는
것은 그 가문의 영광이며 권위인 것이다. 예를 들어 온혜의 퇴계
종택에서는 퇴계 이황, 퇴계 태실로 알려진 노송정(老松亭) 댁에서
는 퇴계의 조부인 이계양(李繼陽), 하회마을 양진당에서는 겸암 류
운용, 충효당에서는 서애 류성룡, 임하 내앞의 의성김씨 종택에서
는 청계(淸溪) 김진(金璡), 서후 검제의 의성김씨 종택에서는 학봉
김성일 등등이 불천위제로 모셔지고 있다. 이러한 불천위는 반드
시 예조(禮曹)에서 일종의 라이센스를 발급하듯 허가를 내려주었
는데 조선 말기로 가면 사사로이 불천위를 모시니 그 질서와 권
위가 문란해질 수밖에 없었다. 그것을 사조(私祧)라고 한다. 지금
내가 어느 집 불천위는 국천(國遷)이고 어느 집 불천위는 사조(私
祧)라고 가려낼 능력도 연구도 없지만 설사 안다고 해도 무슨 경
을 치고 욕을 보려고 발설할 수 있겠는가. 그런 가운데 광산김씨
예안파는 양대 불천위를 모셨으니 영광 중 영광이라 할 만하다.
 이 사당은 단칸 맞배지붕으로 구조가 임란 전 조선초기 궤방집
인 것이 큰 특색이다. 즉 옆으로 지른 방(榜)나무가 기둥을 사뭇
뚫고 삐져나가 있다. 특히나 울타리를 각을 죽여 곱게 돌리고 단
아한 단칸 일각문(一閣門)이 딸려 있어 정연한 기품이 살아난다.
 이 사당을 기준으로 해서 저 아래는 제사(祭舍 ; 庫舍라고도 함. 지
방문화재 제27호)가 있고 옆으로는 별당(別堂)으로 후조당(後彫堂)이
있는데 제사를 지내기 위해 일부러 만든 제청(祭廳)이다. 이런 제
청이 멋지게 구현된 것은 의성김씨 내앞 대종가로 알려져 있는데,
이 후조당 또한 그에 못지않은 품위와 기능을 갖고 있다. 어차피

후조당 제청이 딸린 종가의 사랑채로 그 기능과 형식 모든 면에서 탁월하다.

개인주택은 모두 사적인 공간이라고 할 수밖에 없겠지만 이 제청만은 그렇지 않아서 개인주택 내의 공공 공간이라는 독특한 성격을 갖게 된다. 불천위제를 지낼 때는 물론이고 문중의 대소사를 이 제청에 모여 문을 열고 논의한다는 것은 사당의 불천위 어른이 내려보는 감시하에 있다는 엄숙성과 권위가 서리게 되는 것이다.

오천 군자리 문화재단지에는 여덟 채의 사랑채와 정자가 있다. 후조당, 대종택 사랑채, 읍청정, 설월당, 탁청정, 낙운정, 침락정, 지애정. 이제 그 고가를 하나씩 살피면서 품평을 하고 특징을 잡아본다.

먼저 후조당은 제청이 딸린 공유공간의 확보라는 큰 뜻과 독특한 멋이 있다. 우리나라의 한옥이 가정주택에서 몇 가지 유형으로 분류되면서 공유공간이 요청되는 현대주택에로 발전하는 데 큰 제약이 있었다고 할 때, 왜 우리는 이 후조당 같은 건물을 좀 더 면밀히 분석하고 여기에 착안하지 못했던가 아쉬운 마음 달랠 길 없다.

후조당은 정면 4칸, 측면 2칸의 고무래 정(丁)자형 평면건물로, 잡석 기단에 네모기둥을 세운 것, 기둥머리의 모를 죽여 팔각으로 돌리면서 단순성을 살린 것, 사방으로 툇마루를 돌린 것, 두 칸 방이 있는데 또 한 칸 방을 가마모양으로 딸려 붙인 것 등등이 여간 멋진 것이 아니다. 게다가 후조당 현판은 퇴계 친필이다.

후조당 옆에 바짝 붙어 있는 긴 일자집은 대종택의 사랑채로 본채는 안동 시내로 옮기고 사랑채만이 별당(후조당)·사당·제사와 함께 여기에 세워진 것이다. 대종택 사랑채인 만큼 가장 위풍당당한 집으로 대문부터 웅장하고 건물 앞쪽 기둥들은 모두 두자 반짜리 돌기둥 위에 세웠으며 나무는 춘양목으로 그 목리(木理)가 환상적이다. 두 칸 마루 좌우로 큰방(두 칸 반)과 작은방(한 칸 반)을 거느리고 병아리 다리모양을 닮았다는 계자각(鷄子脚) 헌난(軒欄)을 둘렀다. 스케일 있고, 당당하고, 힘있는 것을 좋아하는 사람은 대개 이 건물을 으뜸으로 꼽는다.

대종택 사랑채 옆으로는 읍청정(挹淸亭)이 있는데 이 집은 김부필의 아우인 김부의(金富儀 ; 1525~1582)가 지은 것으로 구조에 변화가 많다. 즉 정자 양쪽으로 두 칸 반짜리 온돌방 둘이 있고, 가운데 속마루는 두 칸인데 전퇴마루는 세 칸으로 넓힌 다음 전면 마루 둘레에는 계자각 헌난을 둘렀다. 단순한 듯 변화의 여지가 많은 이 집은 화려취미가 다소 반영되어 있는데 이곳으로 옮기면서 뜰 아래로 연못을 만들었다. 그런데 그 연못 모양새가 우리나라 지도 형상을 하고는 휴전선 언저리에 담장을 걸친 것이 어찌 보면 대단히 애국적인 발상이고 어찌보면 뽕짝기가 완연한데 외내 시절에는 없던 것이다.

대종택 아래쪽에는 설월당(雪月堂) 김부륜(金富倫)의 정자가 있다. 설월당은 읍청정과는 반대로 아담한 크기로 축소하여 그런 취향의 사람들은 이 설월당 툇마루에 오래 앉아 있는다.

오천 군자리 문화재단지는 크게 두 구역으로 나누어 유물전시관인 숭원각으로 가는 길을 사이에 두고 왼쪽을 후조당 구역이라고 한다면 오른쪽은 탁청정(濯淸亭 ; 중요민속자료 226호) 구역이라고 할 만하다. 탁청정 김수(金綬 ; 1491~1552)는 성품이 호탕하고 의협심도 강하며 사람을 좋아하여 항시 손님이 들끓었다고 하는데, 그런 성품 때문인지 그가 지은 탁청정은 영남지방의 개인 정자로는 그 구조가 가장 우아하다는 평을 받고 있다. 정면 7칸, 측면 2칸의 팔작지붕에 두 칸은 방으로 네 칸은 대청마루로 나누었다. 대청은 높은 주초(柱礎) 위에 세워 누(樓)마루의 위용을 강조했고, 누마루 둘레에는 계자각 난간을 두르고, 온돌방 측면에는 평(平)난간을 둘렀다. 그리고 정자 앞에는 방형 연못을 파서 그 운치를 더했다. 여기에다 탁청정 현판은 한석봉 글씨이고, 퇴계 이황, 농암 이현보 등 명유(名儒)들의 시판(詩板)이 걸려 있어 그 권위와 품위를 더한다.

탁청정 마루에는 40명이 둘러앉아도 너끈하니 그 공간의 크기를 짐작할 수 있을 것이며, 모든 정황으로 미루어 낭만적 풍류를 견지하고픈 사람은 여기에 많은 점수를 주는 것이 충분히 이해가 갈 것이다.

탁청정 아래로는 탁청정의 아들인 김부인(金富仁 ; 1512~1584)이 세운 낙운정(洛雲亭)이 있고, 낙운정 아래로는 근시재 김해의 아들인 매원(梅園) 김광계(金光繼 ; 1580~1646)가 세운 침락정(枕洛亭)이 있는데 두 집이 아담하고 소탈한 가운데 앙증맞도록 짜임새가 있

탁청정 군자리의 여러 사랑채 가운데서 가장 낭만적 기풍이 서린 명가(名家)이다.

어서 규모 큰 건물 못지않은 인기를 얻고 있다. 특히 낙운정은 ㄷ자로 두른 난간이 정겹고, 침락정은 동서로 마주 세운 출입문이 반월형으로 어여쁜 맵시를 자랑하여 여기에 와서 이 작은 문에서 사진 찍지 않은 사람은 거의 없을 것이다.

침락정과 낙운정 위로는 지애정(芝厓亭)이 있는데, 이 또한 정결한 맛을 지니고 있지만 항시 문이 걸려 있어 자세히 살피지는 못한다.

이처럼 후조당, 대종택 사랑채, 읍청정, 설월당, 탁청정, 낙운정, 침락정, 지애정 등 모두 여덟 채의 사랑채와 정자는 저마다의 스케일과 표정과 특징을 갖고 있다.

사실 우리가 한옥의 아름다움과 구조를 얘기할 때면 어느 집의 개별적인 아름다움이나 생김새가 아니라 한옥의 보편성을 갖고 말하는 경향이 있다. 그런데 지금 여기 여덟 채의 사랑채와 정자를 살피니 모두 비슷한 듯 다른 차별성이 인지된다. 그래서 나는 한옥의 미묘한 멋을 살필 수 있는 교육장으로서 오천 군자리 문화재단지를 좋아한다. 그러나 걱정이 없는 것은 아니다. 이렇게 잘 다듬어 문화재단지를 만들어 놓았지만 이것을 어떻게 효율적으로 유지할 수 있느냐는 큰 문제이다. 만드는 것보다 어려운 것이 유지하는 것이다. 더욱이 목조건축이란 사람이 살지 않으면 곧 망가진다. 더우면 문을 열어주고 추우면 불을 때어주어야 집은 옳게 보존된다.

"집은 사람이 살고 있을 때 산다"는 단순한 원리에 입각하건대 오천 군자리 문화재단지는 민박으로 경영하는 것이 최선의 방책어 된다. 광산김씨 집안에서 하든 안동시가 하든 문화재관리국이 하든 지례예술창작촌처럼 사람의 체취가 살아 있게 하는 것만이 최상책이다. 그렇게 하여 이 오천 군자리 문화재단지가 살아 있는 공간으로 숨쉬기를 나는 진심으로 빌어 마지 않는다.

IV

서원건축으로 말할 것 같으면 안동은 1개 시가 보유하고 있는 서원의 수효로는 최다임을 자랑한다. 안동댐·임하댐 건설로 이전한 것이 적지 않지만 도산서원, 병산서원, 호계서원, 사빈서원, 분강서원, 청성서원, 서산서원, 임천서원, 고산서원, 역동서원(안동대), 구계서원(영남대)……. 여느 시·군 같으면 둘셋 있기 바쁘건만 지금 내가 꼽은 것만도 10개가 넘는다. 안동에 이처럼 많은 서원이 존재하고 있다는 사실은 안동의 인문·역사·지리 형성에 중요한 의미를 지니는 것이기도 하다.

양에서 뿐만 아니라 안동의 도산서원은 조선시대 서원의 발전 과정에서 소수서원과 함께 예외적인 복잡한 구조를 갖고 있는 역사적 건축이고, 병산서원은 우리나라 서원 가운데 가장 아름다운 건축으로 손꼽힐 정도로 빼어난 건축이다. 이 점에서도 안동은 서원건축의 보고인 것이다.

1543년, 주세붕이 세운 소수서원을 기폭제로 하여 16세기에 전국으로 퍼져나간 서원은 그 구조가 매우 간단하고 아주 정형적이다. 크게 선현을 제사지내는 사당과 교육을 실시하는 강당, 그리고 원생(院生)들이 숙식하는 기숙사인 동재(東齋)와 서재(西齋)로 이루어진다. 이 밖에 부속건물로 문집의 원판을 수장하는 장판고(藏板庫), 제사를 준비하는 전사청(典祀廳), 그리고 휴식과 강학의 복합공간으로서 누각(樓閣)과 어느 건물에나 당연히 있을 뒷간이 있으며, 서원을 관리하고 식사를 준비하는 고사(庫舍) 등으로 구성된다.

건물의 배치방법은 성균관 문묘나 각 고을의 향교와 비슷하여 남북 일직선의 축선상에 외삼문, 누각, 강당, 내삼문, 사당을 일직선으로 세우고 좌우로 동재와 서재, 전사청과 장판고를 두며 기와돌담을 낮고 반듯하게 두르는데, 사당과 강당을 구별하여 내삼문 좌우로 담장을 쳐서 일반의 출입을 막는다. 강학공간은 선비정신에 입각하여 검소하고 단아하게 처리하여 단청도 금하고 공포에 장식을 가하지도 않는다. 그러나 사당은 권위를 위해 단청도 하고 태극문양도 그려넣기도 한다.

이런 단순한 구조에 무슨 변화가 크게 있을 것 같지도 않고, 그 멋이 대개 비슷할 것 같으나 그게 그렇지 않다. 모든 서원이 다 비슷한 것 같지만 어디가 달라도 다르지 꼭 같은 것은 없으며, 공간 분할의 크기가 약간의 차이에 따라 이미지상에는 엄청난 차이를 가져온다. 그 모든 것을 고려하고, 무엇보다도 내 스스로 직접 보고 느끼는 체감에 의하건대 안동의 병산서원은 단연코 전국 서원 가운데, 그러니까 우리나라 서원 가운데 가장 아름다운 건축이라 할 만하다.

소수서원과 도산서원은 그 구조가 복잡하여 명쾌하지 못하며, 회재 이언적의 안강 옥산서원은 계류에 앉은 자리는 빼어나나 서원의 터가 좁아 공간 운용에 활기가 없고, 남명 조식의 덕천서원은 지리산 덕천강의 깊고 호쾌한 기상이 서렸지만 건물 배치 간격이 넓어 허전한 데가 있으며, 한훤당 김굉필의 현풍 도동서원은 공간 배치와 스케일은 탁월하나 위치 자체에 아늑함이 없다는 흠이 있다. 이 밖에 김인후의 장성 필암서원과 정여창의 함양 남계서원이 이름을 얻고 있으나 건물이 후대의 복원인데 복원 과정상 건축적으로 문제가 적지 않고, 북한에는 정몽주를 모신 개성의 송양서원과 백사 이항복을 모신 북청의 노덕서원이 대원군 서원철폐령에도 견딘 47개 서원으로 아직도 건재하다고 하나 나의 발과 눈이 거기까진 못 미쳤다. 이상의 9개 서원에 안동의 병산서원을 더하여 10대서원이라 하여 누가 크게 반론을 제기할 것 같지 않은데 그 10대서원 가운데서도 건축으로는 병산서원이 압권이니 병산서원은 목조건축의 백미이며 또 하나의 정상이다.

병산서원은 하회마을 입구에서 마을로 가는 길을 버리고 왼쪽으로 낙동강을 거슬러 10리 남짓 걸어가면 나온다. 지금도 마을버스와 경운기나 다니는 비포장 흙길이어서 그것이 병산서원 보존의 큰 비결이었는데 이 비책 아닌 비책은 곧 무너지게 되어 있다. 그것이 이 글을 쓰는 순간에도 안타깝기 짝이 없다.

병산서원 답사길에 나는 항시 이 십리길을 걸어다녔다. 다리가 아프고 피곤하면 고갯마루까지만 타고 가서는 거기부터 오리라도 걸었다. 그리고 병산서원은 반드시 걸어갈 때 병산서원에 온 뜻과 건축이나 원림적(園林的) 사고에 맞다. 그것은 절집 입구의 진입로와 같아서 만약에 선암사·송광사·해인사·내소사를 자동차를 타고 곧장 들어갔을 때 그 마음이 어떠했을까를 생각해 본다면 왜 걸어야 하는가에 대한 답이 될 것이다.

그리하여 병산서원에 당도하면 몇 채의 민가와 민박집, 그리고 병산서원 고사가 먼저 우리를 맞이하고, 주차장에 들어서면 왼쪽엔 병산에 바짝 붙어 흐르는 낙동강과 모래밭, 앞으로는 잘생긴 강변의 솔밭이 포진하고 오른쪽으로 병산서원이 아늑하게 자리잡고 있다. 외견상으로 병산서원은 장해 보일 것도, 거해 보일 것도, 아름답게 보일 것도 없다. 그저 외삼문을 가운데 두고 기와돌담이 반듯하게 돌려 있는 여느 서원과 다를 바 없다. 다만 외삼문 머리 위로 만대루 누각이 길게 펼쳐 있어서 서원 안쪽이 깊어 보인다는 인상을 줄 따름이다.

그러나 외삼문을 열고 만대루 아래로 난 계단을 밟고 서원 안 마당으로 들어서서 좌우로 시위하듯 서 있는 동재·서재를 옆에 두고 돌계단 올라 댓돌에 신을 벗고 강당 마루에 앉아 뒤를 돌아 올라온 쪽을 향하면 홀연히 만대루 넓은 마루 너머로 백사장이 아련히 들어오는데 그 너머 병산의 그림자를 다 받아낸 낙동강이 초록빛을 띠며 긴 띠를 두르듯 흐르는 것이 눈에 들어온다. 마음 같아선 당장 만대루로 달려가서 더 시원한 조망을 보고 싶어진다. 만대루에서의 조망, 바로 여기에 병산서원 자리잡음의 묘미가 있다. 병산서원은 빼어난 강산(江山)의 경관을 배경이 아니라 앞 뜰로 하여 앉혀진 것이다. 그러나 병산과 낙동강 백사장의 눈부신 경관이 곧 병산서원의 정원으로 되는 것은 아니다. 건축적으

병산서원 선경 밖에서 볼 때면 그저 검소한 한 서원에 불과하다.

로 이것을 끌어안을 장치를 해야 비로소 이 자연공간이 건축공간 내지 조경공간으로 전환되는 것인데 만대루의 열린 공간이 그 역할을 훌륭하게 해내고 있는 것이다.

병산서원이 올라 앉은 뒷산은 화산(花山)이다. 이 화산의 낮은 구릉을 타고 외삼문에서 만대루, 만대루에서 강당, 강당에서 내삼문, 내삼문에서 존덕사로 레벨이 올라간다. 그것이 단조로운 기하학적 수치의 증폭으로 이루어지는 것이 아니라 사용자의 생활감각에 맞추어 적당히 변용되었는데 그 능숙한 배치가 너무 절묘해서 사실은 절묘한 줄도 모른 채 그저 편안히 공간을 사용하고 즐길 뿐인 것이다. 이 공간 운영을 자세히 따져 보면, 사당은 위로 치켜올리듯 모셔 있는데, 만대루 누마루는 앞마당에서 볼 때는 윗쪽으로, 그러나 강당에서 볼 때는 한참 내려보게 레벨이 잡힌 것이다. 사당은 상주·상용 공간이 아니고 일종의 권위와 상징공

강당 마루에서 본 만대루 강당에서 앉아 만대루를 향하면 앞마당과 주변 경관이 이 만대루로 인해 하나로 연결됨을 느끼게 된다.

간이니 다소 과장된 모습을 취했지만 만대루는 사정이 정반대로 봄부터 가을까지 상용하는 공간으로 그 기능을 최대치로 살려낸 것이다.

이 점은 장판고가 실용공간이 아니므로 한쪽에 잘 모셔 있듯 자리잡은 데 반하여 전사청은 제사를 준비하는 생활공간으로 검소하면서도 아담하고 단정한 모습을 취한 것과 같다.

병산서원의 건축적 아름다움은 또 앞마당 크기의 적절함, 외삼문 돌담 모서리에 있는 2인용 뒷간, 만대루로 오르는 두 개의 멋진 통나무계단, 가마를 모셔 놓은 가마고는 물론이고 서원 밖에 달팽이 울타리를 하고 있는 머슴용 뒷간과 여름날 흐드러지게 피는 목백일홍까지 얘기할 때 그 참모습을 말했다고 할 것이나 여기서는 그 모두를 미처 다 그려내지 못한다.

만대루 위용 정말로 장쾌한 기상이 일어나는 우리나라 누각의 백미이다. 해마다 여름이면 이곳에서 건축학교가 열린다.

다만 병산서원은 그 보존상에서 어느 서원도 따를 수 없이 깨끗하게 그리고 건강하게 남아 있음만은 말하지 않을 수 없다. 해마다 여름이면 여기에서 건축학교가 열리는데 만대루 넓은 누각에는 2백 명이 앉아 수강하는데도 오히려 공간에 남음이 있다. 강당의 마루는 상기도 마른 걸레질 쳐서 윤기를 잃지 않았고 동재와 서재 그리고 원장실은 추운 날이면 장작불을 때어 흙벽이 바스러지는 일이 없다. 그 싱싱한 보존의 비결은 서원을 지금도 사용하는 양 조석으로 쓸고 닦고 여름이면 문을 활짝 열어주고 겨울이면 군불을 때어주며 방문객들의 체온이 나무마루와 토벽에 서려 병산서원은 그렇게 옛 모습을 지켜온다. 그 공로는 지극정성으로 고사(庫舍)를 지키는 류시석 아저씨의 노고에서 나온 것이다. 서애의 후손으로 풍산류씨에 인물이 많음은 세상이 다 알지만 문화유산보호에 있어 시자 석자 아저씨 같은 분은 병산서원 만큼이나 세상에 다시 없는 귀한 분이다.

V

건축사를 전공하지 않은 주제에 "안동은 왜 목조건축의 보고라고 말할 수 있는가"라는 테마로 글을 쓴다는 것은 아주 외람된 일인 줄 안다. 또 글의 내용은 심도 깊은 연구논문이 아니라 이 주제에 대한 나 개인의 미술사적 인상을 말한 것에 지나지 않는다. 그러나 나의 전공(회화사)과 관계없이 문화유산 답사를 위해 안동지역에 왔을 때 내 시선과 마음을 사로잡은 것은 바로 목조건축과 그 건축공간에 서린 인문적 가치였다. 그로 인해 안동은 매력적인 답사처로 되었고 안동을 자주 답사한 것이 인연이 되어 안동문화회관에서 한 차례 대중강연한 것을 지금 글로 옮겨 놓게 된 것이다.

그러나 강연할 때의 내용을 그대로 옮긴 것은 아니다. 강연은 더 폭넓은 주제로 하였고, 이 글은 그래도 주어진 주제에 충실하려고 노력한 것이다. 전공이 건축사가 아니라 주저스러운 바도 있었지만 내친 김에 나의 소견까지 피력하는 만용까지 부렸다. 그러나 나 자신은 그래도 기왕의 연구에서 다소는 제외됐던 유물을 해설함으로써 약간의 책무를 다하고 싶었다. 그래서 보물로 지정된 뛰어난 고가들보다도 오천 군자리의 고가들을 해설했고, 그 유명한 도산서원보다도 의외로 연구가 적은 병산서원의 건물 배치를 살펴보았다.

그러나 무엇보다도 중요하게 생각되는 것은 누가 뭐라 해도 안동은 우리나라 목조건축의 보고임에 틀림없고 우리는 이것을 어떻게 민족의 문화유산으로 오래 보존할 수 있는가를 심각하게 생각하고 실천해야겠다는 경각심을 일깨우고자 이 글을 썼다는 점이다. 그렇다면 독자들은 내 글의 외람된 견해를 용서할 수 있으리라 믿는다.

유 홍 준

국보 하회탈의 신비는 어디에 있는가

Ⅰ. '하회탈'을 어떻게 볼 것인가

하회탈은 국보 제121호이다. 하회탈의 어디가 이뻐서 국보로까지 지정되었을까. 안동 사람으로서만 아니라, 탈과 탈춤, 또는 민속에 관심이 있는 사람이면 누구나 궁금하지 않을 수 없다. 하회탈이 가장 오래된 탈이어서 그럴까? 또는 다른 고장 탈과 달리 조형미가 특히 뛰어나서 그럴까? 그것도 아니면 나무탈이기 때문에 그럴까? 국보답게 하회탈은 세계적인 대백과사전 브리태니커 사전에도 그 내용이 사진과 함께 당당하게 수록되어 있다. 한마디로 하회탈은 우리나라 문화유산으로서 국보 탈인 동시에 세계의 문화유산으로서 국제적인 탈이라 해도 지나치지 않다. 하회탈이 국보로 인정될 만한 가치가 어디 있는지, 그 신비를 벗기기 전에 탈을 보는 몇 가지 눈을 먼저 가늠해보자.

탈은 하나의 조형예술품이다. 따라서 미학적인 시각에서 그 조형미를 주목할 수 있다. 하회탈처럼 전통 탈들은 한결같이 별신굿판과 같은 공동체 제의(祭儀)와 연관되어 전승되고 있다. 따라서 종교학적 시각에서 신앙의 대상물이나 제의적 주술물로서 주목하는 연구도 필요하다. 탈은 그 자체로 조형예술작품이면서 제의적 주술물이자, 연극에 쓰이는 분장도구이기도 하다. 실제로 우리 민속탈춤에서 탈은 등장인물의 성격을 창조하고 광대들의 분장에 필요한 가장 중요한 도구 구실을 한다. 따라서 연극학적 시각에서 탈을 주목할 수 있다. 뿐만 아니라 탈은 전통 축제의 가장행렬이나 사교활동의 일환으로 이루어지는 가장무도회에서 가장의 도구로 긴요하게 쓰이기도 한다. 그러므로 사회학적 시각에서 탈을 주목할 수도 있다. 이 밖에도 탈은 장군들이 얼굴을 보호하고 적을 위협하기 위해서 전쟁탈로 사용했을 뿐 아니라, 일정한 공동체의 기반 위에서 공동으로 생산되어 전승된 민속품이기도 하다. 그러므로 탈은 여러 시각에서 다양하게 해석할 수 있다.

하회탈도 다양한 시각에서 그 이치와 가치를 밝혀 볼 수 있다. 그러나 하회탈은 하회마을에서 별신굿탈놀이를 할 때에 탈광대들이 탈을 쓰고 집돌이 별신을 하면서 탈춤을 추는 데 쓰이는 것이므로, 가장무도회의 가장탈이나 또는 전쟁터에서 쓰는 전쟁탈과는 무관하다 할 수 있다. 따라서 이런 문제까지 두루 다루는 것은 오히려 하회탈의 특징을 놓칠 수 있다. 다양한 시각의 해석들이 가능하다고 하여 다양한 시각 자체에 빠져들 필요는 없다. 중요한 것은 하회탈이라는 대상 자체를 잘 포착하고 그 특징을 생생하게 이해하는 것이기 때문이다.

그럼 하회탈의 가장 특징적인 성격은 무엇일까. 누가 뭐라 해도 하회탈은 나무를 깎아 만든 훌륭한 조각품이자 하회탈춤이라고 하는 민속극의 분장도구 구실을 하는 연극탈이라 할 수 있다.

따라서 우리는 하회탈의 조형미를 미학적으로 주목하되, 민속극으로서 하회탈춤의 내용을 염두에 두고 극적 인물의 성격창조에 이바지하는 분장도구라는 사실에 기초를 둘 것이다. 하회탈춤과 같은 민속극은 예사 연극과 달리 민중의 처지에서 전통적인 사회구조의 모순들을 드러내고 풍자하는 내용이 중심을 이루고 있다. 자연히 사회사적 시각에서 하회탈이 반영하고 있는 세계도 주목해야 할 것이다. 하회탈이 고려중기의 탈로서 지금까지 전승되어 국보 구실을 하는 데에는 제의적 주술물로서 신성성(神聖性)을 확보하고 있기 때문이다. 그러므로 제의적 탈로서 하회탈의 신성성 또는 역사성도 주목할 필요가 있다. 이 모든 것이 구체적으로 밝혀져야 하회탈의 실상이 드러날 수 있고, 하회탈을 국보답게 하는 신비성이 해명될 것이다.

Ⅱ. 왜 하필 탈이라고 일컫는가

탈의 한자말은 '가면(假面)'이다. 가면은 가짜 얼굴이라는 뜻이다. 영어에서는 탈을 '마스크(mask)'라고 한다. 마스크 또한 거짓 얼굴(false face)을 뜻하는 것이자, 얼굴 가리개라는 뜻을 지녔다. 거짓 얼굴이나 얼굴 가리개라는 뜻의 말로는 탈을 온전하게 이해할 수 없다. 왜냐하면 아주 부정적인 뜻을 지녔거나 자기 얼굴을 숨긴다는 의미를 지녔기 때문이다. 탈을 외래어에 따라 가짜 얼굴로 이해하게 되는 경우에는 연극의 분장도구나 가장무도회의 가장도구에 머물 뿐 아니라, 때로는 본질을 숨기고 거짓을 드러내는 부도덕한 얼굴로 평가절하되기 십상이다. 따라서 가면이나 마스크라는 외래어보다 우리말 '탈' 또는 '덧뵈기'라는 말을 통해서 우리 탈의 구실을 추적할 필요가 있다.

탈은 가면을 뜻하기 전에 변고·사고·고장·질병·결함 또는 문젯거리를 나타내는 말이다. "이 사람이 무슨 탈이라도 생겼나, 왜 이렇게 늦을까?" 할 때 탈은 '변고'를 뜻하고, "탈이 나도 아주 크게 났어!" 할 때는 '사고'를 뜻한다. "고물 자전거가 기어코 탈이 나고 말았다"고 할 때에는 '고장'이 났다는 말이며, "배탈이 나서 혼이 났다"고 할 때에는 '병'이 났다는 말이다. "그 사람은 술이 탈이야!"라고 하는 말에서 탈이 '결함' 또는 '단점'을 나타내고, "탈도 많다"고 하는 말에서 탈은 '문젯거리' 일반을 나타낸다. 그리고 "별 탈 없지?" 하고 물을 때에는 각종 '나쁜 일'을 두루 일컫는다. 사고든 질병이든 우리 삶 속에서 일어날 수 있는 모든 나쁜 일들, 곧 재앙 일반을 탈이라 하는 것이다.

"이 사람아, 탈 좀 잡지 마라"고 할 때, 탈은 '트집'을 뜻한다. 그래서 '탈 잡는다'고 하는 말은 트집을 잡는다는 뜻이다. 문제가 될 것도 없는 일을 공연히 허물삼을 때 이를 일러 트집이라고 한다. 따라서 탈은 실제로 질병이나 사고와 같은 문젯거리를 나타내기도 하고 때로는 이러한 문젯거리들을 들추어내는 일을 나타내기도 한다. 따라서 탈은 삶의 일상에서 부닥뜨리는 여러 가지 문젯거리들을 숨기지 않고 드러내서 문제삼는 것이다. 그럼으로써 자연적 재앙과 사회적 질병들을 막고 해결하고자 하는 것이다. 병은 자랑해야 낫는다고, 사회적 질병이나 자연적 재앙들은 숨김없이 드러내서 널리 문제삼아야 해결할 수 있다. 각종 탈들을 숨겨두고 덮어두면 더욱 심화되어 나중에는 걷잡을 수 없는 사태를 빚게 된다.

탈은 재앙이자 질병이며 문젯거리일 뿐 아니라, 세상의 부조리한 모습들을 더 잘 보여주는 '덧뵈기'이기도 하다. 덧뵈기는 덧보여준다는 뜻도 지녔고 돋보여준다는 뜻도 지녔다. 탈을 쓰고 세상을 보면 평소에 보이지 않던 삶의 실상들이 더 잘 보이는 것이다. 실제로 탈춤판에서는 세상의 문제들을 적나라하게 과장하여 보여준다. 탈이 곧 덧뵈기인 까닭도 이 때문이다. 탈을 한자말로 광대(廣大)라고 하여 '얼굴 넓은 이', 곧 다양한 표정과 인물을 자유자재로 창출하는 배우를 뜻하는데, 이 또한 사람의 얼굴을 실제 이상으로 덧보여준다는 뜻에서 '덧뵈기'라는 말과 같은 뜻을 지녔다.

탈이 가짜 얼굴이기는커녕 덧뵈기라면 우리의 실제 얼굴은 무엇인가. 실제 얼굴은 진짜 얼굴일까. 아니다. 상황에 따라 이러저러한 얼굴들로 그때마다 수시로 바꾸어가며 살아가는 실제 얼굴이야말로 가짜 얼굴이다. 다만 진짜 얼굴인 양 행세할 뿐 실제 얼굴 모습은 늘 감추고 살아가는 것이 우리의 얼굴이다. 가짜를 '−'라 하고 진짜를 '+'라 한다면, 우리의 거짓 얼굴에 다시 거짓 얼굴인 가면을 덮어씀으로써, 결국은 진짜 자기 모습을 드러내게 되는 것이다. 왜냐하면 '− × − = +'이기 때문이다. 그렇다면 덧뵈기 탈은 가면이 아니라, 오히려 우리의 위선적인 거짓 얼굴을 가림으로써 숨겨져 있던 진짜 모습을 드러나게 하는 '진면(眞面)' 구실을 하는 셈이다.

하회탈춤은 별신굿의 일환으로 노는 놀이이되, 그 자체로 하나의 연극예술로서 독립적 성격을 지니며, 우리나라에서 가장 오래된 탈춤으로 주목된다. 흔히 탈춤을 사회비판적 희극이라고 하는 것은 민중의 처지에서 지배계층의 모순을 풍자하는 내용이 중심을 이루고 있기 때문이다. 따라서 탈춤 가운데에는 자연적인 재앙을 막고자 하는 주술적 의도가 깔려 있기도 하나, 반상(班常)의 계급문제나 성속(聖俗)의 종교문제, 남녀의 성차별문제 등을 탈잡아 웃음거리로 삼는 데 더 많은 비중을 두고 있다.

이러한 문제들은 한결같이 지배층 중심의 가부장적 사회구조 속에서 형성된 '탈들'이므로, 민중들은 이러한 '탈들'을 노골적으로 드러내서 문제삼기 어렵다. 지배층의 억압을 직접적으로 받으면서 생활하고 있으므로, 알면서도 모른 척하고 지나는 것이 일신상에 이롭기 때문이다. 따라서 불만을 드러내거나 부조리를 지적하기는커녕 지배체제에 순종하고 굽신거리며 살아가기 일쑤이다. 그러므로 평소의 자기 얼굴은 본디 생각과 다른, 신분사회에 길들여진 위선적인 모습을 하게 된다.

탈은 이러한 위선의 얼굴을 가려줄 뿐 아니라 사회적 억압으로부터 자신을 보호할 수 있는 장치가 되므로, 사회의 여러 모순들을 적나라하게 폭로하고 풍자하는 데 기능적인 구실을 하는 것이다. 이처럼 사회적 탈을 드러내서 탈잡는 것이 탈의 형상이자 탈의 본디 기능이다. 탈의 본디 기능을 두고 보면 민중적 삶과 의식의 진면목을 생생하게 드러내 보여주는 '덧뵈기'의 구실이 실감난다. 우리가 주목해야 할 탈도 바로 덧뵈기로서 탈이라 할 수 있다.

III. 하회탈의 역사는 얼마나 되었을까

하회탈이 국보다운 점은 다음에 우리가 자세하게 다루게 될 비범한 조형술에 의한 것이지만, 조형술 못지않게 그 오랜 역사성도 중요한 비중을 차지한다. 적어도 하회탈은 가면극의 분장도구로 쓰인 탈 가운데에서 가장 오래된 탈이다. 그 역사가 현재 고려 중엽까지 소급되는 까닭에 적어도 700~800년 동안 이어져 왔다고 할 수 있다. 다른 고장의 탈, 이를테면 봉산탈이나 양주별산대탈 또는 고성오광대탈 등은 역사가 그리 오래지 않다. 탈놀이를 한 다음 탈을 그대로 두면 뒤탈이 난다고 해서 불에 살라버렸기 때문이다. 그러나 하회탈은 신탈로 여겨서 신성하게 섬겨왔으므로, 항상 탈궤에 넣어서 동사에 보관하고 아무나 함부로 범접할 수 없도록 한다.

마을 사람들은 곧잘 "아무 때 아무개가 함부로 탈에 손을 대었다가 혼절하여 쓰러졌다"거나, 또는 "피를 토하여 그 자리에서 죽었다"는 말을 하면서 외지 사람들의 접근을 금지한다. 하회탈이 최근까지 전승되고 있으면서도 외부에 널리 알려지지 않은 까닭도 이러한 금기 때문이다. 신탈을 함부로 만졌다가는 신의 노여움을 사서 재앙을 입게 된다는 믿음이 투철하다. 부득이하여 탈에 손을 댈 경우에는 주과포(酒果脯)와 메밥을 차려 놓고 성심껏 제사를 올려야 한다. 이때 하회마을의 동제관(洞祭官)인 산주(山主)가 참여하여 절을 한다. 그리고 나서 탈을 보든 탈춤을 추든 탈에 관한 일을 하게 되어 있다. 민속학자 최상수 씨는 하회별신굿탈놀이를 조사하기 위하여 세 차례 정도 하회마을을 찾아 탈을 보았는데, 그때마다 마을 사람들이 지켜보는 가운데 산주가 고사를 지내고, 그런 뒤에 탈을 보고 탈춤도 놀았다고 한다.

일제 때 탈을 보관하던 동사에 불이 났을 때도, '탈이 불타버리면 서낭님의 노여움을 어찌 할까' 하고 안타까워하다가 누군가 불 속에 뛰어들어가서 탈이 든 상자를 안고 나와 무사할 수 있었다. 마을 사람들의 신앙의 힘이 하회탈을 지금껏 보존하는 전승력 구실을 했던 것이다. 그럼에도 불구하고 하회탈은 지금 마을에 없다. 새로 만든 가짜 탈은 즐비하게 전시되어 있어도 본디 탈은 하회마을에 없다. 1968년에 국보로 지정되는 과정에 서울로 가서 국립중앙박물관에 소장하게 되었다. 신격으로 모시던 하회탈이 마을을 떠남으로써 이제는 하회별신굿이 하회마을에서 다시 베풀어지길 기대할 수 없는 처지에 놓였을 뿐 아니라, 하회마을 사람들도 하회탈의 본디 모습을 구경할 수 없다. 10개의 탈 가운데 일부만 박물관 진열실에서 그 모습을 드러내고 있을 뿐 대부분의 탈은 박물관 금고 안에 갇혀 있다.

그렇다고 하여 하회탈이 잘 보존된다고 장담하기도 어렵다. 만일 박물관에 불이 나거나 위기사태가 일어나 탈이 훼손될 지경에 이른다면 박물관 직원 가운데 누군가가 불구덩이 속으로 뛰어들어가서 탈을 구해 내올 사람이 있겠는가. 하회마을 사람들은 죽음을 무릅쓰고 불 속으로 뛰어들어 탈을 구해 나왔다. 이런 사정을 고려할 때, 우리는 지식과 과학에 의한 박물관식 보존보다 믿음과 신앙에 의한 종교적 제의적 보존의 힘이 더 강하다고 할 수 있다.

탈을 이처럼 신성시한 까닭에 하회탈이 수백 년간 원형을 잃지 않고 고스란히 보존될 수 있었다고 보는 것이다. 그러나 이 탈이 고려때 탈이라는 것은 어떻게 알 수 있는가. 하회탈이 고려 중엽에 만들어졌을 가능성은 여러 모로 추적할 수 있다. 가장 일반적으로 들이댈 수 있는 근거는 하회탈을 직접 깎았다는 허도령 전설이다.

옛날에 하회마을의 허도령은 꿈에 서낭신의 계시를 받고 탈을 만들기 시작했다. 탈을 만드는 곳에는 다른 사람들이 출입할 수 없도록 금줄을 치고 매일 목욕재계를 하며 지극정성을 들이는 가운데 탈을 만들고 있었다. 그런데 허도령을 몹시 사모하는 김씨 처녀가 사모하는 마음을 억누르지 못하고 허도령의 얼굴이나마 가만히 들여다보고 싶어서, 어느 날 금기를 깨고 금줄을 넘어 들어가 탈막 안을 엿보았다. 입신지경에서 탈을 깎고 있던 허도령은 그 순간 피를 토하고 쓰러져서 숨을 거두고 말았다. 그런 까닭에 마지막으로 깎고 있던 이매탈은 제대로 마무리할 수 없어서 턱이 없는 탈이 되고 말았다. 허도령이 죽자 처녀도 번민하다가 곧 죽어버렸다. 마을에서는 김씨 처녀의 넋을 위로하기 위하여 화산의 상당에 서낭신으로 모시고, 허도령의 영혼은 큰고개 성황당에 모시고 해마다 제사를 올렸다.

이 전설을 통해서 토착주민인 허씨가 탈을 다듬었다는 것을 알 수 있다. 이른바 "허씨 터전에 안씨 문전에 류씨 배판[杯盤]"이라는 구전과 또 하회마을에 가장 먼저 자리를 잡은 성씨가 허씨라는 사실을 통해서 허도령이 살았을 고려중기까지 제작시기를 거슬러 추론한다.

다음에는 탈의 양식과 표현기법을 미술사적 측면에서 살필 수 있다. 각시탈의 머리 양식이 타래머리를 한 일(一)자로 가로 얹었을 뿐 아니라, 다시 두 귀를 덮으면서 좌우로 똑같이 머리채를 턱 아래까지 길게 드리워 좌우상칭(左右相稱)의 효과를 나타내었다. 밑으로 드리운 머리채는 한 번씩 안으로 돌려 땋아 내려 끝에 꽈배기 모양의 고리를 짓고 있다. 이런 머리 양식은 백제불인 군수리 금동보살입상의 보발(寶髮)과 견줄 만한 것으로서 고려초까지 연대를 거슬러 올라갈 수 있다. 제작기법을

허도령의 전설을 증명하는 이매탈

보면 해서지방이나 경남지방의 바가지탈과 털가죽탈 또는 종이탈과 달리 나무를 깎아서 만든 나무탈이라는 점에서 독자성을 지닌다. 고려 이전부터 있었을 것으로 짐작되는 목장승의 조각술과 닿아 있다고 할 수 있다.

하회탈의 제작과 함께 놀게 되었을 하회탈춤의 내용을 검토해 봐도 고려시대 초창기의 흔적이 두루 남아 있다. 이러한 흔적은 주로 관직명에서 찾아 볼 수 있다. 없어진 탈 가운데 하나인 별채탈을 두고서 서경보 교수는 고려시대 중국의 독우제도(督郵制度)를 모방한 별차(別差)라는 관직으로 본다. 별채는 '별차'에서 'ㅣ'모음 역행동화로 빚어진 호칭으로서 일종의 세리(稅吏)였다. 그리고 양반·선비 마당에 등장하는 문하시중(門下侍中)이라는 관직 이름은 고려시대 문하성(門下省)의 최고 관직으로서 종1품에 해당된다. 고려 문종 15년(1061)에 관제의 개혁으로 문하시랑(門下侍郞)으로 이름이 바뀌었다가 공민왕 5년(1356)에 다시 문하시중이란 이름으로 복구되었다. 별채와 같은 관직조직은 조선시대에 들어오면서 관직의 변동과 함께 소멸되었으며 별채탈도 없어져 버렸다. 그러나 문하시중이란 관직 이름은 문상시대(門上侍大)라는 엉뚱하게 조작된 관직 이름과 맞서는 가운데 극적 사건 전개의 동력 구실을 하는 덕분에, 실제 관직은 오래 전에 없어졌지만 지금까지 살아남아서 하회탈춤이 고려시대부터 놀아졌음을 뒷받침해주고 있다.

중탈의 형상도 고려시대 성격을 잘 드러내주고 있다. 고려시대에 국교로 떠받들어졌던 불교는 조선조에 들어오면 무속 및 도교와 함께 좌도로 규정되어 사사혁파(寺社革罷)의 대상이 되어 위축되기에 이르렀다. 따라서 같은 중탈이지만 고려조의 것과 조선조의 것이 차이를 보일 수 있다. 조선후기 탈로 알려진 다른 고장

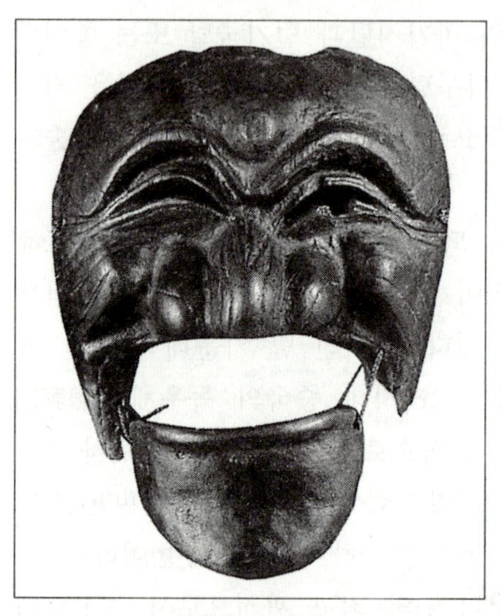

중탈 구김살 없고 낙천적인 표정에서 고려시대 종교귀족으로서 승려의 모습이 드러난다.

의 중탈을 보면 검은 바탕에 파리똥이 덕지덕지 묻어 있고 광대뼈가 불거져 있으며 입은 심술궂게 다물고 눈꼬리는 날카롭게 찢어져 있어, 뭔가 불만스럽고 심술이 끓어오른 듯한 표정을 짓고 있다. 노장일수록 찌들어 있는 모습이다. 이에 비하여, 하회탈의 중 모습에는 어두운 그림자라곤 찾아볼 수 없다. 파안대소(破顔大笑)하는 모습은 양반·선비의 표정보다 더 구김살이 없고 낙천적이다. 조선조 중탈과 대비해보면 고려조 중의 모습을 그대로 반영하고 있다는 것이 단박 드러난다. 불교가 핍박받던 시절의 승려 모습이 조선조의 노장탈에 반영되어 있다면, 하회의 중탈에는 불교가 국교로까지 받들어지던 고려시대에 종교귀족으로서 승려의 모습이 여유 있게 형상화되어 있는 것이다. 그러므로 구전되는 전설과 마을 사람들의 향언, 탈의 제작기법, 각시탈의 머리장식, 탈춤에 나오는 관직이름, 중탈의 표정과 성격 등에 따라 하회탈이 고려시대에 만들어진 것이 확실하다는 것을 여러 모로 확인할 수 있다. 탈로서는 유일하게 국보로 지정된 근거도 고려시대 탈의 원형이 그대로 보존되어 있는 까닭이다.

Ⅳ. 하회탈의 색상과 비뚠 이목구비의 형상은?

오래된 것이라 하여 국보다운 탈이 되는 것은 아니다. 국보로서 인정될 만한 예술적 조형성과 분장도구로서 창조성이 뛰어나야 한다. 하회탈은 여러 모로 그러한 성격을 두루 지녔다. 그래서 다른 고장의 탈이 질그릇이라면 하회탈은 고려청자와 같다고 이야기하기도 한다. 다른 탈들은 종이찰흙이나 바가지 또는 털가죽으로 만들었기 때문에 정교한 수법이나 세련된 조형성이 드러나지 않는 데 비하여, 하회탈은 오리나무를 재료로 절묘하게 그 형상을 조각한 일종의 조각품으로서 세련미와 정교성을 함께 갖추고 있기 때문에 이런 비유가 적절하다. 그러나 민중의식을 드러내면서 세상의 부조리를 풍자하는 데에는 반드시 고려청자처럼 세련된 하회탈만 필요한 것이 아니라, 질그릇과 같은 다른 고장의 탈들이 더 필요할 수도 있다. 그러므로 하회탈이 반드시 우수하다고만 할 수는 없다. 오히려 중요한 것은 세련미나 정교한 조형술보다 독창적 형상성이라 할 수 있기 때문이다.

하회탈의 독창성은 무엇보다도 그 표정의 가변성에 있다. 탈을 쓰고 머리를 좌우로 움직일 때마다 탈의 표정이 여러 모로 바뀔 뿐 아니라, 실제로 탈이 움직여서 웃고 말하는 모습을 실감나게 보여준다. 움직이지 않는 고정된 부분들도 눈매와 입매, 눈두덩과 광대뼈, 이마와 콧대 등 각종 이목구비의 독특한 조각을 통해서 희로애락의 표정을 변화 있게 바꾸어주는 것이다. 이제 이러한 신비한 조형의 세계에 들어가기 전에 하회탈의 색상부터 구경하며 우리 미술의 새로운 인식의 길을 열어갈 필요가 있다.

하회탈의 색깔을 보면 원색을 칠한 다른 탈과 달리 한결같이 중간색을 칠했을 뿐만 아니라, 여러 색깔을 거듭 칠해서 그 깊은 맛을 느낄 수 있도록 했다. 이를테면 각시탈의 경우에는 살색을 먼저 칠하고 그 위에 백분 화장을 나타내는 흰색을 거듭 칠했으며, 눈썹의 색깔도 녹색을 칠한 위에다 검은 색을 덧칠하여 눈썹의 느낌을 한층 실감 나게 나타냈다. 인물의 성격에 따라서 색깔도 다르게 칠했다. 색깔이 가진 상징성을 통해서 인물의 성격을 창조해내려 한 것이다.

초랭이, 중, 선비 등과 같이 주어진 삶에 만족하지 않고 적극적인 자세로 자기 세계를 극복해 나가려는 인물의 경우에는 대추빛의 검붉은 색을 칠했다. 이와 달리, 양반과 이매 등 제구실을 온전히 하지 못하면서 자기 세계를 침범당하는 인물의 경우에는 옅은 미색 계통의 색깔을 칠했다. 검붉은 대추빛이 강렬한 인상을 준다면, 상대적으로 누런 색깔은 패배적인 인상을 준다. 그리고 신분적 성적 차별에 따른 소외집단에 해당되는 백정과 할미탈에는 거무스레한 황색을 칠하여 어두운 표정을 짓게 하였으며, 부녀와 각시탈에는 여성다운 부드러움과 분 화장을 나타내기 위해 미색 위에다 흰색을 덧칠하였다. 그럼으로써, 서로 다른 색깔들이 지닌 분위기로 하여금 인물의 성격들을 유형별로 적절히 형상화해주고 있다.

한편, 같은 계통의 색깔이라도 저마다 그 짙기를 다르게 하여 인물의 성격을 제각기 개성적으로 드러내주는 구실까지 한다. 검붉은 색 탈 가운데 가장 색깔이 짙은 것은 초랭이탈이다. 초랭이는 자기의 상전인 양반 욕보이는 것을 주된 행위로 삼을 만큼 공격적이고 투쟁적이다. 기존질서를 뒤집어엎는 데 가장 저돌적으로 공격을 일삼는 인물인 셈이다. 농도가 덜 짙은 중탈은 초랭이와 같은 하극상의 투쟁을 하는 것이 아니라, 자신의 삶에 대한 회의와 내적 갈등으로 고민하다가 승려의 세계를 박차고 세속의 세계로 자아를 확대시킨다. 그러나 가장 농도가 옅은 선비는 세계에 대한 불만을 해소하기 위해 기득권을 확보하고 있는 양반과 다투긴 하나, 승리에 이르지 못한 채 양반과 영합해버리는 소극적 인물이다. 따라서 초랭이, 중, 선비 순으로 그 성격의 정도가 약화된다. 그러므로 하회탈은 색깔의 유형에 따라 인물의 성격을 유형화하는 한편, 색깔의 농도에 따라 그 성격의 강도를 적절히 표현해주고 있다는 점에서 하회탈의 색깔을 다시 주목할 필요가 있다.

흔히 우리 미술의 특징 가운데 하나로서 색깔이 원색적인 점을 들고 있다. 원색적이라는 말은 색깔이 화려하다는 긍정적 뜻으로 쓰인 것이 아니라, 색상을 효과적으로 표현하지 못해서 천박하다는 뜻으로 쓰이기 일쑤이다. 그러나 하회탈의 색상을 보면 그러한 단정이 터무니없다는 것을 알 수 있다. 하회탈 어디에도 원색을 그대로 칠한 것은 없기 때문이다. 여러 색깔들을 덧칠해서 색상의 깊은 맛을 자아내고 있을 뿐 아니라, 주황색이나 암자색, 미색 등 다양한 간색들을 복합적으로 사용하여 색상이 천박하게 튀지 않도록 하였다. 원색적인 다른 고장의 탈도 원색적일 만한 이유가 별도로 있다. 탈의 색깔은 단순히 얼굴의 형상만을 나타내는 것이 아니라, 다섯 방위를 나타내기도 하고 여름과 겨울 등 계절을 나타내기도 한다. 그러므로 단순히 회화적 논리나 미학적 이치만으로 해석할 수 없는 것이 탈의 색상이다.

탈의 형상을 전체적으로 보면 이목구비가 반듯한 탈과 삐뚤어져 있는 탈로 구분할 수 있다. 가장 반듯한 것이 양반탈이라면, 가장 삐뚤어져 있는 것이 초랭이탈이다. 이목구비의 균형과 불균

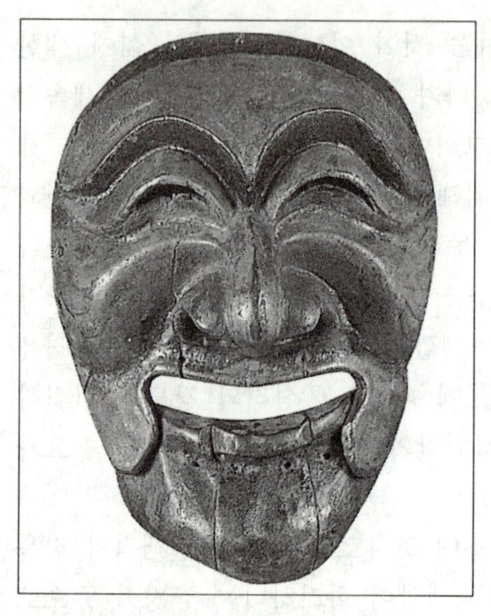

양반탈

형, 조화와 부조화를 통해서 반상의 차별성이 갖는 사회적 억압의 양상을 대립적인 얼굴 모습으로 형상화한 것이다. 다시 말하면 사회적으로 아무런 제약이 없는 양반탈은 이목구비가 반듯한데, 여러 모로 억압받고 부림을 당하는 초랭이탈은 이목구비가 크게 이지러져 있는 것이다. 부네와 각시 등 여성탈은 콧대를 중심으로 세로선이 수직을 이루지 못하고 기울어져 있는 반면에, 초랭이와 이매 등 하인탈은 눈과 입의 가로선이 수평을 이루지 못하고 기울어져 있다. 삐딱한 세로선이 남녀간의 성적 차별을 나타낸다면, 기울어진 가로선은 반상간의 신분적 차별을 나타내는 셈이다.

눈매와 입의 모양도 인물의 성격에 따라 다르게 형상화되어 있다. 양반과 이매, 백정 등은 실눈을 하고 있어 여유 있는 웃음의 눈길을 하고 있다. 같은 실눈이되 이매는 눈꼬리가 밑으로 쳐져서 계속해서 웃기만 하는 바보처럼 보이며, 백정은 눈꼬리를 위로 치켜들고 있어서 다소 위협적인 눈길을 하고 있다. 양반탈은 얼굴을 아래위로 움직이는 데 따라서 웃는 표정과 화난 표정이 바뀌어가며 나타나도록 형상화하기 위해 눈매와 눈꼬리를 나란하게 깎아 두었다. 초랭이와 할미는 동그랗게 불거진 토끼눈을 하

고 있다. 양반·선비의 엉
터리 지체 다툼이나 학식
자랑을 보게 되는 초랭이
는 놀란 듯한 표정을 지어
야 풍자의 성격이 두드러
지며, 이들이 다시 소불알
을 서로 사겠다고 다투는
광경을 보고 이를 비난하
는 할미의 눈도 놀란 듯한
표정을 지어야 설득력이
있다.

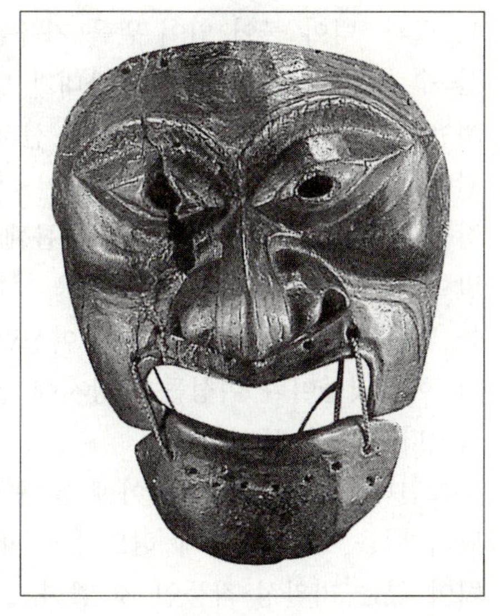

선비탈

　선비탈의 눈은 불룩하게
불거진 도끼눈을 하고 있
다. 무엇인가 불만이 그득
한 눈길이다. 배운 자로서, 지성인으로서, 또는 학자로서 비판적인
눈으로 사회현실을 볼 때 여러 가지 모순에 대한 불만이 있을 수
밖에 없다. 이러한 사회적 불만이 도끼눈의 모습으로 형상화된 것
이다. 선비와 같은 지식인은 눈빛으로 불만을 드러내고 초랭이와
같은 아랫사람들은 입으로 불만을 드러낸다. 초랭이의 입은 크게
비뚤어져 있다. 비뚠 초랭이 입을 보기 전에 하회탈의 입 모양이
어떻게 만들어져 있는가 전체적인 형상을 보기로 하자.

V. 하회탈의 턱은 왜 자유롭게 움직일까

　하회탈의 입은 크게 턱이 떨어져 있어 말을 자유롭게 할 수 있는 탈과, 턱이 붙어 있어 말을 자유롭게 할 수 없는 탈로 구분해 볼 수 있다. 턱이 떨어져서 광대가 말을 할 때나 움직일 때 턱이 자유롭게 움직이는 탈에는 양반·선비·중 등이 있다. 이들은 한결같이 남성탈이자, 지체가 높은 인물의 탈로서 언론의 자유가 보장되어 있는 탈이다. 턱을 자유롭게 움직일 수 있다는 것은 곧 말할 자유가 주어져 있다는 것을 나타낸다. 그런데 턱이 붙어 있는 탈은 부네와 각시·할미 등 여성탈과, 초랭이와 같은 하인탈이다. 아랫것들이나 여성들은 당시에 언론의 자유가 보장되어 있지 않았다는 것을 뜻한다.

그런데 이매탈은 턱이 아예 없다. 허도령 전설에 따르면 이매탈의 턱을 만들기 전에 허도령이 피를 토하고 죽어서, 본디부터 턱이 없는 미완성 작품인 것 같다. 그러나 실제로는 턱이 있었는데 오랫동안 공연하는 동안 턱을 연결했던 끈이 삭아서 턱이 떨어져나가 버리자, 그것이 더욱 그럴 듯해서 그냥 턱이 없는 채로 사용한 것으로 생각되기도 한다. 왜냐하면 턱을 끈으로 연결했던 송곳 구멍이 이매탈에도 남아 있기 때문이다. 어느 쪽이든 턱이 없으므로 해서 바보스럽게 웃는 모습을 더 잘 표현할 수 있는 탈이 이매탈이다.

하회탈의 턱이 고정되어 있지 않아 자유롭게 움직이는 것을 두고서 중국의 탈에서 영향받은 것이라는 엉뚱한 해석을 하는 이도 있다. 그러면 턱이 붙어 있는 탈은 왜 붙어 있는가. 그것만 독창적으로 만들었단 말인가. 왜 특정 탈만 중국의 영향을 받고 특정 탈은 중국의 영향을 받지 않았을까. 여기에 마땅한 대답을 마련하지 않는 한, 중국탈 영향론은 설득력이 없다. 이러한 주장은 하회탈을 그 자체로 충분히 분석하지 않은 채 중국탈과 유사성만 발견하여 줄긋기식 영향론을 편 결과라 하겠다. 이런 주장이 확대되면 코가 큰 것도 서역탈의 영향을 받았다고 하게 된다. 실제로 하회탈의 코가 상당히 크고 입체적 조형을 이루고 있는 것을 보면, 평면형 조각이 중심을 이루고 있는 우리의 조각문화 전통과 맞지 않다고 하면서, 서역탈을 본받은 중국탈의 영향으로 하회탈이 만들어졌다고 주장하기도 한다. 그러나 이러한 영향론은 한결같이 하회탈 자체를 자세하게 분석하지 않고, 우리 것은 으레 중국의 영향을 받았다고 하는 전제로 하회탈을 해석한 탓에 빚어진 오류에 지나지 않는다.

하회탈을 자세하게 관찰해 보면 인물들의 성격을 상호관계의 체계 속에서 적절히 드러내기 위해 일정한 준거를 설정하고 있다는 사실을 알 수 있다. 그것은 색깔과 형상, 이목구비 등 여러 모로 나타나는데, 턱의 고정성 여부도 그러한 준거의 한 징표일 따름이다. 따라서 극중인물의 사회적 성격을 언론의 자유와 관련하여 의도적으로 형상화했기 때문에 양반·선비·중과 같은 지배층 남성탈은 턱을 자유롭게 움직일 수 있도록 해두고, 각시·부네·할미 등과 같은 여성탈과 초랭이와 같은 하인탈은 의도적으로 턱을 고정시켜 말의 자유를 제약시켜 놓은 것이다.

심지어 각시는 입을 굳게 다물고 있도록 만들어 두었다. 극중에서도 전혀 대화가 없을 뿐 아니라, 사회적으로도 각시는 벙어리 삼년이라는 제약이 따르기 때문이다. 반대로 할미는 입을 가장 크게 벌리고 있다. 쪽박을 차고 구부러진 허리에 뒷짐을 지고 걷는 허기진 모습을 나타내는 데 적절하다. 그러므로 극중인물의 성격을 신중하게 고려하여, 말을 자유롭게 할 수 있는 지배층의 인물은 턱을 움직이도록 만들어 두고, 그렇지 않은 인물은 턱을 고정시켜 둠으로써, 신분사회의 부조리한 언론제약을 의도적으로 형상화해 둔 것을 발견하지 못한다면, 하회탈의 해석은 한갓 중국탈과 비슷한 것끼리 줄긋기하는 작업에 머물 수밖에 없다.

따라서, 사회적 모순을 반영한 조형적 이치나 극중인물의 성격은 전혀 염두에 두지 않은 채, 턱이 움직인다는 단순한 사실 하나만 들어서 중국탈의 영향을 받았다는 주장을 하는 것은 이른바 우리 문화는 중국으로부터 영향받아 형성되었다는 상투적 인식에서 한 걸음도 더 진전하지 못하게 된다. 이러한 인식에 매몰되어 있는 이들은 하회탈이 일본으로 건너가서 일본탈의 턱도 자유롭게 움직이도록 만들었다는 주장을 편다. 우리나라 다른 지역의 탈에도 그러한 양상이 두루 나타나지 않는 판에, 어떻게 중국탈이 하회탈에만 영향을 미치고, 하회탈 또한 우리나라의 다른 탈에는 영향을 미치지 않은 채 한참 건너뛰어 유독 일본탈에만 영향을 미쳤을까 하는 의문이 앞선다. 우리나라 전국의 탈은 모두 독자적인데, 유독 하회탈만 중국과 일본에 영향을 주고받았다는 주장은 어떤 논리로든 설득력이 없다. 이제 턱에 관한 논의에서 입에 관한 논의로 들어가 보자.

초랭이의 입은 특히 주목할 만하다. 입이 완전히 삐뚤어져 있고 그 모양도 이중적이다. 보는 쪽의 처지에서 왼쪽의 입매는 힘이 들어가서 경직된 듯 험악하다면 오른쪽의 입매는 웃는 듯 부드럽다. 이는 초랭이가 처한 사회적 제약과 인간적 본성을 함께 조형해 놓은 셈이다. 초랭이는 미천한 신분의 아랫것으로서 함부로 말할 자유가 없지만 양반·선비들의 허위와 모순을 가까이서 자세하게 지켜볼 수 있는 처지이기 때문에 그들의 부조리한 삶의 실상을 누구보다 잘 알고 있다. 따라서, 아랫사람의 처지에서 양반의 지시와 명령에 늘 웃는 얼굴로 순종하는 표정을 짓지 않을 수 없다. 그런 한편으로는 자신의 본심을 드러내 상전들이 지닌 허위의식의 실상을 험악한 말투로 폭로하는 입을 가진 것이다.

이러한 두 가지 입매는 아주 기발한 극적 효과를 자아낸다. 항상 양반 오른쪽에 위치해서 상전이 보는 쪽의 입은 순종을 뜻하는 웃는 입매를 하고 있으나, 그 반대쪽인 관중 쪽에서 보면, 사실은 양반에게 공격적인 험담을 늘어놓고 있다는 것을 험악한 입매를 통해서 보여주는 것이다. 겉으로 드러난 복종하는 입매와, 속에 숨겨져 있는 저항하는 입매가 입의 좌우에 함께 조형됨으로써, 그 입이 삐뚤 수밖에 없다. 그러므로 "입은 삐뚤어도 말은 바로 하라"는 옛말은 마치 초랭이를 두고 만들어진 속담이라 해도 좋겠다.

VI. 왜 좌우가 짝짝이 얼굴을 하고 있을까

초랭이의 콧대도 특이하다. 아주 날카롭게 직선으로 곧게 뻗어 나가다 코 끝부분에 이르러서 마치 잘려나간 것처럼 콧대가 죽어 있다. 콧대는 삶의 긍지 또는 삶의 품격을 나타낸다. '콧대 높은 삶'이란 곧 자존심 높은 삶을 뜻한다. 코가 크긴 하되 부드럽게 마무리된 양반의 코도 제법 콧날이 서 있다. 그러나 거의 삼각뿔처럼 곧게 뻗은 초랭이 코에 비하면 콧대가 낮고 부드럽다고 하겠다. 초랭이는 비록 하인노릇을 하지만 콧대 높은 삶을 지향하며 사는 존재라는 것을 그의 우뚝 솟은 코의 형상을 통해 보여준다. 그 콧날의 연장선을 따라 콧대를 재구성한다면 어느 탈보다 콧대가 높은 것을 알 수 있다.

다만 반상의 차별과 주종의 상하 종속관계를 틀지워 놓은 사회적인 제약이 그의 콧대 높은 삶을 꺾어 놓았을 뿐이지, 그의 인간적 본성은 대단한 긍지를 가졌다. 따라서 양반과 선비가 인사

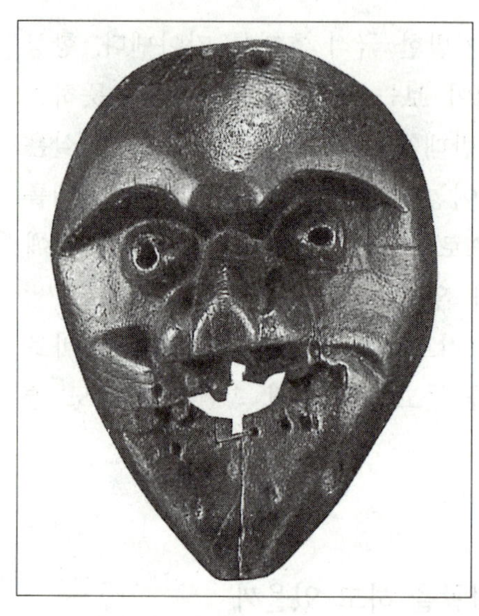

초랭이탈

를 나눌 때에도 주저 없이 끼여들어 인사를 나누며 양반을 망신 주고, 양반과 선비가 지체 다툼을 하거나 학식 겨루기를 할 때에도 과감하게 참견하며, 두 사람을 함께 웃음거리로 만들어 버린다. 초랭이탈의 콧대를 누구보다 곧고 높게 터잡아 두고서, 의도적으로 그 콧날을 잘라버린 것은 이와 같은 사회적 의미를 강하게 조형해 내려는 의도적 기법으로 이해된다. 콧대 높은 사람이 부당하게 콧대를 꺾고 살아야 하는 사회구조의 모순을 폭로하는 구실을 하는 것이 바로 초랭이의 잘려 나간 콧대인 것이다.

각시의 눈매도 좌우가 비대칭을 이루고 있어 자세히 따져봐야 할 것이다. 보는 쪽의 처지에서 왼쪽의 눈은 아래로 내리깔고 있는 모습을 하고 있는데, 오른쪽의 눈매는 정면을 바로 응시하고 있는 모습을 하고 있다. 각시는 혼례식을 막 올린 신부로서 대례판에서는 물론, 시집에 들어서게 되더라도 눈을 똑바로 뜨고 정면을 응시할 수 없다. 한마디로, 보고 듣고 말하는 자유가 상당히 억압되어 있는 것이 신부의 처지이다. 따라서 항상 입을 굳게 다문 채 눈을 내리깔고 다소곳이 신방에 앉아 있다가 누구든 드나들게 되면 문소리만 듣고도 그때마다 자리에 일어섰다가 앉아야 하는 극도의 제약된 행동만 요구된다.

그러나 실제로는 신부야말로 새로운 삶의 둥지이자 낯선 보금자리인 시집에 대한 여러 가지 궁금증이 누구보다도 강하다. 만나는 사람마다 새롭고 낯설다. 누가 누군지 알 수도 없고 분간하기 어렵다. 누구든 눈을 제대로 뜨고 확인하고 싶은 마음을 가지게 마련이다. 그러한 마음이 각시임에도 불구하고 정면을 응시하는 눈매로 형상화되어 있는 것이다. 그러므로 사회적 규범에 의한 제약이 각시의 내리깐 왼쪽 눈으로 형상화되었다면, 인간적인 본성에 의한 자연스러운 관심이 각시의 바르게 뜬 오른쪽 눈으로 나타나 있다고 하겠다.

이러한 눈매의 좌우비대칭은 늘 다소곳한 순종만 강요당하는 시집살이의 제약 속에서도, 여러 모로 눈치를 봐가면서 자신의 주체적인 삶을 추구하는 각시의 사회적 의식이 대립적 통일을 이루고 있는 형상인 셈이다. 그러한 형상은 각시의 입매에서도 드러난다. 사회적 규범에 따라 입을 굳게 다물고 있지만 부자연스럽기 짝이 없다. 뭔가 불만이 그득한 듯 윗입술의 인중이 밑으로 굳게 쳐져 있으며 입의 좌우 꼬리가 상대적으로 치켜 올라가 있다. 뭔가 할 말 많은 사람이 억지로 입을 다물고 있는 듯하다. 하회탈의 다른

각시탈

입에서 느낄 수 없는 불만스러움이 굳게 담은 각시의 입에 나타나 있는 것이다. 이 또한 순종을 요구하는 사회적 규범과 이에 맞서는 인간적 욕망이 하나의 입매 속에 합일되어 있다고 하겠다.

이처럼 입매나 콧대, 눈매를 실제와 다르게 좌우가 불균형을 이루도록 조형해 둔 것은 인간적 본성을 제약하는 잘못된 사회적 제도와 자유로운 삶을 추구하는 인간 본성의 대립적인 상황을 탈의 입매나 콧대, 눈매 등에 병립적으로 형상화함으로써 부조화의 조화, 불통일의 통일성을 획득한 것으로 해석할 수 있다. 눈매든 입매든 좌우가 서로 다른 표정은 실제로는 지을 수 없는 표정이라는 점에서 비현실적이고 기형적인 조형일 수 있다. 그러나 자세히 따져보면 겉으로 드러난 표정과 내심으로 짓고 싶은 표정을 함께 고려한다면, 이러한 부조화스러운 얼굴 표정이야말로 부조리한 사회 현실의 실제 상황을 가장 그럴 듯하게 나타낸 것이다. 그러므로 통일되지 않은 모습으로 보이는 듯한 것이 사실은 삶의 겉과 속 또는 생각의 안과 밖을 함께 변증법적으로 통일시켜 형상화한 절묘한 조형성을 획득하게 되는 것이다.

하회탈의 표정을 움직임에 따라 다르게 보여주는 것 또한 탈의 좌우가 비대칭을 이루고 있기 때문이다. 이미 살핀 바 있는 초랭이의 입매와 각시의 눈매는 물론, 선비의 광대뼈 곡선도 좌우가 비대칭을 이룬다. 오른쪽 광대뼈가 부드러운 곡선인 데 비하여 왼쪽 광대뼈는 각이 져 보일 정도로 경직되어 있을 뿐만 아니라, 눈꼬리도 더 치켜뜨고 있는 것처럼 보인다. 이렇게 좌우비대칭을 이루는 탈의 경우는 얼굴을 좌우로 움직이는 데 따라서 표정이 다르게 보인다. 또 보는 방향에 따라서도 그 표정이 다르게 인식된다. 따라서 탈 마당에 등장하는 위치가 중요하다.

양반·선비 마당에서는 양반이 오른쪽에 선비가 왼쪽에 등장하

여 굿이 진행된다. 관중의 자리에서 보면 좌우로 양반·선비가 차
례로 배치되는 것이다. 따라서 양반쪽에서 볼 때에는 선비의 오
른쪽 눈을 보게 되어 상대적으로 선비의 너그러운 눈매를 보게
된다. 그러나 관중석에서 보면 선비의 왼쪽 눈인 불만스러운 눈
만 보이게 된다. 따라서 좌우비대칭을 이루는 눈매는 겉으로 드
러난 위선적 표정과 속으로 숨기고 있는 본심을 함께 드러내면서
극적 효과를 나타내는 것이다. 선비는 부드러운 눈매를 통해서
양반에게 짐짓 우호적인 자세를 취하는 척하지만, 관중에게는 잔
뜩 경직된 눈매를 통해서 자신의 불만스런 속마음을 드러냄으로
써 사태의 진실을 전달하고 있다.

초랭이의 경우도 입매의 좌우가 등장인물과 관중 사이에서 다
르게 보이도록 연행을 한다. 관중석에서 볼 때 선비가 늘 양반의
왼쪽에 위치해 있으므로 양반의 하인인 초랭이는 그의 오른쪽에
있을 수밖에 없다. 자연히 양반쪽에서 보면 초랭이의 웃는 입매
를 보게 되나, 관중석에서 보면 초랭이의 옥다문 사나운 입매가
보인다. 초랭이 역시 웃는 입매로 양반의 말에 순종하는 듯한 행
동을 취하나, 그것은 양반의 착각일 뿐, 관중이 보는 진실은 초랭
이의 공격적인 입매이다. 관중이 보는 입매가 초랭이의 진실을
말해주는 것이다.

이처럼 초랭이의 입매나 선비의 눈매는 부드럽고 사나운 표정
이 좌우에 서로 맞서 있으므로, 좌우의 움직임 방향에 따라 어느
한쪽 면을 보게 되면 부드럽게 느껴지다가 다른 쪽 면을 보게 되
면 사납게 느껴진다. 실제적으로 이러한 얼굴형상은 기대할 수
없다. 그럼에도 불구하고 애써, 서로 다른 표정을 하나의 얼굴에
다 무리하게 조형해둔 까닭은, 겉으로 드러난 행위와 속으로 간
직하고 있는 생각의 차이를 효과적으로 대비시켜 나타내는 동시

에, 사회적 제약의 모순과 인간적 본성의 실상을 대립적으로 표
현하기 위한 까닭이라 하겠다. 탈을 의도적으로 좌우비대칭을 이
루도록 한 초랭이와 선비의 표정 변화 대상을 서로 다르게 입과
눈에다 제각기 둔 것은 인물의 성격 탓이다. 초랭이와 같은 하인
들은 험한 욕지거리로 비판의식을 드러내는데, 선비와 같은 지적
인 인물은 눈빛으로 그러한 불만을 표현하는 것이다.

Ⅶ. 하회탈의 입체성은 과연 중국의 영향일까

　탈의 조형적 기법으로서 좌우의 비대칭성을 두드러지게 하는
한편, 과장된 입체감을 느끼도록 깊이 새긴 것 역시 탈의 고정성
을 극복하고 역동적 가변성을 창조하기 위한 것이다. 이러한 기법
의 전형을 보이고 있는 양반탈을 보게 되면, 눈썹과 눈, 광대뼈
입 등이 갈매기 모양을 한 두 개의 반구형 곡선을 적절히 이루면서
그 오목볼록이 아주 두드러져 있어 실제 이상으로 과장된 입체감
을 주고 있다. 그것은 탈을 아래위로 움직임에 따라 밝고 어두운
모습을 변화 있게 나타내기 위하여 의도적으로 조형한 것이다.
　탈을 쓰고 얼굴을 뒤로 젖히면 빛이 얼굴 구석구석에 고루 비
치어 환한 표정이 살아날 뿐 아니라, 눈꼬리가 밑으로 쳐지고 하
늘 위를 멀리 날아가는 갈매기 모양의 부드러운 곡선이 살아나서
웃는 표정으로 보인다. 그러나 머리를 앞으로 숙일 때에는 얼굴
에 그늘이 져서 어두워질 뿐 아니라, 눈꼬리가 위로 치켜들어 눈
매가 무섭게 되고 얼굴의 두드러진 부분이 불툭불툭하게 튀어나
오게 보여서 화난 표정처럼 보인다. 그러므로 입체적인 조형을
조각품 감상하듯이 그 자체로 이해할 것이 아니라, 얼굴을 아래

위로 움직이는 데 따른 광대들의 극적인 동작과 관련성 속에 가
변적으로 이해해야 할 것이다. 양반탈처럼 움직임에 따라 표정의
변화를 강하게 자아내는 탈은 실제 이상으로 입체적인 조형을 이
루고 있다.

　이러한 하회탈의 입체성을 두고서도 서역(西域)의 탈이 중국을
거쳐서 한국에 영향을 끼친 결과로 해석하기도 한다. 이 해석은
두 가지 측면에서 오류를 저지르고 있다. 첫째는 우리 조각품은
평면성이 특징이라는 것이며, 둘째는 하회탈의 일부가 입체적으
로 조형된 까닭을 그 자체로 이해하지 못한 오류이다. 우리 조각
품이 평면적이라는 것은 불상을 중심으로 한 조각사 이해의 한계
이다. 불상은 인도에서 중국을 거쳐 들어온 것으로서 우리 민족
조각으로서 독창성을 지니고 있다고 하기 어렵다.

　우리 민족조각의 전형은 장승이나 탈에서 찾아야 한다. 장승의
퉁방울 같은 눈이나 주먹코, 어긋진 이빨 등을 두고서 평면성이
라 일컫기 어렵고, 또 봉산의 취발이 탈에 나타난 양기를 상징하
는 불룩하게 솟은 여러 개의 혹들과, 동래 및 수영야류에서 보이
는 말뚝이탈의 뾰족한 콧날이나 얼굴 전면을 다 덮을 듯한 거대
한 콧잔등을 본다면, 결코 우리 조각품이 평면적이라고 할 수 없
다. 하회의 양반탈·선비탈·중탈 등은 더욱 그러하다.

　그리고 하회탈도 입체적인 탈과 평면적인 탈이 함께 존재한다
는 것을 고려하여야 한다. 양반탈·선비탈·중탈은 입체적이지만
부네와 각시 및 이매탈은 평면적이다. 그것은 하회탈의 일부만
중국의 영향을 받아서 그런 것이 아니라, 인물의 성격 창조를 위
해 의도적으로 그렇게 형상화한 것이다. 양반탈은 아래위로 움직
이는 데 따라서 표정이 바뀔 필요가 있으므로 입체적 형상을 통
해서 그러한 가변성을 살렸다면, 바보스런 이매탈은 언제나 웃는

표정만 짓기 때문에 평면적으로 깎아서 그러한 고정성을 살린 것
이다. 여성탈들도 남성탈과 같은 그러한 표정의 변화를 만들어내
지 않는다. 다소곳한 모습으로 애교를 부릴 따름이다. 자연히 부
네와 각시탈은 평면적이다. 그러므로 하회탈의 입체성이 중국의
영향을 받았다고 주장하는 것은 턱이 자유롭게 움직이는 것을 두
고 중국의 영향을 받았다고 하는 것과 같은 오류 속에 빠져 있는
것이다.

서역 또는 중국탈의 영향론이 모순을 일으키는 명백한 증거로
이매탈을 들 수 있다. 하회탈이 중국탈의 영향을 받아 만들어졌
다고 주장하는 경우는 탈의 입체성과 함께 턱이 떨어져 있는 두
가지 사실을 들고 있다. 그러나 이매탈은 턱이 떨어져 있다는 점
에서 중국탈의 영향을 받은 것으로 봐야 할 터인데, 탈의 전체적
형상은 양반·선비 등 입체적인 탈에 속하지 않고 부네나 각시와
같은 평면적인 탈에 속한다. 턱이 떨어져 있는 점을 들어서 중국
의 영향을 받았다고 한다면 조각의 평면적인 점은 중국의 영향을
받지 않았다고 해야 하는 당착에 빠지게 된다.

그러므로 중국탈과 같은 점을 찾아서 줄을 긋지 말고, 이매의
턱과 코, 눈매 등의 모습을, 하회탈들 사이에서 그 성격을 개성
있게 창조하고자 형상화된 것이라는 시각에서 이해해야 온전한
해석에 이를 수 있다. 제 나라 문화현상을 그 자체로 온전히 분
석하기 전에 남의 나라 문화에서 비슷한 꼬투리만 찾아서 곧장
영향론을 펴는 것은 비교연구라기보다는 비슷한 것끼리 줄을 긋
고 만족하는 일종의 지적 유희라 할 수 있다.

하회탈은 조각의 기법에 따라서, 상하좌우 움직임에 따라 표정
이 변하는 장점과 함께 인물의 성격에 따라 표정이 불변하는 것
도 있다. 이를테면 각시는 늘 다소곳하기만 해야 하고, 허리 굽은

할미는 고개를 숙이고 베나 짜야 하는 인물이다. 그 표정은 전형적이어도 좋다. 이러한 전형성을 어느 정도 수용하면서 변화를 주기도 한다. 고정적 전형성을 지니면서도 상하좌우가 아닌 대각선으로 비스듬히 움직여서 표정을 생동감 있게 변화시키는 탈도 있다.

바보스럽게 늘 웃기만 하는 이매탈은 눈꼬리도 아래로 처져 있고 입체감이 적은 데다가 턱까지 떨어져 나가서 늘 웃는 표정을 짓고 있다. 표정의 변화가 불필요한 것이므로 입체적인 조형을 의도적으로 피했다. 특히 이매탈을 쓰고 얼굴을 약간 비스듬하게 젖히면서 웃으면 바보스러운 얼굴이 더 생생하게 살아난다.

반대로 부네탈은 입을 약간 삐뚤게 벌린 채 수줍게 미소 짓는 형상을 하고 있다. 상하노소 가림 없이 남자와 두루 잘 어울리는 부네의 바람기 있는 행동을 염두에 둔다면, 늘 유혹적인 웃음을 지어야 한다. 분을 바른 모습을 하고 있을 뿐 아니라, 젊은 여성의 화장한 얼굴이 풍기는 분 냄새를 염두에 두고서 '분내', '부네'라고 이름 붙인 것 같기도 하지만, 정확한 뜻은 알 수가 없다.

부네가 치마꼬리를 여미고 옷고름을 입 가까이 갖다대면서 고개를 약간 비스듬한 방

부네탈 모나리자의 미소에 견줄 만하다고 일컫는 '부네의 미소'.

향으로 숙이게 되면 여성의 수줍음과 유혹의 미소가 더욱 매혹적
이다. 흔히 매혹적인 '부네의 미소'는 모나리자의 미소에 견줄 만
하다고 일컬을 정도이다. 이러한 몸짓과 표정을 만들어내는 데에
는 굳이 입체적인 조형이 필요하지 않다. 그러므로 부네와 이매
등 평면적인 탈을 두고 볼 때, 하회탈이 입체적인 모습을 한 것
은 서역탈의 영향과 무관하며, 그 자체의 성격창조의 필요성에
의한 것임을 다시 확인할 수 있다.

Ⅷ. 하회탈은 어떤 사회상을 그리고 있는가

하회탈 12개는 그 자체로서 한국적 세계관을 잘 나타내고 있
다. 우선 전승되고 있는 탈을 중심으로 보면 일상적인 사회를 구
성하고 있는 사람들의 유형을 고루 나타내고 있는 것이다. 신분
적으로 윗사람이라 할 수 있는 양반·선비가 있는가 하면 아랫사
람이라 할 수 있는 초랭이와 이매가 있고, 어리석은 인물로 묘사
되는 양반과 이매가 있는가 하면, 슬기로운 인물로 표현된 선비
와 초랭이가 있다. 백정(白丁)은 조선조에 소를 잡는 여덟 가지
천한 계급에 속하는 인물이다. 그러나 하회탈이 만들어진 고려시
대에는 양인(良人)을 백정으로 일컬었다. 고려시대의 본디 의미를
살려서 양인(良人)으로 간주할 때, 중간적인 성격을 지닌 양인 백
정을 중심으로 양반, 선비, 초랭이, 이매의 인물이 상하우지(上下
愚智)의 관계를 절묘하게 이루고 있다.

여기서 백정탈의 성격에 대해서는 좀더 자세한 논의가 필요하
다. 왜냐하면 이 탈이 만들어져 탈놀이를 시작하던 시대는 고려
조였기 때문이다. 고려시대 관직명에 입각해 보면 '백정(白丁)'은

소를 잡는 도살자가 아니라, 서인(庶人)과 군인과 더불어 양인 가운데 중층(中層)에 속했다. 당시의 백정은 직역의 부담이 없는 광범한 농민층을 뜻한다. 백정 농민들은 그들의 가산인 민전(民田)을 경작하여 생계를 꾸려나갔다.

따라서 백정탈을 조선조의 백정으로 간주하여 도살업을 하는 천민(賤民)으로 간주하는 것은 현재 전승하는 백정마당을 이해하는 데에는 도움이 되지만, 탈의 형상 자체를 이해하는 데에는 한계가 있다. 탈은 고려시대 제작된 것이지만 탈춤 내용은 시대에 따라 적절히 변화되었기 때문이다.

백정탈이 양인이었다고 하는 것은 양반과 선비, 중 등 고려시대에 상층계급에 속했던 탈과 대비해 보면 쉽게 납득이 간다.

우선 이들 지배계층의 탈과 같이 턱이 떨어져서 말을 자유롭게

하회별신굿탈놀이의 백정마당

할 수 있는 신분이라는 것을 나타내고 있다. 그것은 턱이 붙어 있는 하인 초랭이나 각시와 부네 등 여성탈과 구별되면서, 양반·선비 및 중의 턱과 일치한다. 눈의 모습도 양반과 중, 이매탈처럼 행동에 제약이 없는 인물과 같이 실눈을 하고 있어, 초랭이나 할미와 같은 토끼눈과 구별된다. 게다가 이마에는 중의 백호와 같은 도혹까지 갖추고 있다. 코도 양반·선비처럼 우뚝 솟은 상태에서 온전하게 마무리되어 있다. 이목구비의 여러 부분들이나 탈의 전체적 형상이 양반·선비·중 등 상층인물과 비슷한 모습을 하고 있다. 그러므로 백정탈을 조선조의 개념으로 간주하여 쇠백정으로 취급해서는 곤란하다.

　백정탈을 고려조의 양민으로서 중층에 속하는 인물임을 인정한다면, 윗분이되 어리석은 양반과 윗분이면서 슬기로운 선비, 아랫것이면서 어리석은 이매, 그리고 아랫것이되 슬기로운 초랭이가 다음 그림과 같이 백정을 중심으로 상하우지의 절묘한 관계를 이루고 있다고 하겠다.

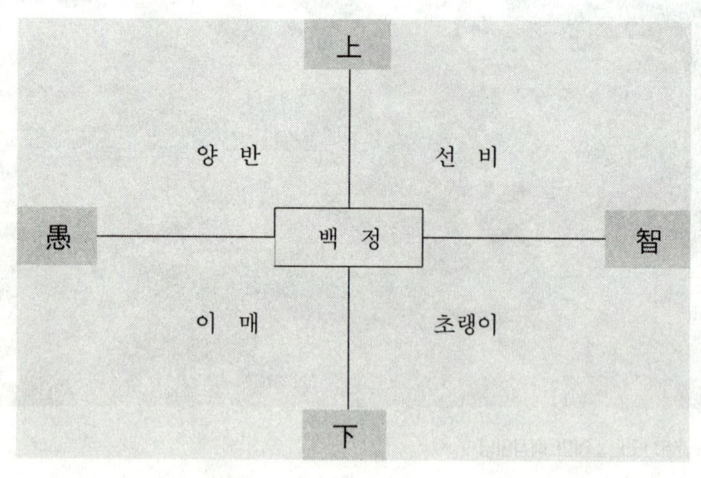

사회는 남성만으로 이루어진 것은 아니다. 여성들도 남성들과 대립적인 관계 속에서 사회를 구성한다. 각시·부네·할미 등이 노소관계에 따라 고루 출연한다. 각시는 무진생 김씨 서낭신을 상징하는 것으로 아직 처녀이다. 물론 출산을 한 처지도 아니다. 부네는 사정이 다르다. 뭇남자들과 가리지 않고 어울리면서 성적 교섭을 하는 여성이다.

한창 왕성한 출산력을 지닌 젊은 여성이 바로 부네라 하겠다. 그런데 할미는 완전히 폐경

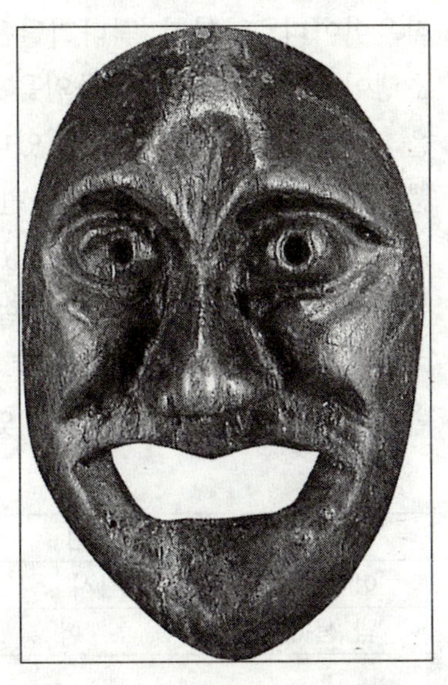

할미탈

기를 지난 늙은이이므로 여성으로서 출산의 구실을 담당하지 못할 처지이다. 여성으로서 생산력을 잃은 상태이다. 따라서 각시·부네·할미의 세 여성탈은 여성의 세계 또는 일생을 출산력과 관계하여 세 유형으로 고루 갖추어 보여주고 있는 것이다. 이러한 상황은 자궁을 상징하는 것으로 볼 수 있는 여성탈의 입을 통해서 잘 형상화되고 있다. 아직 성관계를 가지지 않는 처녀로서 각시탈은 입을 굳게 다물고 있다면, 성적 교섭을 활발하게 하면서 생산력을 발휘하는 부네의 입은 미소를 띤 채 조금 열려 있으며, 생산력을 상실한 할미의 입은 울먹이는 듯한 표정으로 넓고 크게 우먹한 상태로 열려 있다. 입을 다물거나 열고 있는 정도가 여성의 자궁과 연관시켜 여성의 일생을 상징적으로 보여주는 셈이다.

남성탈도 같은 식으로 연령층이 고루 분포되어 있다. 초랭이는

젊은이이다. 없어진 떡다리탈은 총각탈이라고도 불리는 걸 보면, 초랭이보다 더 젊은 인물임을 알 수 있다. 다음은 중년의 건장함을 과시하고 있는 백정이 있다. 백정이 수염을 달고 있지 않을 뿐더러 활달한 춤사위가 중년의 남성임을 드러낸다. 나이 많은 늙은이로는 양반과 선비가 있다. 수염을 길게 기르고 담뱃대나 부채를 들고 느릿느릿 걷는 걸음이 나이 많은 노인의 모습을 그대로 드러내고 있다. 그러므로 하회탈춤에는 남녀가 더불어 세대별로 고루 등장한다고 할 수 있다.

	청 년	중 년	노 년
여 성 탈	각시	부네	할미
남 성 탈	초랭이	백정	양반·선비

　우리 사회는 상하우지·노소·남녀 관계 뿐만 아니라 관민(官民)·성속(聖俗)의 관계도 유지하고 있는 것이다. 따라서 이런 성격을 나타내는 탈도 찾아보아야 한다. 지금은 잃어버린 탈이지만, 세금을 내라고 소리치는 '별채'탈은 일종의 세리(稅吏)에 해당되는 인물로서 세간의 사람들을 가장 주눅들게 하는 관료적 인물의 상징이다. 따라서 하회탈춤에는 민(民)에 해당하는 여러 인물뿐 아니라 관(官)에 해당하는 인물도 함께 등장했음을 알 수 있다.

　이처럼 '별채'탈을 통해서 '관민'의 관계를 형성하고 있는 동시에, 중탈을 통해서 '성속'의 관계도 보여준다. 앞에서 다룬 탈들은 남녀노소 또는 관민의 구별 없이 모두 세속적인 삶에 입각해 살아가는 예사 인물들의 다양한 모습을 고루 보여주는 인물들이라면, 중탈은 종교적인 신성한 삶을 보여주는 인물이다. 종교 없는 사회가 존재할 수 없다면, 모든 사회에서 사제자는 중요한 비중을 차지하게 마련이다. 따라서 불교문화의 오랜 전통을 지닌 우리 사회에서 중과 같은 사제자를 제쳐놓을 수 없다. 특히 불교를 국교로 삼기까지 한 고려시대에는 더욱 그렇다. 그러므로 중과 예사 사람들을 통해서 당시 사회의 구조, 곧 '성속'의 대립적 관계를 반영하고 있다.

지금까지 살펴본 것처럼, 하회탈이 나타내고 있는 인물의 성격은 상하·우지·남녀·노소·관민·성속의 관계를 두루 포괄하고 있어서, 당시 민중들의 사회적 인식과 대립적 세계관의 기반이 얼마나 체계적인가 하는 것을 알 수 있다. 그러나 이러한 구성은 현실세계에 한정된 것이다. 그들은 신격을 믿고 신성한 계시에 따라 탈을 만들고 별신굿판에서 탈놀이도 벌인다. 각시는 한 여성이면서 동시에 서낭신으로 간주하여 동신으로 믿었다. 다른 탈도 마찬가지이다. 그래서 양반탈·선비탈을 쓴 이는 그가 아무리 미천한 신분의 광대라도 양반·선비로 여기며 존중해 주었다. 탈을 곧 신격으로 믿고 섬겼기 때문이다. 여기서 신인(神人)의 세계관까지 발견하게 되는 것이다. 특히 주지탈은 별도의 의미를 지닌다. 더러 주지는 사자라고 하는 이도 있으나, 주지는 주지일 따름이다. 주지는 용과 같이 인간의 상상에 의해 창조해 낸 신성한 동물이다. 초월적인 존재로 믿는 일종의 신격이다. 따라서 하회탈은 신인의 관계까지 나타내고 있는 것이다.

이미 앞에서 정리한 '상하우지'와 '남녀노소' 관계를 제외시켜 두고 관민과 성속 및 신인의 관계를 정리하면 다음과 같다.

관(官) : 민(民) = 별채 : 기타 여러 탈
성(聖) : 속(俗) = 중 : 기타 여러 탈
신(神) : 인(人) = 주지 : 기타 여러 탈

‘남녀노소’의 관계는 인간사회에서 존재할 수밖에 없는 자연법의 하나로서 순기능적 체계를 가진다면, ‘상하우지’의 관계는 인간사회가 제도적이거나 법적으로 마련해 낸 인위적인 문화로서 역기능적 체계를 가진다. 상대적으로 상하우지의 갈등이 더 첨예하게 드러나 있다. 물론 이들 체계는 상호연관성을 지니므로 어느 관계에 갈등이 심화되면 다른 관계에도 그것이 반영되게 마련이다. 상하우지의 관계보다 제도적으로 더 인위적인 것이 관민의 관계이며, 남녀노소의 관계보다 자연적으로 더 원초적인 것이 신인의 관계이다. 성속의 관계는 인위적인 것과 자연적인 것 사이에 존재한다.

이들 하회탈의 관계는 사회적 삶의 토대인 하부구조에서부터 상부구조에 이르기까지 어느 것 하나 대상화하지 않은 것이 없다. 이처럼 하회별신굿탈놀이에서는 초월적인 세계와 현실적인 세계를 함께 포괄하는 신과 인간, 또는 이승과 저승의 이원적 세계까지 고스란히 보여주고 있는 것이다. 그러므로 하회탈은 조형예술로서 지닌 변증법적 형상성과, 민중적 삶 속에서 터득한 사회적 현실인식을 절묘하게 통일해 놓은 하회사람들의 세계관적 산물이자, 그들의 창조적 역량을 유감없이 표출한 조형물이라 할 수 있다.

결국 예술성이라는 것은 사회적 역사적 현실을 얼마나 넓고 깊게 인식하고, 이러한 인식의 결과가 어떻게 창조적으로 형상화되어서 수용자로 하여금 정서적 공감대를 형성하게 하느냐에 그 성공 여부가 걸려 있다고 하겠다. 따라서 하회탈의 신비는 삶의 모순을 비판적으로 읽어내는 현실인식의 역량과 진보적 역사발전의 창조적 의지가 합일되어서, 인간의 자유를 억압하고 풍요를 앗아가는 부당한 사회현실을 탈잡아 드러내는 동시에, 한층 자유롭고 풍요로운 삶을 개척하려는 인간의 진보적 의지를 하나의 얼굴 속에 대립적으로 형상화한 데서 비롯되었다. 다시 말하면 삶의 탈을 트집잡아 드러내고, 드러난 탈을 잡아 없애려는 덧뵈기로서 탈의 조형성이 바로 하회탈의 신비인 것이다.

그러므로 하회탈을 잘 보면 세상 이치가 잘 보이고, 세상의 이치를 잘 포착하면 하회탈의 이치도 잘 포착되게 마련이다. 하회탈의 신비를 읽는 길은 곧 세상을 읽는 길과 만나는 것이다. 하회탈의 국보다운 점은 바로 이러한 현실 읽기의 변증법적 통일성에서 찾아야 한다. 그렇지 않으면 하회탈의 신비는 계속해서 신비로 남을 수밖에 없을 것이다.

임 재 해

안동에는 왜 전탑이 많이 모여 있을까

I. 의문을 풀기 위한 전제

안동에는 다른 지역에 없는 벽돌로 된 탑이 많이 모여 있다. 벽돌로 된 탑을 전탑(塼塔)이라고 하는데, 유독 안동에 모여 있어 우리를 궁금하게 한다. 뿐만 아니라 전탑을 흉내낸 석탑을 모전탑(模塼塔)이라고 하는데, 이것 또한 안동을 중심으로 분포되어 있다. 다른 지역에 별로 없는 전탑의 형식이 안동에만 발견되고 또 주변에 그것을 흉내낸 탑들조차 많이 모여 있다는 것을 우리는 주목하지 않을 수 없다.

그럼 안동은 어떠한 곳인가?

지금까지 안동지역을 다른 지역과 구별해서 개성을 지닌 독립적인 문화권으로 분류해서 보는 견해가 많았다. 명절풍습을 살펴보고 추석보다 단오를 크게 지내는 특성이 있다고 해서 단오문화권이라 하기도 하고, 한국의 옛말이 가장 많이 전승 발견된다면서 방언을 조사해서 '니껴 방언권'으로 분류하기도 했다. 무엇보다 종교, 정신문화적 관점에서 전통 유교문화의 색깔이 짙게 남아 있다고 해서 전통 유교문화권이라는 구획을 짓기도 한다. 요즈음에 와서는 지방행정 및 각종 개발계획안을 작성하는 데서도 유교문화권이란 말이 자연스레 쓰이고 있는 실정이다. 어찌 되었건 안동을 독특한 개성을 지닌, 다른 지역과 구별되는 문화권역으로 설정할 만한 가치가 있다는 데 모두들 동의하고 있는 셈이다.

우선 원시 무속신앙시대의 대주신(垈主神)인 성주신(成主神)의 내력담과 그 칭송을 읊은 성주무가(成主巫歌)를 살펴보면 "성주의 본향이 어디메냐 경상도 안동땅 제비원이 본일레라"고 하여 성주신의 뿌리가 안동에 있음을 분명히 밝히고 있다. 이는 원시 무속신앙시대의 중심성을 밝히는 것으로서 특별한 의미를 갖는다. 하회 탈놀이로 대표되는 별신굿이나 동제, 동채싸움(차전놀이), 놋다리 밟기 등의 집단 대동놀이, 그리고 숱한 구비(口碑)문학과 노동요의 전승에서도 안동의 중심성을 이해할 수 있는 부분은 많다.

유교문화시대에도 공맹(孔孟)의 도가 주자 성리학으로 발전되면서 기여케 되는 퇴계 이황을 비롯한 영남학맥의 뚜렷한 기반은 한 지역을 뛰어넘어 이젠 한국 전체를 상징하게 되었으며, 오히려 국제적 중심성조차 확보하는 오늘이 되었다. 교통의 불편함이 유별난 지리적 조건이나 보잘것없는 생산구조나 척박한 경제기반을 살펴보면 언제나 정치·경제·문화의 변방일 수밖에 없는 안동이지만, 이상하리만치 개성 있는 문화를 꽃피우고, 정치변혁기나 정권교체기에는 시대를 좌우할 만큼 중요한 의미를 지니는 곳이 되었으며, 신앙이나 종교적인 면에서도 시대를 거쳐오면서 언제나 핵심적인 중심성을 지니고 있었다는 점에서 오늘의 의문을 푸는 실마리를 찾아야 할 것이다.

공교롭게도 불교의 신앙 대상물이며 거룩한 예배장소인 탑조차도 다른 지역에는 찾아보기 어려운 독특한 형식을 취하고 있어 그 존재의 희귀성과 유독 안동에 집중되어 있는 현상은 규명되어야 할 중요한 의미를 지니게 되는 것이다.

II. 논의의 초점과 문제제기

불교에서 신앙과 예배 대상물의 핵심은 탑이라 할 수 있다. 특히 사리(舍利)신앙의 관점에서 보면 탑의 가치는 더욱 커진다. 그런 의미에서 탑의 형태나 재료 그리고 자리잡은 위치는 특별한 뜻을 지닌다.

탑이란 'Stupa'라는 고대 인도의 범어(梵語)에서 비롯되는데, '네모난 묘[方墓], 둥근 묘[圓塚], 높고 거룩한 곳[高顯處]'이라는 뜻의 말과, '신령한 곳[靈廟], 깨끗한 땅[淨處], 복된 자리[福聚]'를 의미하는 'Chaitya'라는 또 다른 뜻의 말에서 얻어진 말[寫音]이다. 'Stupa'의 묘소란 의미와 'Chaitya'의 경건하고 신령스러운 곳이라는 두 가지 뜻의 말이 합쳐져 전해지면서 얻어진 말에서 유래되었다. 그러므로 탑은 예배 대상으로서 부처님 사리를 모시는 무덤의 개념에서 시작하여, 나라를 지키고 수호하는[護國鎭安] 의미와, 거룩한 땅과 위엄을 갖춘 장소[國土莊嚴], 또는 절의 짜임새 있는 모양[伽藍裝備]을 위해서도 조성했다고 보면 된다.

불교의 발생국가인 인도에서 전부터 있어 왔던 흙과 돌을 쌓아 올려 묘를 쓰던 습관과 거룩한 곳을 기리던 것이 석가모니의 사리를 모셔서 탑을 조성한 뒤부터는 불교의 예배 대상물로 자리잡게 되었다. 사발을 엎어놓은 듯 둥글고 크게 쌓아 올려 내부공간

신세동 7층 전탑
장대한 위용을 지닌
이 탑의 옆으로
철마가 달리지만,
당당하게 1,500여 년의
세월을 지키고 있다.

을 만들고 그 한가운데 불사리(佛舍利)를 봉안해두고 예배하던 것
이 중국에 전해져서 높고 웅장한 목탑(木塔)으로 발전하게 되었
고, 다시 불에 탈 염려가 없고 견고한 벽돌로 된 탑을 만들게 되
었다. 나중에는 축조되는 과정의 애로와 탑 안에 들어가 예배하
던 것이 생략되는 형식적 탑이 조성되면서 오늘과 같은 높고 여
러 층으로 된 장엄형식을 갖추게 되었다.

우리나라에서는 목탑과 함께 전탑이 유행하였으나, 풍부한 화
강암 석재의 견고함과 돌을 다듬어 장식할 수 있는 장점을 취하

면서 전국에 일반적인 형식이 되어 크게 유행하면서 자리잡게 되었다. 우리나라를 다른 나라와 구별해서 '석탑의 나라'로 부르는 것도 이와 같은 돌탑을 널리 정착시켜서 생긴 일인데, 유독 안동에서는 쌓기도 힘들고 재료도 손쉽지 않은 벽돌을 소재로 해서 만든 전탑을 조성했다는 것은 불교의 전래과정이나 재료의 어려움으로 보아 의문이 아닐 수 없다.

"왜 안동에는 전탑이 많이 모여 있을까?"

이것이 궁금한 수수께끼의 초점인데, 불교가 우리나라에 전해져 들어오는 전래경로나 수용시기 그리고 그 시대 정치상황을 종합해서 살펴보고 불교미술사의 변천 모두를 분석해 봐도 해답을 쉽게 찾을 수가 없다.

Ⅲ. 문제를 풀기 위한 배경

현존하는 한국의 전탑과 전탑지는 모두 10기(곳)에 지나지 않고, 모전탑조차도 그리 많지 않다.

전탑 10기 가운데 송림사·신륵사 전탑을 제외한 모든 전탑과 전탑지가 안동에 집중되어 있고, 모전탑도 안동을 중심해서 원을 그리는 가까운 곳에 퍼져 있음을 알 수 있다. 이러한 전탑의 안동 집중현상을 살피기 위해서 불교의 수용과정과 이 지역 정착·발전에 대해서 접근해보는 것이 좋을 것이다.

지역 기반인 신라의 불교는 전래 초기 토속신앙과의 마찰과 저항 때문에 수난과 박해를 받았으나 고구려·백제에 비해 뒤늦은 5세기 초(417~457) 눌지마립간에 의해 받아들여지게 된다. 그러나 수용 초기 씨족과 왕실 사이의 정치적 이해 불일치와 고유신앙

표 4. 현존하는 한국의 전탑과 전탑지

이 름	장 소	높 이	시 대	비 고
안동 법흥사지 7층 전탑	시내 법흥동	16.5m	통일신라	신세동 7층 전탑
안동 법림사지 5층 전탑	시내 동부동	8.36m	통일신라	동부동 5층 전탑
안동 조탑동 5층 전탑	일직면 조탑동	8.65m	통일신라	
안동 화인사지 다층 전탑	풍천면 금계동		통일신라	초층만 잔존
칠곡 송림사 5층 전탑	칠곡군 동명면	16.35m	통일신라	
여주 신륵사 다층 전탑	여주군 북내면	9.4m	고려	
안동 임하사 전탑지	시내 옥동			통일신라시대 추정
안동 옥산사 전탑지	북후면 장기동			月川 塼塔
안동 개목사 전탑지	서후면 태장동			
경주 석장사 전탑지	경주시 석장동			塔像文塼

표 5. 돌을 벽돌모양으로 반듯하게 잘라 쌓아올려 만든 모전탑

이 름	장 소	높 이	비 고
경주 분황사 모전석탑	경주시 구황동	3층	국보 30호
영양 봉감동 모전석탑	영양군 입암면 산해동	5층	국보 187호
영양 현2동 모전석탑	영양군 영양읍 현2동	5층	
영양 삼지동 모전석탑	영양군 영양읍 삼지동	단층	
제천 장락동 모전석탑	제천시 장락동	7층	
정선 정암사 수마노탑	정선군 동면 고한리	7층	

습속과의 마찰로 상당한 진통을 겪으면서 아도(阿道)를 비롯한 몇 명의 승려에 의해 개척되다가 이차돈(異次頓)의 순교를 거쳐 법흥왕 14년(527)~22년(535) 공인되었다. 뒤늦게 받아들였으나 오히려 수용 후에는 인도·중국과 빈번한 교류를 통해 자장(慈藏)·명랑(明朗)·원측(圓測)·의상(義湘)·혜초(蕙超) 등 큰 스님들에 의해 번창하게 되었고, 호국불교적 요소 때문에 정치적으로도 매우 우호적 분위기 속에 발전되었다. 일단 수용되고부터는 현세이익적이고 기복(祈福)적인 요소가 다분하고 밀교적 분위기도 가미되어 토속

영양군 입암면 모전탑
돌을 깎아 벽돌처럼 쌓은
탑이다.

신앙과 절충 수용되는 과정을 거치면서 정착되어 통일된 신라의
시대적 배경에 따라 크게 번성하게 되었다.

당시 안동지역에는 어느 시기에 누구에 의해 불교가 전래되었
는지 알 수가 없으나 부석사·봉정사를 창건한 의상(義湘)에 의해
신라 화엄종(華嚴宗)이 이곳을 중심으로 크게 번창하게 된다. 의상
(義湘)은 671년 12월에 당나라에서 신라로 돌아와 중앙정부가 위
치했던 경주의 왕실이나 기득 불교지도자들의 환영과 대접을 받
지 못한 가운데 강원도를 거쳐 변방을 떠돌다가 마침내 676년 부

석사를 창건하고 화엄종의 일승법(一乘法)을 전파하면서 이 지역에서 봉정사·개목사·광흥사·용담사·선찰사 등을 이룩하였다. 많은 유학승과 교류하면서 문하에 오진(悟眞)·지통(智通)·진장(眞藏)·진정(眞定)·도융(道融)·낭원(朗圓)·상원(相源)·능인(能仁) 의숙(義寂)·표훈(表訓) 등 훌륭한 제자를 길러내며 크게 발전하여 경주를 중심한 신라 불교에 또 다른 대칭이 될 만한 하나의 큰 불교권을 형성하였다.

안동을 중심으로 경북 북부지역 일원에 많은 사찰을 이룩하고, 그 시대로 봐서 첨단사상인 유식계(唯識系)·화엄계(華嚴系)를 중국으로부터 받아들여 대중불교로서 폭넓은 계층에 크게 확장시켜 새로운 불교세력을 이루었다. 의상의 영향으로 교세가 확장되고 대중불교로서 통일된 신라의 혼란기적 분위기에 정치적으로 기능하는 바가 되어 경주지역의 기득 불교세력과 경쟁하는 관계에 놓였지만 통일신라의 국민통합과 지방분권의 강화라는 시대적 배경 때문에 왕실과 중앙정부의 묵인 내지 협조에 따라 많은 사찰을 건립하고 인재를 배출할 수 있었다.

Ⅳ. 문제를 풀기 위한 가설

안동에 왜 전탑이 많이 모여 있을까에 대한 해답을 얻기 위해서 우선 가설 몇 가지를 추려두고 거기에서 근거를 찾아봐야 하겠다.

하나. 안동을 비롯한 경북 북부지역을 중심으로 불교의 한 종파가 이곳에 전탑을 집중해서 유행시켰으리라는 가설.

부석사·봉정사를 비롯한 화엄종찰(華嚴宗刹)에서 알 수 있듯이 중국에 유학했던 의상이 이곳에, 당시로서는 첨단사상인 새로운 화엄사상에 근거한 사찰을 창건하고 유학에서 돌아온 신진 유학승과 이를 쫓는 많은 승려들을 모아들여 화엄종을 열게 되었는데, 당시 중국에서 유행하던 전탑형식을 함께 도입하여 집중적으로 탑을 조성하였으리라는 가설이다.

당시 중국에서는 652년 서안(西安)에 세워진 자은사(慈恩寺)의 대안탑(大雁塔)과 710년 세워진 천복사(薦福寺)의 소안탑(小雁塔)과 같이 벽돌로 만들어진 전탑이 크게 유행하여 널리 축조되고 있었다. 따라서 중국에 유행했던 전탑 축조형식을 견문에 따라 세웠을 것이고 전탑 축조기술을 가진 장인들을 함께 길렀을 것이라는 가설이 가능해진다.

그러나 의상이 창건하여 중심사찰로 썼던 부석사·봉정사 등에서는 전탑이 존재하지 않고 그 밖의 사찰에서도 전탑이 유행했던 흔적이 발견되지 않는 의문이 생긴다. 뿐만 아니라 의상이 확립한 화엄사상은 말 그대로 중국에 의존할 필요가 없을 정도로 주체적으로 정립되어 있어 중국과의 빈번한 교류에도 불구하고 크게 영향을 받지 않았다는 당시 사정으로 봐서도 불교 종파에 의해 전탑이 도입 발전되었다는 근거는 희박해진다.

다른 한편으로 불교의 사상적 배경에 따라 치밀하게 표현되어 건립된 부석사의 가람배치를 보면 정토(淨土)사상에 의해 탑은 아예 무시되거나 소홀하게 취급되었다는 점이 이를 더 확인시켜주고 있다. 당시 경쟁관계에 있던 경주불교의 조탑형식과 구별되게 탑을 세웠다는 뚜렷한 근거도 없거니와 중국에서 크게 유행했던 전탑이 특별히 사랑받았다는 확실한 사상적 배경 또한 희박하기 때문에 전탑과 불교 종파와의 특별한 관계는 없어 보인다.

정선 수마노탑
신라 불국토의 꿈과
자장율사의 전설을
간직하고 있다.

그러함에도 불구하고 의상에서 비롯된 화엄종의 영향권 안에
있는 안동지역에서, 건립시기 또한 통일신라시대라는 특수 상황
에서 집중적으로 전탑이 축조되고 있어 좀더 규명해볼 필요를 느
낀다. 당시 신라 불교의 중심인 경주에 유행하지 않던 전탑이 안
동에 유독 널리 분포된 것은 경쟁관계에 있던 안동지방 불교세력
의 개성 있는 조탑양식이었을 것이라는 전제에서 보면, 안동지방
에 화엄종파의 특별한 의도가 드러난 것이 아닌가 추측해 보는
것이다.

둘. 소재성에 근거하여 훌륭한 화강암 석재와 벽돌 이외의 탑재
료를 구하기 어려워서 전탑을 세웠으리라는 가설.

안동은 두 개의 단층선이 지나가는 지질학적 특성을 지니고 있
다 한다. 하나는 NE-SW단층으로 백악기(1억4천만~7만년) 이전에
생긴 화강암지대이고, 다른 하나는 백악기 이후에 생긴 단층이다.
이 지역 두 시기의 대규모 변형작용을 거치면서 암석에 많은 균
열이 생겨 보통 화강암에 비해 파쇄현상이 훨씬 심하게 나타났다
고 한다.

따라서 이런 화강암 소재로는 석조물을 조성하기 곤란하고 따
라서 이런 지역에서는 구하기 쉽고 유리한 탑 재료를 쓰게 마련
이므로 낙동강을 낀 퇴적암지대의 양질의 점토와 강 모래를 이용
한 벽돌을 사용하였을 가능성이 높아진다. 가까운 일직의 조탑동
(造塔洞) 지역과 금계동(金溪洞) 지역에 전탑이 있고, 전탑 재료와
흔적 또한 함께 남아 있어 그 근거가 된다. 뿐만 아니라 전탑이
모두 강안(江岸)에 위치한 것은 강을 통한 벽돌의 수로 이동의 용
이함 때문일 것이라는 추정이 가능해진다.

그러나 아직까지 벽돌을 구운 대형의 그 시대 가마터가 발견되
지 않고, 또 특별히 다른 지역에 비해 우수한 재료가 이곳에만
존재한다는 주장을 할 수도 없는 것이기에 이 점에서 의문의 여
지가 있다.

셋. 풍수비보설(風水裨補說)에 특별히 영향을 입어 강안(江岸)에
전탑을 집중해서 조성했으리라는 가설.

안동에 현존하는 전탑은 공교롭게도 모두 사찰이 폐사되고 없
는 강안에 집중되어 있고, 이 지역 지방지인 《영가지(永嘉誌)》 문
헌기록에도 수구비보(水口裨補)라든지 본부비보(本府裨補)로 언급되

면서 전탑이 소개되고 있어, 풍수지리설에 따라 한 시기에 동일한 재료로 만든 전탑이 집중해서 축조되었으리라는 가설이 가능해진다.

도선(道詵 ; 827~898)과 연결되는 풍수지리설에 근거한 이 지방 사찰의 창건신화가 이를 뒷받침하고 있고, 풍수사상에 따른 비보 사찰과 탑의 축조가 빈번히 등장하고 있으며, 탑의 축조시기 또한 같은 시기에 겹쳐 있어 이러한 주장에 신빙성을 더해주고 있다. 한편 인근에 분포한 모전탑 또한 이러한 강안에 위치한 점과 풍수설에 따라 위치한 점들은 흥미로운 중복이라고 본다.

그러나 강안에 집중되어 있고 풍수지리설에 따른 전탑 축조라고 가정하더라도 꼭 벽돌이어야만 하는 이유가 충분히 납득되지 않아 이 가설도 역시 의문의 여지가 있다.

넷. 충분한 재력을 갖춘 토착세력과 중국을 비롯한 전조문화권(塼造文化圈)과의 빈번한 교류에 따른 벽돌공을 비롯한 장인들의 솜씨에 의해서 축조되었으리라는 가설.

신라 말엽과 통일신라 초기시대 이 지역 불교세력이 중국과 빈번한 교류를 하였고, 특히 백제지역의 훌륭한 장인들을 초빙하여 발달된 기술자들의 솜씨에 근거하여 전탑이 축조되었을 것이라는 가설인데, 당시 시대상황이나 여건으로 봐서는 충분한 근거가 되고 있다.

의상이 중앙 정치세력이나 기득 불교세력의 지원 없이도 부석사를 비롯하여 많은 사찰을 창건할 수 있었던 것은, 이 지역 토착세력의 재정적 기반에 크게 힘입은 것으로 볼 수 있다. 이러한 토착 호족들의 재정 동원이나 통일신라 초기 삼국의 인적 교류면에서 당시 중국의 전탑유행과 함께 발달된 백제 유민들의 전탑 축조기술의 도입은 가능했으리라 생각된다.

당시 영농기술의 발전과 전답의 관개시설 등으로 다소 농사를 통한 지방재정이 확보된 지방세력과, 신라 말의 지방분권정책, 그리고 통일 초기의 국민통합에 적절한 이념인 화엄사상을 필요로 한 통일왕조의 은밀한 지원 등은 당시 사회상으로 볼 때 충분한 근거가 되는 것으로 가설이 성립된다 할 것이다.

그러나 이 점은 다소 무리한 추정에 근거하고 있고, 또 이를 뒷받침할 만한 충분한 자료가 없는 가운데 세운 가설일 뿐이므로 벽돌탑 집중의 필요한 근거로 삼기에는 무리가 많다.

V. 논의의 마무리

안동의 전탑 집중현상과 한국에서의 희소성을 짚어본 각종 가설로도 충분한 해명을 찾을 수 없는 가운데 우리는 하나의 새로운 수수께끼와 의문으로만 이를 정리할 수밖에 없다. 숱한 전공학자들이 이에 주목했지만 몇 가지 추정만 해볼 뿐, 시원한 해답은 찾지 못한 채 이 지역의 많은 관심자 또한 왜 그럴까 하면서도 규명에는 실패하고 있다. 역시 우리도 이 점에 관심을 갖고 접근해 보았으나 또다시 복잡한 의문만 챙기다가 손을 든 셈이다. 그러나 이렇게 풀리지 않는 의문과 숙제가 많으면 많을수록 전탑의안동 집중현상은 우리의 관심을 끈다. 그리고 못 푸는 숙제가 명확히 남음으로써 이 점은 또 다른 하나의 안동문화의 개성이 되는 것이다.

역사 이래로 원시 무속신앙시대, 불교문화시대, 유교문화시대, 그리고 오늘의 기독문화시대로 시대의 마디를 구분 짓는다면 안동은 어김없이 줄곧 그 시대의 중심, 그리고 독특한 문화적 흔적을 남기고 있음에 우리는 주목해야 한다. 성주무가와 많은 전통민속, 전탑과 많은 사찰건축, 유교적 전통의 집성촌과 숱한 전적류 등에서 시대를 대변하는 성격의 문화현상을 찾아볼 수 있다.

오늘과 같은 산업사회의 물질적 풍요를 따질 때는 언제나 변방일 수밖에 없고, 중앙정치와 교통면에서도 외진 산간오지일 뿐이지만, 정신적인 면, 즉 신앙과 종교 그리고 시대를 대표하는 문화적 관점에서는 언제나 시대의 중심이었으며 시대를 대표하는 상징성이 있던 안동이었다. 그러나 오늘의 시점에서 살펴보면 전탑문화나 유교적 전통들을 다른 지역에 비해 이렇게 원형에 가깝게 독립적으로 보존 전승하고 있음을 자랑삼지만, 역시 중국문화의 맹목적 수용이나 지나친 보수적 전승에만 집착하고 있는 것은 아닌지 돌아보게 된다.

이번 논의의 초점으로만 살펴보더라도 전탑이 안동에 집중되어 전한다 해서 그것만으로 인해 우리 자신이 자랑스러운 것은 아닐 것이다. 당시 참으로 어려운 환경과 여건에서도 새로운 문화를 받아들여 수용하고 주체적으로 이를 다른 지역에 비해 독립적으로 유지 전승시켰던 선현들의 모범을 배워야 한다는 인식이 새로워져야 할 것이다.

오늘의 우리는 시대의 중심에 서서 역사를 이끌어가면서 후세에도 당당히 안동이 그 시대의 핵심지였음을 자랑하고 문화 창조와 전승에도 모범이었음을 남겨놓을 삶을 살고 있는지 한번 돌아봐야 하겠다.

이제 논의를 마무리하면서 전탑이 안동에 집중되어 의미 있는 불교문화의 상징성을 지녔음을 자랑하면서 오늘 우리의 삶과 모범도 함께 생각해볼 필요를 느꼈다. 깨어 있는 시대정신과 문화

적 창조정신에도 관심 모을 마음을 가다듬어, 시대를 상징하고
주체적이고 창조적인 문화유산을 후세에게 남겨줄 책무도 함께
느끼게 된다.

이 진 구

안동방언의 특징은 어디에 있는가

Ⅰ. 서 론

인간이 살아가는 데 필요한 의사소통의 체계를 규범으로 설정한 것이 언어이다. 언어는 끊임없이 변화하는데 그 모습은 분열과 통일의 양상으로 나타난다. 언어가 통일되는 결과가 표준어라면, 분열작용의 결과는 방언이다. 표준어가 인위적인 성격을 가지고 있는 반면에 방언은 자연적인 성격을 가지고 있다.

이러한 방언은 지역에 따라 차이가 나는 지역방언과 사회계층·집단에 따라 차이가 나는 사회방언으로 구분된다. 우리나라의 방언은 대부분 지역방언의 모습으로 나타나고 사회방언으로 나타나는 것은 적다.

지역방언이 형성될 때는 자연적인 여건에 따라 이루어지는데, 문명이 덜 발달한 과거로 올라갈수록 자연의 영향을 많이 받았으며, 역사적 지리적 조건이 방언을 결정하는 데 중요한 역할을 한다. 예로 산이나 강, 호수 등의 지리적 환경이 방언에 영향을 크게 미쳐 방언의 전파를 단절시키거나 소통시키는 역할을 하기도 한다.

사회방언은 사회적 요인, 즉 사회계층, 세대, 성별, 인종에 따라 다르게 형성된다. 국어에서 사회방언은 대체로 지역방언에 비해 드물게 나타난다. 안동지역에서 발견되는 양반계층과 서민계층 사이의 방언차가 이 사회방언의 전형적인 모습이라고 할 수 있다. 사회방언은 사회적 현실과 그 환경·조건을 반영하는데, 농촌사회에서는 농업에 관련된 방언이 다양하게 사용되고 어촌사회에선 어업에 관한 방언이 발달되어 있는 모습이 그것이다.

방언은 역사의 진전에 따라 생성사멸(生成死滅)의 길을 걷는다. 이 과정으로 방언구획(방언권)이 형성되어 각 방언권은 저마다의 색다른 구조와 형태를 가지게 된다. 방언구획은 그 자체의 독자적인 기준의 설정과 방언의 구체적 자료의 검토를 통해야 한다.

현재 일반적으로 일컬어지는 우리 국어에 대한 방언권 구분에서 가장 상위 명칭은 도를 경계로 하여 강원도방언, 경기도방언, 경상도방언, 충청도방언, 전라도방언, 제주도방언, 함경도방언, 평안도방언 등으로 부르기도 하고, 우리나라의 전체 지역을 동서남북으로 구분하여 중부방언, 동남방언, 서남방언, 서북방언, 동북방언 등으로 일컫기도 한다. 이 가운데에서 경상도(동남방언)는 다시 북부(경북)와 남부(경남)로 구분되는데, 기본적으로 어법면에서 두드러진 특성을 기준으로 3개의 핵 방언권으로 구분한다.

경북지역의 방언군은 대구·달성·고령·경산·청도·성주·칠곡·군위·영천·경주·월성·영일·포항·영덕·남부청송 지역이 속하는 대구-경주 중심의 방언권과, 상주·선산·금릉·김천 지역이 속하는 상주-선산 중심의 방언권과, 안동·예천·의성·봉화·영양·영풍·울진·북부청송 지역이 속하는 안동방언권으로 나뉜다(천시권, 1965 ; 이기백, 1969).

이러한 구분은 역사적으로 행정구역과 관련이 있다. 《동국여지 승람(東國輿地勝覽)》에 따르면 경상도에는 좌도와 우도를 두어 경 상좌도엔 경주진·안동진·대구진이 속하고 경상우도엔 상주진·진 주진·김해진이 속하였다. 상주진에는 오늘날의 성주·선산·고령· 문경 등이 속하고, 안동진은 청송·영해·예천·영주·풍기·의성·영 덕·봉화·진보·군위·예안·용궁 등이 속한 역사적 기록을 보아 방 언군이 이와 관련됨을 알 수 있다.

안동방언의 특징을 살피는 것은 상위 방언의 차이의 정도를 추 출하고, 그 정도에 따른 상위 방언군의 구분의 실상을 파악하는 데 도움이 될 것이다. 이러한 상위·하위 방언군의 구분은 서로 상관성을 가지고 있다.

경북지역 방언의 3대권역에서 안동을 주축으로 하는 경북 북부 지역의 방언이 그 독특한 면을 가진 지역어로 존재하므로, 안동 말이 가지는 일반성과 특수성을 연구하는 것은 현대 국어 전체의 성격을 파악하는 데 일조가 될 것이며, 지역방언이 가진 보수성· 전통성의 검토는 국어의 역사적 연구에도 많은 기여가 될 것으로 생각한다. 뿐만 아니라 언어는 인간이 활동하는 데 필수불가결한 기본 매개체로 존재하므로, 지역방언의 연구가 선행되어야 그 지 역의 면모를 올바로 파악할 수 있을 것이다. 이러한 관점을 토대 로 하여 언어에서 가장 기초가 되는 음운·문법 체계에서 나타나 는 안동말의 특성을 개략적으로 밝히는 것이 이 글의 중심 내용 이다.

Ⅱ. 음 운

1. 음운체계

(1) 자음

안동말에서 자음은 'ㄱ, ㄴ, ㄷ, ㄹ, ㅁ, ㅂ, ㅅ, ㅇ, ㅈ, ㅊ, ㅋ, ㅌ, ㅍ, ㅎ, ㄲ, ㄸ, ㅃ, ㅆ, ㅉ' 등 표준어와 같이 19개가 존재한다. 경상도의 많은 지역에서 'ㅅ'과 'ㅆ'이 구분되지 않는데, 안동말에서는 이들이 중부지역의 방언과 같이 최소대립어를 형성하는 변별적인 기능을 하여 독립적인 음소로 존재한다. 대체로 경북 남부지역에서는 이 'ㅅ'과 'ㅆ'이 중화되어 변별적인 기능을 하지 못하기 때문에 'ㅆ'은 독립적인 음소로 존재하지 않고 'ㅅ'으로 실현되고 있다.

(2) 단모음

안동말의 단모음체계는 '이, 에, 으, 어, 아, 우, 오' 등 7개로 구성되어 있다. 경상도에서는 지역에 따라 '에'와 '애', '으'와 '어'의 쌍은 낱말을 구분하는 변별적 기능이 없어 독립적 음소로 변별되지 않는다. 이같이 독립적인 별개의 음운이던 것이 한 음운으로 실현되어 변별의 대립을 상실하는 것을 중화라고 한다.

경상도(동남)의 많은 지역에서 '에'와 '애', '으'와 '어'가 중화를 보이는 데 비해, 안동말은 '으'와 '어'는 중화되지 않고 '에'와 '애'는 중화된다. 예를 들면 표준어에서 변별되는 '때[垢]'와 '떼[群]'가 안동말에선 같은 음성형인 [떼]로 실현되어 변별되지 않는다. 이 중화에 의해 경상도방언은 지역에 따라 단모음이 6~8개로 차이가 난다.

표준어에서 단모음으로 존재하는 '위(y)'는 이 지역에서 이중모음 '위(wi)'나 단모음 '이(i)'로 실현되며, 중부방언의 단모음 '외(ø)'도 이 지역에서는 이중모음 '웨(we)'나 '에'(특히 자음 밑에서)로 실현된다. 따라서 표준어에서 단모음 '위(y)'나 '외(ø)'는 안동말에서는 단모음으로 존재하지 않고 이중모음으로 실현된다고 보아야 한다.

중부방언에서 변별되는 '기(旗)'와 '귀[耳]', '시(時)'와 '쉬[蠅卵]'는 이 지역에서 표면형에 변별적으로 나타나지 않는데, 그것은 안동의 이중모음 '위(wi)'가 자음 뒤에서 단모음으로 실현되기 때문이다.

자음 뒤에서 '에'와 '외'도 이 지역에서는 변별되어 나타나지 않는다. 예를 들어 '떼[群] / 뙤(윷놀이의)'는 이 지역에서 같은 음성형으로([떼]~[띠]) 실현된다. 이중모음 '외'도 자음이 선행할 경우에는 '에'로 실현되고 자음이 선행하지 않을 경우에는 이중모음으로 실현되어 이 방언에서는 단모음 '외'가 독립적인 음소로 존재하지 않는다.

ㅣ(i)	ㅡ(ɨ)	ㅜ(u)
ㅔ(E)	ㅓ(ə)	ㅗ(o)
ㅏ(a)		

안동지역의 단모음체계

자음 뒤의 '외'는 이중모음 '웨'로 되었다가 자음 뒤에서 이중모음이 실현되지 않는 이 지역의 전반적인 제약에 따라 반모음이 탈락되어 [에]로 실현된다. 이 [에]는 때로 '에→이'현상이 수의적으로 적용되어 '떼'가 표면형 [띠]로 나타나기도 한다.

(3) 이중모음

국어의 이중모음은 반모음 'j, w'와 단모음이 결합하여 생성되므로 이론적으로 실현이 가능한 이중모음은 반모음 'j'와 단모음

'ㅣ(i), ㅡ(ɨ), ㅓ(ə), ㅔ(E), ㅗ(o), ㅜ(u), ㅏ(a)'가 결합하여 생성되는 '*ji, *jɨ, jə(ㅕ), jE(ㅖ), jo(ㅛ), ju(ㅠ), ja(ㅑ)'와 반모음 'w'와 이들 단모음이 결합하여 생성되는 'wi(ㅟ), *wɨ, wə(ㅝ), wE(ㅞ), wa(ㅘ), *wu, *wo'를 상정할 수 있다. 그러나 우리 국어에서는 결합의 제약 때문에 '*ji, *jɨ, *wɨ, *wu, *wo'는 실현되지 않는다.

안동말에서 이중모음 실현은 각 환경에 따라 다르게 나타나는데, 대체로 자음 뒤에서는 이중모음이 실현되지 못하고 단모음화하는 현상을 보인다. 이같은 자음 뒤의 이중모음이 단모음화하는 현상은 이중모음과 선행자음과의 통합관계로 일어나는 음운론적 과정들이 통시적으로 축적되어 공시적으로 나타난 결과이다. 이 이중모음은 크게 형태소 내부에서와 형태소 경계에 따라 다르게 실현되며, 또 선행자음의 있고 없음, 음절위치 등에 따라 다르게 실현된다.

표준어에서 단모음과 이중모음으로 실현되는 '위(y, wi)'는 이 방언에서는 이중모음 '위(wi)'만 실현되고, 자음 뒤에서는 이 이중모음이 나타나지 않는다(귀>기, 쥐>지). 또 표준어에서 단모음과 이중모음으로 나타나는 '외(ø,we)'도 안동방언에서는 이중모음으로만 실현되는데, 그것도 자음이 선행되지 않을 때만 이중모음 실현이 가능하다. 중부방언의 이중모음 '의(ɨj)'는 이중모음 실현이 불가능하여 자음이 선행하지 않을 경우에도 불가능하다.

현대 국어의 상향 j계 이중모음은 '여, 야, 요, 유, 예, 애' 등 6개가 존재하지만 안동방언에는 '여, 야, 요, 유, 예' 등 5개만 존재한다. 이것은 '에'와 '애'의 중화로 인하여 이중모음 '예'와 '애'는 변별되지 않고 '예'로 중화되기 때문이다.

또 상향 w계 이중모음은 표준어에는 '워, 와, 웨, 왜, 위' 등 5개가 존재하나, 안동방언에는 '워, 와, 위, 웨' 4개뿐이다. 이는 표준어에서는 '웨'와 '왜'가 변별되지만, 안동방언에서는 단모음 '에'와 '애'가 중화되어 이중모음 '웨'와 '왜'가 '웨(wE)'로 중화되기 때문이다.

현대 국어의 하향 이중모음 '의(ij)'는 그 자체가 불안정하여 자음과 결합되는 일이 별로 없다. 현대 국어에 남아 있는 유일한 하향 이중모음인 '의'는 중세 국어에서는 그렇지 않았으나, 근대 국어로 오면서 음절두음으로서 자음을 갖지 못하는 제약을 받게 된 것으로 보인다. 음절두음으로 자음을 갖던 모든 '의'는 단모음 '이'로 바뀌었다.

다음 예와 같이 안동방언에서는 '의'가 거의 실현되지 않는다.

① 이논(의논), 수이(수의), 에이(예의), 띠우다(띄우다), 띠아라(띄워라)
　이성(의성), 이복(의복), 이식(의식), 이사(의사), 히롱～시롱(희롱)

중부방언에서 구분되는 '의자/이자'는 이 지역에서 어두위치에서 이중모음 '의'가 [이]로 실현되기 때문에 '의자/이자'는 변별적으로 실현되지 못한다. 이 지역에서 이중모음 '의'는 [이, 으, 에]로 실현된다. 표준어에 '의'에 대응하는 안동방언형은 어두음절과 2음절 이하 위치에서 주로 [이]로 실현되고, 간혹 [으]로 실현된다. 그러나 표준어 조사 '의'에 대응하는 안동방언형은 [으]나 [에]로 실현된다.

결국 안동말에 음소로 존재하는 이중모음은 '요, 예, 유, 여, 야, 와, 워, 위, 웨' 등 9개만으로 설정해야 한다. 이중모음은 형태소 내부에서 자음이 선행하지 않는 환경일 때 가능하며, 형태소 경계에서나 선행자음이 있을 경우엔 그 이중모음 실현이 상당한 제약을 받는다. 형태소 내부에서 일어나는 이중모음은 통시적 변화를 겪은 것이다.

(4) 운소

이 지역어는 운소로서 성조와 음장을 가지고 있다. 운소는 경북지역의 일반적인 현상과 같이 성조에 고조와 저조가 있고, 음장에 장음과 단음이 있어, 이 음장과 성조가 결합되어 나타나고 있다. 안동방언은 경북지역어의 일반적인 특징인 성조와 음장이 결합되어 동시에 나타나는 현상을 보여준다.

② 배(梨 ; 고조),   배(腹, 船, 布 ; 저단),   배:(倍 ; 저장)
　말(馬 ; 고조),   말(斗 ; 저단),   말:(語 ; 저장)
　손(客 ; 고조),   손(手 ; 저단),   손:(孫, 損 ; 저장)

2. 음운현상

(1) 자음군단순화

음절말 자음군은 뒤에 자음이나 휴지가 오면, 자음군 가운데 한 개가 탈락되는 현상이 일어난다. 이것은 모음 사이에서 3개의 자음이 실현될 수 없는 국어의 표면음성 제약과 음절말에서 2개의 자음이 실현될 수 없는 음절구조 제약에 따른 것이다. 반면에 모음 사이에서는 이 2개의 자음이 다 실현된다.

안동방언의 자음군 'ㄱㅅ, ㄴㅈ, ㄴㅎ, ㄹㅅ, ㄹㅁ, ㄹㅌ, ㄹㅎ, ㅂㅅ'에서 실현되는 자음군단순화 현상은 중부방언과 별 차이가 없으나 'ㄹㄱ, ㄹㅂ, ㄹㅍ'의 경우에는 다른 현상을 보인다.

어말자음군 'ㄹㄱ'은 이 지역에서 뒤에 모음이 연결되면 'ㄹㄱ'이 다 실현되지만, 자음이나 휴지가 연결되면 표준어와 달리 'ㄱ'이 탈락하여 'ㄹ'만 실현되는 양상을 보인다. 이 경우에 'ㄱ'이 탈락한 후에 뒤 자음이 경음화되는 현상이 나타난다.

자음군단순화가 일어나는 유형은 개구도가 작은 음이 실현되는 폐구조음의 원리에 따른 것과 울림도가 큰 음이 실현되는 울림도 원리에 따른 것이 있다. 중부방언(표준어)에서 'ㄺ'이 [ㄱ]으로 실현되는 것은 개구도가 작은 음이 실현되는 폐구조음의 원리에 따른 것이고, 이 방언에서 [ㄹ]로 실현되는 것은 울림도가 큰 음으로 실현되는 울림도 원리에 따른 것이다.

③ [까달](까닭), [말가](맑아), [말따](맑다)

어말자음군 'ㄼ'도 모음이 후속하면 'ㄼ'이 다 실현되지만 자음이나 휴지가 오면 'ㅂ'이 탈락하는 현상을 보인다. 표준어에서 'ㄼ'은 [ㄹ]로 실현됨이 원칙이고 어형 '밟-'에서만 [ㅂ]이 실현되는데, 안동말에선 전부 [ㄹ]로 실현된다.

④ 발바(밟아), 발따(밟다), 발꼬(밟고)
   짤바(짧아), 짤따(짧다), 짤꼬(짧고)

자음군 'ㄿ'에서도 'ㄼ'의 경우와 같이 [ㄹ]로만 실현된다. 어말자음군 'ㄿ'은 표준어에서는 [ㅂ]으로 실현되어 폐구조음의 방향으로 실현되나 안동에선 [을쪼리다](읊조리다)와 같이 울림도강화 원리에 따라 [ㄹ]로 실현된다.

(2) 'ㄹ'탈락

표준어에서 'ㄹ'불규칙 활용을 일으키는 '들-니, -고 -으니까, -

어/아(서) ; 살-니, -고, -으니까, -어/아(서)'형이 이 지역에서도 [들고, 드니~드이, 드소, 사니~사이, 사소, 사이끼네] 등으로 실현되어 'ㄹ'이 탈락되는 불규칙 활용을 보인다. 여기서 [드니]와 [드이]가 수의적으로 실현되는데, 이것은 이 지역에서 'ㄴ'이 특히 'ㅣ'모음 앞에서 탈락하면서 비음화를 일으키는 경향이 강하게 실현된 것이다. 또 [사니~사이]로 수의적 실현을 보이는 것도 'ㄴ'이 구개음화된 후에 탈락한 결과이다.

⑤ 드니~드이(들+니), 사소(살+소)
　아고(알+고), 아지(알+지), 지다(길다 ; 長)
　사고(살+고), 가고(갈+고 ; 磨)

'들-/살-'에 '-오/소'가 연결되는 환경일 경우에도 어휘에 관계없이 말자음 'ㄹ'이 전반적으로 탈락한다. 특히 표준어와 달리 [아고], [사고], [가고]형이 실현되어 'ㄹ'이 탈락하는 음성적 환경이 아님에도 불구하고 'ㄹ'이 탈락하는 현상이 일어난다. 이같이 안동방언에서는 어간말의 'ㄹ'탈락이 일반적 현상으로 나타나는데 특히 어미 '-고'가 연결될 경우에도 'ㄹ'이 탈락하는 현상을 보인다.

(3) 활음화

독립된 음절이 제 기능을 발휘하지 못하고 비음절화가 되는 현상은 어간과 어미가 연결될 때 일어나는 현상으로, 활음형성, 활음삭제, 이중모음의 단모음화, 이중모음의 축약 등에 의한 결과이다. 용언의 어간말모음 'ㅣ, ㅗ, ㅜ'가 어미두음 'ㅓ/ㅏ'와 결합할 때 'ㅣ'는 반모음 'j'로 'ㅗ'와 'ㅜ'는 반모음 'w'로 바뀌는 활음화 현상이 이 지역의 방언에 두드러지게 나타난다. 이같은 활음형성은 어간말모음과 어미두모음의 연결에서 두 개의 모음이 독립적인 음절로 실현될 수 없는 제약에 따른 것이다. 여기서의 활음형성은 어간의 음절수에 관계없이 전반적으로 나타난다.

⑥ 이+어서→여서~이서[載], 지+어서→저서[負], 찌+어서→쩌서[蒸]
  시+어서(쉬+어서)→시이서[休], 내리+어서→내레서[降]
  모이+어서→모에서, 때리+어서→때레서

⑥에서 보는 바와 같이 어간말모음 '이'에 '-어(서)'가 결합되는 경우에 '이'는 반모음 'j'로 변한 후에 자음 밑에서 반모음이 탈락하여 단모음이 실현되는 것이다. 즉 '지+어서'는 '져서'가 된 후에 [저서]로 표면형이 나타난 것이다.

⑦ a. 보+아서→바서(봐서), 오+아서→와서
  b. 꾸+어서→꺼서(꿔서 ; 夢), 추+어서→처서
    주+어서→조서, 싸우+어서→싸와서, 배우+어서→배아서[學]

어간말모음이 'ㅗ'인 경우에도 활음형성이 일어난다(⑦-a). '보+아(서)'는 활음형성으로 '봐서'의 과정을 거쳐 자음 뒤의 활음 'w'의 탈락으로 단모음화되어 [바서]가 실현된 것이다.

어간말모음 'ㅜ'에 어미두음 'ㅓ/ㅏ'가 연결될 때 이 'ㅜ'는 반모음 'w'로 된다(⑦-b). 따라서 이 'ㅜ'는 독립적인 음절로 존재하지 못한다.

자음이 선행할 때 이중모음의 반모음이 탈락하는 것이 일반적인데, 자음이 선행하지 않아도 반모음이 탈락하는 수의적 현상을 보여 [띠와라~띠아라]로 표면형이 실현된다.

이렇게 용언의 활용에서 나타난 반모음 'j, w'는 앞에서 본 바와 같이 자음 뒤에 이중모음이 실현될 수 없는 이 지역 방언의 음운적 제약에 의해 탈락된다. 이 경우에 자음이 선행하지 않을 때도 수의적으로 반모음이 탈락되는 현상이 일어난다.

(4) 모음축약

용언의 활용에서 반모음화로 생성된 이중모음은 축약이 되기도 하는데, 이것은 어간말모음 'ㅣ'와 어미두모음 'ㅓ'가 연결되어 형성된 이중모음 'ㅕ'가 'ㅔ'로 축약되는 현상과, 어간말모음 'ㅜ'와 어미두모음 'ㅓ'가 연결되어 형성된 이중모음 'ㅝ'가 'ㅗ'로 축약되는 현상의 두 가지 종류가 있다.

그러나 체언에서 모음축약이 실현되는 현상은 이들 두 가지뿐만 아니라 'ㅑ'가 'ㅔ'로, 'ㅛ'가 'ㅔ'로 축약되는 특이한 경우도 있다.

⑧ a. 베실~비실(벼슬), 멫~및(몇), 베락(벼락), 네렉(내력), 딩게~등게
    (등겨), 비네(비녀), 강벤(강변), 셍에~셍이(상여), 라멘(라면)
   b. 양님(양념), 놀민서(놀면서), 지민서(쥐면서), 께빙(꾀병)
   c. 내리+어서→네레서, 모이+어서→모에서, 때리+어서→떼레서
    마시+어라→마세라~마시라 , 비비+어라→비베라~비비라

[베실~비실], [멫~및] 등과 같이 어두음절에서 선행자음이 순자음일 경우엔 'ㅕ'가 'ㅔ'로 축약되는 강한 현상이 나타난다. 이 현상은 특히 체언에서 두드러지게 실현된다. 2음절에서 'ㅕ'가 'ㅔ'로 축약되는 현상은 순자음뿐만 아니라 다른 자음 'ㄴ, ㄹ' 뒤에서도 잘 실현된다. 특히 선행자음이 없는 경우에 이 현상이 실현되기도 한다('상여'가 [셍에~셍이]로 실현). 'ㅕ'가 'ㅔ'로 축약되는 것

은 어두음절 위치에서뿐 아니라 비어두음절 위치에서도 나타나므로 음절 위치에 관계없이 실현되는 음운현상이다.

활용에서 축약이 실현되는 것은 '비비+어라'에서 볼 수 있는데 먼저 반모음 형성으로 '비벼라'가 된 뒤에 '벼'의 '여'가 '에'로 축약되어 표면형 [비베라]가 나타난다. 이러한 [비베라]는 때로 '에→이'현상에 의해 [비비라]와 같은 표면형이 수의적으로 나타나기도 한다. [비베라]는 축약과정을 겪은 결과이고, [비비라]는 축약 이후에 '에→이'까지 겪은 결과이다.

형태소 내부에서도 'ㅕ'가 'ㅔ'로 축약된다. [양님, 놀민서, 지민서]는 'ㅕ→ㅔ' 축약이 적용되어 중간단계인 '양넴, 놀멘서, 지멘서'가 형성된 후에 '에→이'가 적용된 결과이다. '-민서(-면서)'도 어미이므로 형태소 내부에서 이 축약이 일어난 환경이다.

이중모음 'ㅝ'는 대체로 'ㅓ' 또는 'ㅝ'로 표면형에 나타나지만 때로 'ㅗ'로 축약되는 경우도 있다. 'ㅝ'가 'ㅗ'로 되는 축약은 경상도방언의 특이한 현상으로 형태소 내부(⑨-b)뿐만 아니라 형태소 경계에서도(⑨-a) 일어난다.

⑨ a. 주+어서→조서[授], 두+어서→도서[置], 누+어서→노서[放尿]
　　b. 꽁(꿩), 곤투(권투)

[조서]는 '주-'의 활용인 '주+어서'가 '줘서'로 된 후에 'ㅈ' 뒤의 이중모음 '워'가 '오'로 축약된 결과이다. 이 축약은 어간이 1음절인 '꾸-, 두-, 쑤-, 주-, 추-' 등 특정 어휘에서 강하게 일어나는 특수한 경우이고, 이중모음 '워'는 자음 뒤에선 대체로 반모음이 탈락하여 '어'로 실현된다.

이중모음 'ㅑ(ja)'가 특정한 어형에서 'ㅔ'로 축약되는 현상이 있다(⑩-a). 'ㅑ(ja)'는 대부분의 경우 반모음 'j'가 탈락하여 'ㅏ'로 단모음화가 되거나 극소수 경우에 'ㅑ'가 'E'로 축약되는 현상이 일어난다.

⑩ a. 계롬하다~제롬하다(갸름하다)
 b. 모~메~미(묘), 삐죽삐죽~삐죽이~뽀죽이(뾰족뾰족, 뾰족이)

이중모음 'ㅛ(jo)'도 선행자음이 없으면 이중모음의 실현이 가능하지만 선행자음이 있으면 단모음으로 된다. 이 'ㅛ'는 ⑩-b와 같이 음운환경에 따라 간혹 'ㅔ(E)'로 나타나기도 하는데(묘→메), 이것은 'ㅛ'가 '요>외>웨>에'의 과정을 겪은 것이다. 이러한 현상은 특히 순음 뒤에서 강하게 실현된다. 이것은 축약으로 볼 수 있는 특이한 현상이다.

'요(jo)'가 '외(ø)>웨(wE)>에(E)'의 과정을 거쳐 나타난 '에'는 때로 '이'로 고모음화되는 수의적 현상을 보인다. [미]는 '묘>뫼>뭬>메>미'의 과정을 밟은 것이다.

반모음화로 생성된 이중모음은 자음 뒤에서 표면형에 실현될 수 없는 음운론적 제약에 의해, 활음이 반드시 탈락하거나 축약에 의해 단모음으로 실현된다. 이러한 반모음 탈락과 이중모음의 축약은 선택적인 현상으로 안동방언에 존재한다.

(5) 모음조화

어간형태소와 어미형태소의 연결에서 나타나는 모음조화는 현대 국어에서 부사형어미의 변이형태, 명령형, 접속형, 과거형 등에서만 지켜지고 있는데, 이같은 부사형어미 '어/아'를 포함한 어미에서의 모음조화현상은 이 지역 방언의 일부에서 독특한 양상을 보인다.

　대체로 모음조화가 나타나는 환경에서 부사형어미 ‘어/아’는 어
간형태소의 음운환경, 즉 어간말모음이나 어간음절수에 따라 다
르게 실현된다. 어간말모음이 ‘ㅣ, ㅔ, ㅞ, ㅡ, ㅓ, ㅏ, ㅗ’ 등에선
표준어와 차이가 없다. 그러나 어간말모음이 ‘ㅜ’인 경우엔 표준
어와 다른 현상을 보여 모음조화가 더욱 파괴되는 모습으로 나타
난다. 국어의 모음조화상 어간말모음이 ‘ㅜ’인 경우에는 부사형어
미가 ‘ㅓ’로 나타나는 것이 일반적이지만 이 지역에서는 다른 특
이한 모음조화를 보인다.

　어간말모음이 ‘ㅜ’일 때, 어간이 1음절일 경우와 어간말에 자음
이 있는 경우엔 어간음절수에 관계없이 부사형어미가 ‘어’로 나타
나는 것은 국어의 일반적인 모음조화와 같다(⑪-a). 그러나 어간
이 2음절 이상이면서 어간말자음이 없는 경우에는 부사형어미
‘아’가 실현된다(⑪-b). 안동방언의 모음조화는 어간의 음절수에
따라 다르게 나타난다.

⑪ a. 꾸+어서→꺼서[夢],　굶+어서→굶어서,　죽+어서→죽어서
　　b. 배우+어서→배아서,　얼구+어서→얼가서[氷],　가꾸+어서→가까서,
　　　띠우+어서(띄우+어서)→띠와서~띠아서,　뿌수+어라(부수+어라)→뿌
　　　사라,　낮추+어서→낮차서,　싸우+어서→싸아서,　치우+어라→치아라,
　　　피+어라→피아라

　형태소 경계에서 ‘ㅘ’가 나타날 수 있는 환경은 어간말모음이
‘ㅜ’인 2음절 이상의 어간인 경우이다. [가까서]는 선행자음이 있
기 때문에 반모음 ‘w’가 삭제되어 단모음 ‘ㅏ’만 실현되고, [싸아
서]는 자음이 선행하지 않기 때문에 이중모음 실현이 가능한 경

우이다. 그러나 이 방언에서는 [배와서~배아서], [띠와서~띠아
서] 등과 같이 자음이 선행하지 않더라도 활음이 삭제될 수 있는
특이한 현상을 보여준다. 그러나 1음절 어간에서는 이같은 수의
적 현상이 일어나지 않고 반드시 이중모음으로만 실현된다.

(6) 전설고모음화

전설고모음화는 형태소 경계에서 어간말 치찰음 뒤에 오는 어
미 '—'가 'ㅣ'로 되는 현상을 말한다.

⑫ a. 안지소(앉+으시오),　나지만(낮+으면)
　　 b. 업시만(없+으면),　이시이(있+으니)
　　 c. 씨고(쓰+고 ; 書),　씰고(쓸+고 ; 掃),　씨고(쓰고 ; 書)
　　 d. 모리고(모르+고),　가리고(가르+고 ; 分)
　　 e. 써라(쓰+어라),　담가라(담그+어라)
　　 f. 주그만(죽+으면),　날만(날+으면),　짚+으만→지푸만(깊+으면 ; 深)

어간말음이 치찰음일 때 뒤에 연결되는 어미 '—'는 'ㅣ'로 전설
고모음화된다(⑫-a·b·c). 그러나 치찰음이 아닌 경우에서는 전설고
모음화가 일어나지 않는다(⑫-f). 전설고모음화가 일어나는 것은
일종의 자음과 모음 사이의 동화이다. 모음체계에서 약모음으로
존재하는 '—'가 치찰음의 전방성([+ant])에 동화되어 'ㅣ'로 변한다.
⑫-e에서와 같이 용언 활용에서 말음의 '—'가 전부 탈락하는 것
은 '—'가 약모음이기 때문이다. 순음 뒤에서 '—'가 원순모음으로
되는 것도 '—'가 약모음인 증거이다. 이같이 '—'는 음운현상에서
강도가 약한 모음이기 때문에 전설고모음화가 일어난다.
　⑫-c에서의 전설고모음화는 동사의 어간모음 자체에 나타난

것으로 공시적 변동의 음운현상이 아니다. 이것은 형태소 내부에서 일어난 통시적 변화이다. ⑫-e도 형태소 내부에서 일어나는 전설고모음화로 임의적으로 실현되는 통시적 변화이다.

(7) 원순모음화

어간말자음 순음 뒤에 연결되는 어미 '一'모음이 선행 모음에 동화되어 'ㅜ'로 실현되는 원순모음화가 안동방언에 나타난다.

⑬ a. 지푸만(깊+으면), 노푸만(높+으면), 조부만(좁+으면), 너무만(넙+으면)
　 b. 가트만(같+으면), 주그만(죽+으면)
　 c. 아푸다(아프다), 고푸다(고프다)

⑬-a와 같이 어간말음이 순음일 때는 뒤에 연결되는 어미의 '一'가 'ㅜ'로 원순모음화된다. 그러나 ⑬-b와 같이 순음이 아닐 경우엔 원순모음화가 일어나지 않고 '一'가 그대로 실현된다. 이 같은 원순모음화는 동화작용으로 모음체계에서 약모음로 존재하는 '一'가 선행자음인 순음의 원순성([+round])에 닮아 'ㅜ'로 되는 현상이다. 이와 같은 '一'의 약한 특성은 앞에서 본 바와 같이 전설고모음화, '一'탈락 등에서도 일어난다.

⑬-c는 공시적인 변동이 아니고 통시적으로 굳어진 것이다. 통시적으로 원순모음화를 겪어 어간이 재조정된 것으로 재어휘화의 예이다.

(8) '에→이'

경상도방언에서 보편적으로 나타나는 'ㅔ'가 'ㅣ'로 되는 현상은 이 지역에서도 강하게 실현된다. 이 현상은 통시적으로 굳어진 것(⑭-a)과 공시적인 변동(⑭-b)이 있다.

⑭ a. 비다(베다 ; 伐), 시다(세다 ; 强), 니(네 ; 汝)
　　　기헥(계획), 기시다(계시다)
　　　양님(양념), 놀민서(놀면서), 지민서(쥐면서), 께빙(꾀병)
　 b. 내리+어라→내레라~내리라, 이+어서→여서~이서[載], 모이+어서→
　　　모에서~모이서, 때리+어서→때레서~때리서(때리+어서), 마시+어라→
　　　마세라~마시라

⑭-b는 용언의 활용에서 어간모음이 활음화되어 생성된 이중모음 'ㅕ'가 'ㅔ'로 축약된 후에 이 'ㅔ'가 'ㅣ'로 되는 현상이 일어난 것이다. 이것은 어간의 음절수에 관계없이 모음축약에 의해 나타난 'ㅔ'가 'ㅣ'로 된 것이다. 안동말에서는 [여서]와 같이 활용에서 어간모음 'ㅣ'가 반모음 'j'로 활음화되어 생성된 이중모음 'ㅕ'가 선행자음이 없을 경우엔 그대로 실현될 수도 있지만, [이서]와 같이 이중모음 'ㅕ'가 축약도 가능하므로 축약이(ㅕ→ㅔ) 일어난 후에 '에→이'가 나타난다. 이 경우의 'ㅔ→ㅣ'는 수의적 현상이다.

'마시+어라'에서 활음화로 중간과정 '마셔라'를 거쳐 [마세라]가 실현된다. 이 '마시+어라'에서 [마시라]가 수의적으로 실현되기도 하는데, 이것은 [마세라]에서 '에→이'가 적용된 결과이다. 이 현상은 동남방언 전반적으로 나타나는 현상으로 '애'와 '에'의 중화 이전에 원래의 기저형이 '에(e)'인 경우에만 '에→이'현상이 가능하다.

⑭-a의 [양님, 놀민서, 지민서] 등은 중간단계인 축약을 거친(양넴, 놀멘서, 지멘서) 뒤에 '에→이'가 적용된 것이다. ⑭-a의 [기시-], [기헥]은 'j'탈락으로 '에'가 된 후 이 '에'가 '이'로 된 결과이다. 이것은 어간이 재조정된 것이다. 안동말에서 '지수'가 실현되는데,

이것은 '계수'가 구개음화, 'j'탈락(단모음화), '에→이'의 과정을 차례로 겪은 것이다(계수→제수→제수→지수).

Ⅲ. 문 법

어휘, 형태는 음운, 음성에 비해 큰 단위로, 언어 인식에서 더 분명함을 보여주며, 방언을 구별하는 데 두드러진 요소로 나타난다. 언어에서 특히 고정적으로 사용하는 어미, 조사는 말의 차이를 더 분명하게 해준다. 어휘, 형태 가운데서 방언을 가장 확연히 돋들리게 하는 것은 종결어미이다.

1. 종결어미

용언이 문법적 기능을 수행하기 위해 어형변화를 하는 활용에서 나타나는 어미는 여러 가지가 있다. 이 어미는 문법적 기능에 따라 종결법어미, 연결법어미, 전성법어미로, 분포와 서열에 따라 선어말어미, 어말어미로, 어미의 양태에 따라 이중양태어미, 단일양태어미로 나누어진다. 본고에서는 이들 어미 가운데 안동말에서 특이하게 실현되는 어미류만을 검토한다.

방언 구분은 음운, 문법, 의미 등의 전반적인 언어내용에서 나타나지만, 가장 표면적이고 가시적인 차이는 종결어미에서 두드러지게 나타난다.

문장을 끝맺는 데 사용하는 종결어미는 서법에 따라 서술법, 의문법, 명령법, 청유법, 감탄법 등으로 나뉜다. 이러한 서법형태는 화자, 청자, 제3자 사이의 대우관계가 형성되어 다양한 계층에 따라 다르게 실현되므로, 이 대우계층에 따라 종결어미를 검토해야 한다. 실제로 종결어미는 대우법의 선어말어미와 함께 나타나므로 이것을 함께 다룸이 필요하다.

(1) 서술법

안동말에서 해라체(평칭, 하칭, 아주낮춤)의 서술 종결어미는 '-(ㄴ)다, -(이)ㅅ따, -(이)레, -(이)라, -ㄹ라, -(으)ㄹ따, -(으)ㄹ레, -(으)ㄹ껄, -더라(꼬), -데이, -라이, -이, -ㄹ란다, -껠레라, -ㄴ겠다' 등의 다양한 어형이 사용된다. 해라체는 청자를 가장 낮추는 경어법이다.

다음 예와 같이 일반적인 종결서술법에는 '-(ㄴ)다'가 주로 사용되지만, 체언 아래에는 '(이)ㅅ따'가 쓰이는 독특한 양상을 보인다. 또 체언과 '아니다'의 서술어미로 '-(이)레'가 사용된다.

⑮ 그래 노으이 다 머라다 근다(뭐라고 한다)
　이게 책잇따(책이다),　내 아 아닛따(아니다)
　집이레(집이다),　아이레(아니다)

추측과 가능을 나타내는 것으로 '-(으)ㄹ따, -께레/-끼레, -ㄹ레'가 사용된다. 이 어미에서의 '-ㄹ-'은 선어말어미로 미래, 추정, 의도 등을 나타낸다. '-ㄹ따'는 고형으로 현대 표준어에선 거의 사용하지 않는데 안동말에서는 상존하고 있다.

⑯ 내가 갈따(가겠다)
　될께레(될 것이다),　있으께레(있을 걸)
　나도 몰레(모르겠다),　나도 남아 이실레(있겠다)

하게체(등칭, 예사낮춤)의 서술에 사용되는 어미로는 표준어에서 전형적인 어형은 '-네, -세, -데'가 사용되는데 안동말에선 '-(이)네, -(이)ㄹ세/-(으)ㄹ세, -(으)ㅁ세, -(으)ㄹ께레, -(이)ㄹ래(라)' 등의 다양한 어형이 사용된다.

'-(이)네, -(이)ㄹ세/-(으)ㄹ세, -데' 등은 표준어와 동일하나 '-(으)ㅁ세, -(이)ㄹ래' 등이 특별히 안동말에 사용된다. '-(으)ㅁ세'는 추측, 의도의 서술로 사용된다. 서술어미로 '-(이)ㄹ래'가 사용되는데 이것은 표준어의 '-데'와 같은 용법으로 사용된다.

⑰ 이걸 줌세(주겠네), 내가 봄세(보겠네)
　　걱정이레/걱정일레(걱정이던데)

해체(두루낮춤)에는 '-아/-어, -지, -지러/-지로, -제' 등이 사용되는데 '-지러/로, -제'가 표준어의 '-지'에 대응되는 어미로 사용된다. 특히 '-지러/-지로'는 '-지'형에 '-로/러'가 덧붙는 형식으로 사용된 것이다.

⑱ 갔지로(갔지), 왔지러(왔지)
　　이게 좋제(좋지)

하오체(상칭, 두루높임)와 합쇼체의 서술어미로 '-아요, -지요, -데요, -니더/-이더, -시더, -ㄹ게니더, -ㄹ게시더, -디더, -겼니더' 등이 사용된다. 표준어의 하오체와 합쇼체에서는 독립된 체계를 가지나 안동말에서는 하오체와 합쇼체에서 서술 종결형이 명확히 구분되지 않는다. 따라서 합쇼체가 없는 것으로 분석하기도 하는데 이것은 경북방언의 청자 대우의 등급은 중부방언의 그것과 동일한 기준으로 설정할 수 없는 독특한 점이 있기 때문이다(서재극 외, 1991, p. 103 ; 이상규, 1991, p. 60).

이들 가운데 '-아요, -지요, -데요' 등은 표준어와 같으나 '-니 더, -시더/-ㄹ시더, -ㄹ게니더, -ㄹ게시더, -디더, -겄니더' 등은 안동 특유의 어미이다.

⑲ 가니더(갑니다), 보니더(봅니다), 먹니더(먹습니다), 고마우이더 (고맙습니다)
　아니시더(아닙니다), 사람이시더(사람입니다)
　몰시더(모르겠습니다), 좋을시더(좋겠습니다)
　볼게니더(보겠습니다, 볼 것입니다), 볼게시더(볼 것입니다), 갈라니더 (가겠습니다)
　말하디더(말하데요), 가디더(가데요)
　집이래요(집입니다), 와겄니더(와 계십니다), 가시니이더(가십니다)

'-니더'는 '-니다'에 대응되는 것으로 'ㅏ/ㅓ'의 모음교체(ablaut) 로 인해 나타나는 어형이다. 이같은 모음교체는 '남(넘 ; 他人)'과 같은 체언에서도 존재한다.

'가니더'는 '갑니다'와 비교해 보면 모음교체와 'ㅂ'탈락으로 실 현된 것이다. 즉 '갑니다→갑니더(모음교체)→가니더('ㅂ'탈락)'의 과 정을 겪은 것이다. 이러한 어미의 모음교체는 경상도의 많은 지 역에서 나타나는데 '-ㅂ니다'에 대해 모음교체된 어형 '-ㅂ니더'가 사용되고 있다. 경상도의 다른 지역에선 대부분 이 '-ㅂ니더'가 사용되고 있지만, 유독 안동지역에선 '-(으)ㅂ, 습-'이 탈락된 형 태인 '-니더'형이 사용되고 있다.

현대 국어에서 '-습, (으)ㅂ-'은 상대(청자)존대를 나타내는 선어 말어미인데, 안동말에서는 이러한 형태가 없고 대신에 '-니-'가 그 역할을 한다고 볼 수 있다.

'-니-'는 중세어에서 '니이다, 니잇가'와 같이 상대존대 '이'와 함께 쓰인 점, 그 뒤 근대 국어에 와서도 상대존대 선어말어미 '이'와 함께 쓰인 점 등을(이현규, 1994, p. 119) 고려하면 안동말의 '-니-'는 상대존대와 깊은 관련이 있는 것으로 볼 수 있다. '-니더' 대신에 때로 '-이더'가 사용되기도 한다(고마우이더).

안동방언의 '-시더'를 주체존대 선어말어미 '시'가 들어간 것으로 볼 수 있으나, 안동말에선 화자의 행동주체를 높일 의도로 이것을 사용하지 않기 때문에 '-시더'는 주체존대와 아무런 관계가 없다. '-시더'는 '아니시더'와 같이 모음 뒤에서 나타나고, 자음 뒤에서는 '사람이시더'와 같이 '-이-'가 조음소로 삽입되어 사용된다. '-ㄹ시더'는 추측의 의미를 가지고 있다.

'-ㄹ게니더, -ㄹ게시더'는 추측, 의도를 나타낸다. '-디더'는 표준어의 '-데요'와 같은 용법으로 사용되는 어미로 회상을 나타낸다. '-래요'는 '-입니다'를 나타내는 현재 서술형으로 사용된다. '-겼니더'는 '계시다'의 의미로 사용된다.

'-니이더'는 '-니더'보다 높임말로 사용되는데, '-니더'에 상대존대를 나타내는 '-이-'가 삽입되어 형성된 것으로 안동말에서 서술형으로 가장 존대하는 어미로 사용된다. 이것은 중세어에 사용된 '니이다'에 대응되는 것인데 고형이 모음교체되어 잔존하는 형태이다.

안동말의 높임을 나타내는 어미를 볼 때 표준어의 아주높임에 존재하는 상대존대 선어말어미 '-(으)ㅂ/습니-'가 나타나지 않는다. 즉 안동말의 어미에는 국어에서 일반적으로 설정하는 아주높임(합쇼체, 최상칭)이 독립된 체계로 발달되어 있지 못하다. 단지 '-니이더'가 아주높임에 해당하는 어미로 존재할 뿐이다.

(2) 명령법

안동말에서 명령법어미는 해라체, 하게체, 하오체, 합쇼체에서
다 나타난다. 해라체(하칭, 아주낮춤) 명령법으로는 '-아/-어+라, -
거나, -너라'와 '-레, -레이, -ㄴ나, -ㄴ내이' 등이 사용된다. '-레,
-레이'는 '-라'에 대응되는 어형으로, '-ㄴ나, -내이'는 '-너라'에
대응되는 어형으로 특이하게 나타난다.

㉑ 가보레(가봐라), 하레이(하여라), 온나(오너라)

하게체(등칭)와 해체(두루낮춤)의 명령어미는 표준어와 같이 각
각 '-게', '-아/-어'가 사용된다.
하오체(중칭)는 '-소, -오, -이소'가 사용되는데 '-소'가 널리 쓰
이고 '-오'는 간혹 쓰인다.

㉑ 빨리 가소(가오), 이거 보소(보오), 나 좀 보오

'-이소'가 사용되기도 하는데 이것은 '-하시오'에 대응되는 것
으로 사용된다. '-이소'는 존대를 나타내는 선어말어미 '-이'가 '-
소' 앞에 삽입된 것이다.
두루높임어미로 '-아/-어+요, -레요'가 사용되는데 이것은 중칭
과 상칭에 두루 나타난다.

㉒ 혼자 하이소(혼자 하시오), 어서 오이소(오시오)
   가 바요(봐요), 잡사 보레요(보세요)
명령법의 '-시소'는 안동말에선 하오체인지 합쇼체인지 분간하

기 힘들어 하오체와 합쇼체에 다 사용하는 것으로 본다. 이 '-시
소'는 '-소'에 존대 선어말어미 '-시'가 삽입된 것이다. '-시소'를
강신항(1976)에서는 상칭(합쇼체)으로 보나 서재극 외(1991)에서는
하소체로 보는데, '시소'를 합쇼체와 하소체로 구분함은 곤란하다.
이것은 화자가 행동주체를 높일 의도가 있을 때 즉 주체존대로
'시'를 개입하는 것으로 상대(청자)대우와는 관계가 없다.

　'-시소'보다 더욱 존대하는 어미로 '-시이소'가 있는데(가보시이
소), 상칭의 '-시소'에 상대존대를 나타내는 '-이'가 삽입되어 형성
된 어미이다. 이것은 명령형에서 가장 높은 경우에 사용된다.

　㉓ 여기 좀 보시소(좀 보십시오),　노시소(노십시오),　가보시이소(가보
　　십시오)

　(3) 청유법
　안동말에서 청유법 어미에는 '-자, -지, -제, -제이, -세, -까, -
시더, -시데이, -ㅁ시더' 등이 사용된다. 해라체(하칭, 아주낮춤)로
'-자, -지' 등이 사용되고, 특이형으로 '-제, -제이'가 사용된다. 이
'-제, -제이'는 경상도의 많은 지역에서 사용되는 청유형이다.
　하게체(등칭)로 '-세, -까'가 사용되는데 '-까'는 원래 의문법어
미로 사용되나 청자의 의향을 떠보는 의미가 포함된 청유법어미
로 사용된다.

　㉔ 같이 가제이(같이 가자),　이제 가까(가자)

　안동말에선 종결법과 명령법이 하오체와 합쇼체로 명확히 구분
되지 않는 것처럼 '-시더'가 청유법에서 하오체와 합쇼체의 구별

없이 사용된다. 때로 정중하게 표현할 때는 '-ㅁ시더'가 사용되기도 한다.

㉕ 같이 가시더(갑시다), 지금 가입시더(갑시다), 낭중에 봄시더(봅시다)

(4) 감탄법

명령법, 청유법, 허락법, 약속법은 동사에만 쓰이나, 감탄법은 서술법, 의문법과 마찬가지로 동사, 형용사, 체언의 서술격조사에서도 나타난다.

감탄법어미로 해라체에 '-다, -라, -구나, -ㄴ가' 등은 표준어와 같지만, 안동말에서는 '-데이, -ㄹ다(ㄹ따), -(더)레이' 등의 특이한 어미가 있다. '-ㄹ따'는 '-ㄹ-'이 포함되므로 미래, 추측의 의미를 가지고 있다. '-레이'는 때로 회상 선어말어미 '-더-'와 함께 나타난다.

㉖ 니 기림 잘 기린데이(너 그림 잘 그리는구나)
　　그 생선 맛 좋을따(좋겠구나), 아이고 욕 밨을따(보았겠구나)
　　기림 잘기리더레이(그리더구나)

하게체(등칭, 예사낮춤)로 '-(이)네, -(이/으)ㄹ세'가 사용된다. '-(이)네'는 국어 전반적으로 사용되는 공통형이나 '-(이/으)ㄹ세'가 이 지역의 특이형이다. 하오체에는 '-소'가 있다.

하오체(중칭)·합쇼체(상칭)에 구분없이 '-니더-가 사용된다. 종결법, 명령법, 감탄법에서 하오체와 합쇼체가 명확히 구분되지 않는 것과 같다.

㉗ 모씰 사람일세(몹쓸 사람이구나), 그게 옳을세(옳겠구나)
　　보고 있소(있구나)
　　참 존(좋은) 경치 보니더(보는군요)

(5) 의문법

　의문법어미로 '-가/-고, -나/-노, -(이)라/로, -(으)ㄹ까/ㄹ꼬, -(이)래, -ㄹ따, -(으)ㄹ라/ㄹ로, -(으)ㄹ래, -ㄴ가/ㄴ고, -(느)ㄴ강/ㄴ공, -오, -니껴/-이껴/-니꺼, -쟌니껴, -겼니껴, -시오, -ㄹ라니껴' 등의 다양한 형태가 사용된다.

　해라체(하칭, 아주낮춤)의 의문법어미는 '-가/-고, -나/-노, -라/로, -(으)ㄹ까/꼬, -(이)래, -ㄹ따, -(으)ㄹ라/로, -(으)ㄹ래' 등이 사용된다.

　'-가/고'는 체언 아래에서만 쓰이는 의문형으로 표준어의 '-ㄴ가'에 대응되는 어형이다. 안동에서는 현재형의 '-ㄴ'이 없이 '-가/-고'만 실현된다. 경상도방언에서 일반적으로 '-가/-고, -나/-노, -다/-도, -라/-로' 등은 문장에서 의문사의 있고 없음에 따라 다르게 나타난다. 의문사가 있는 경우엔 '-고, -노, -도, -로'형이 실현된다. 따라서 'ㅏ'형과 'ㅗ'형이 의문사의 유무에 따른 차이로 실현되는 의문 서술어미로 규정된다. 다음 예와 같이 '-고'는 의문사가 있는 경우에 나타난다.

　'-ㄹ까/-ㄹ꼬'는 '-가/-고'형에 '-ㄹ-'이 삽입되어 의도, 추측, 가능, 진행 등을 표시하는데, 'ㄹ'이 생략되는 수도 있다. '-ㄹ꼬'는 의문사가 있는 경우에 실현된다.

㉘ 너 엄마가?(엄마인가), 이 아가 자네 손주가?, 이 아가 누 손주고?
　　(손자인가)

오늘은 어디로 가꼬?(갈까), 머 머꼬?(먹을까), 철수는 지금 어데 가
꼬?(가고 있을까)

'-나/노'가 용언 아래에 쓰이는데 '-나'는 국어에서 전반적으로
사용되나, '-노'는 경상도지역에서 사용되는 어미이다. 안동말에서
'-나'는 제약 없이 사용되나 '-노'는 의문사와 결합하여 사용된다.
'-다/-도'는 체언과 용언에 다 쓰이며 회상을 나타낸다. '-고,-
노'처럼 '-도'는 의문사와 함께 나타난다. '-ㄹ따'는 '-다'에 '-ㄹ-'
이 삽입되어 의도, 추측, 가능을 표시한다. 이 '-ㄹ따'는 앞에서
본 바와 같이 서술어미로 사용되기도 한다.

㉙ 언제 집에 있노?(있나), 학교 언제 가노?(가나)
　그거 장난감이다?(장난감이더냐), 가 머 먹도?(그가 무엇을 먹더냐)
　그 사람 누구도?
　내일 갈따?(가겠느냐), 내일 먹을따?(먹겠느냐)

'-라/로'가 체언 아래에 쓰인다. '-가/-고, -나/-노, -다/-도'의
제약과 같이 '-로'는 의문사와 같이 나타난다. '-ㄹ라/-ㄹ로'는 '-
ㄹ-'이 삽입되어 추측, 가능, 의도를 나타낸다. '-ㄹ로'는 의문사와
같이 나타난다.

㉚ 이게 밥이라?(밥이냐), 그게 머로?(무엇이냐), 이게 머언 책이로?(무
　슨 책이냐)
　차가 있을라?(있겠나), 내가 그거 할라?(하겠나)
　니가 머 할로?(무엇을 하겠느냐), 그게 멋일로?(무엇일까)

'-래'는 해라체인지 하게체인지 구별하기 힘든 것으로 체언 뒤

에 나타난다. 해라체의 '-ㄹ래'는 '-래'형에 '-ㄹ'이 삽입되어 있으므로 의도, 미래, 추측을 나타낸다. '-ㄹ라꼬'는 대체로 용언어미로 쓰이며 청자의 의도를 물을 때 사용한다.

㉛ 내일 갈래?(가겠느냐), 머라카면 어앨레?, 누 꺼래?(누구 것이냐), 누 소래?(누구 소냐), 니가 밥 먹구 갈라꼬?(가겠는가), 그걸 다 잡을라꼬?(잡겠는가)

하게체(등칭)에 사용되는 '-ㄴ가/-ㄴ고'는 체언·용언 뒤에 다 나타나는 일반형으로 표준어의 '-가'에 해당하는 어미이다. 이 어미도 'ㅏ/ㅗ'의 대응형으로 '-ㄴ고'는 의문사와 같이 나타난다. '-ㄴ강/-ㄴ공'이 사용되는데, 이것은 '-ㄴ가/-ㄴ고'에 'ㅇ'이 첨가되어 형성된 것으로 의심, 추측의 뜻을 나타낸다. '-ㄹ라는가/-ㄹ라는고'는 '-ㄹ-'이 첨가된 어형으로 용언 뒤에 쓰이며 상대의 의도를 물을 때 사용된다.

㉜ 이게 먼고?(무엇인가), 자네 머 하는고?(무엇을 하는가)
저게 사람인강?(사람인가), 저게 어느 마을인공?(마을인가)
자네도 거어 갈라는가?(거기 가겠는가)

반말체(두루낮춤)에 사용되는 '-아/어,-지'는 서술법과 마찬가지로 하칭과 등칭에 두루 쓰여 국어의 일반 용법과 차이가 없다. 서술법어미로도 사용되는 낮춤(반말)의 의문법 '-(이)제'는 표준어의 '-지'와 같은 용법으로 사용되는데, 경상도지역에서 많이 실현되는 것으로 용언과 체언에 다 쓰인다. '-(는)데'는 의문사와 같이 나타난다.

㉝ 이 사람 자네 동생이제?(동생이지)

　　자네 어른 아직 살아 기시제?(계시지)

　　니 뭐하는데?(뭐하나)

　하오체와 합쇼체(아주높임)로 '-니껴, -니꺼, -이껴, -잔니껴, -디껴, ㄹ라니껴' 등이 있다. 안동방언의 의문종결형에서도 하오체와 합쇼체가 명확히 구분되지 않는다.

　'-니껴/-니꺼/-이껴'형은 안동말을 가장 두드러지게 하는 형태이다. 안동말의 '니꺼'는 중부방언의 '니까'에 대응되는 것으로 'ㅏ/ㅓ' 모음교체로 인해 '니까/니꺼'의 대비가 나타나는 어형이다. '니꺼/니껴'를 비교하면 '니꺼'에서 앞 어형 '-니'의 'ㅣ'모음의 영향으로 나타나는 'ㅣ'모음 순행동화에 의해 뒤 어형의 'ㅓ'가 'ㅕ'로 변한 것이 '니껴'이다.

　경상도방언은 전반적으로 자음 뒤에 이중모음이 오는 것을 꺼리는데, 자음 'ㄲ' 뒤에서 이중모음 'ㅕ'가 실현되는 것은 이런 경상도방언의 보편적 특징에서 벗어나는 매우 특이한 경우이다. '갑니까 → 갑니꺼(ㅂ탈락) → 가니꺼(모음교체) → 니껴('ㅣ'모음 순행동화)'의 과정으로 형성된다. 실제 경상도의 많은 지역에서 '-ㅂ니까'와 모음교체된 어형 '-ㅂ니꺼'가 사용되고 있다.

　대체로 '-니껴'는 용언 뒤에 쓰이고 '-이껴'는 체언 뒤에 사용되나 꼭 그렇지는 않다. '-니껴'와 '-니꺼'는 반촌어(-니껴)와 민촌어(-니꺼)를 구별 짓는 가장 중요한 요소 가운데 하나였지만, 현재는 '-니꺼'보다는 '-니껴'가 주로 사용된다.

㉞ 이제 오니꺼?(옵니까)　오니껴?　오이껴?

　　지금 가니꺼?(갑니까)　가니껴?　가이껴?

그게 머니껴?(무엇입니까) 머이껴? 머니껴?

이거 아니껴?(아닙니까) 아이니껴? 아이껴?

지금 가시니껴?(가십니까), 언제 오시니껴?(오십니까)

'-니껴'에 존대 선어말어미 '-시-'가 개입된 어형 '-시니껴'가
쓰이는데 주체를 존대하는 경우에 사용된다. '-지 아니껴'의 축약
형으로 사용되는 '-잔니껴(잖니껴)'는 용언과 체언 뒤에 다 사용된
다. 이것은 청자의 동의를 구하는 반어법으로 많이 쓰인다. '-겼
니껴'는 서술법의 경우와 마찬가지로 '-계시-'와 동일한 기능의 '-
겼-'을 개입시켜 한층 더 높일 경우에 쓰인다.

㉟ 저기 오시쟌니껴?(오시지 않습니까)

　　그게 깨끗하쟌니껴?(깨끗하지 않습니까)

　　언제 와겼니껴?(와 계십니까)

'-디껴'는 용언·체언에 다 쓰이며 의문사의 유무에 관계없이 사
용된다. 이것은 회상을 나타내는 '-더'와 '-이껴'가 결합된 어형이다.
'-ㄹ라니껴'는 하칭의 '-ㄹ라/-ㄹ로, -ㄹ라꼬', 등칭의 '-ㄹ라는
가/-ㄹ라는고'와 같은 유형으로, 하칭의 '-ㄹ라'와 '-니껴'가 결합
한 어형이다. 하칭의 '-ㄹ라'가 의도·추측·가능을 나타내는 '-ㄹ-'
이 삽입되어 있으므로 '-ㄹ라니껴'도 의도·추측·가능을 나타낸다.
'-ㄹ라'와 결합하면 미래시제이면서 상대의 의향을 묻는 의문문이
된다.

㊱ a. 그 사람 오디껴?(오던가요), 왔디껴?(왔던가요)

　　어디 갈라니껴?(가겠습니까), 머 할라니껴?(하겠습니까)

이거 줄라니껴?(주겠습니까)

   b. 어데 갔다 오시나요?, 디기 춥지요/춥제요?, 머 하꼬요?, 집에 갈래요?

두루높임에는 '-아/어요, -지요/제요, -까요/꼬요, -ㄹ래요' 등
이 사용된다(㊱-b). 이들 어형들은 해라체(아주낮춤, 하칭)의 '-까/
꼬, -ㄹ래'형이나 두루낮춤의 '-아/어, -지/제'형에 존경첨사 '-요'
가 붙은 것이다.

2. 조사

조사는 매우 다양하게 나타나는데 여기에서는 표준어와 달리
특이하게 실현되는 어형을 중심으로 살펴본다.

㊲ 돈이~돈이가(돈-이/가), 사램이(사람-이/가), 코이(코-이/가), 모이
  (모-이/가)
   어멤가(어머니가), 아뱀가(아버지가), 아지뱀가(아주버니가)

주격은 표준어에서 선행체언이 모음으로 끝나면 '-가', 자음으
로 끝나면 '-이'가 사용되는데, 안동말에서는 모음 뒤에서 '-이'가
선택되는 특이한 경우가 있다. 예로 '코-이/가'에 있어 이것은 체
언이 모음으로 끝나기 때문에 주격은 '-가'가 오는 것이 국어의
일반적 현상인데, 안동말에서는 특이하게 모음 뒤에 '-이'가 선택
되어 '코-이'형이 실현된다. 또 '모-이/가'에서 '모-이'형이 나타나
기도 한다.

안동말에서는 특이하게 중첩된 주격조사인 '-이가'가 사용되는
데, 이것은 주격 '-이'와 '-가'가 결합된 어형으로 일부 경상도방
언에서 사용되고 있다. 예로 '돈이'에 대응되는 어형이 [돈이], [돈

이가]로 실현되고, '사람-이'가 [사람이~사램이], [사람이가~사램이가]로 실현되어 주격이 중첩되는 현상이 나타나기도 한다. 이 경우에서 [사램이], [사램이가]는 움라우트('ㅣ'모음 역행동화)에 의한 것이다.

선행체언말음이 자음일 때 주격으로 '-이'가 오는 것이 국어의 일반적 현상인데, 안동말에서는 자음 뒤에 '-가'가 연결되는 경우가 있다(어멩가/아벰가/아지벰가).

표준어의 소유격 '의'는 안동말에서는 '-으(어), -우'가 실현된다(㊳). '-우'는 '너무(남의)'에서와 같이 선행말자음 순음 뒤에서 사용된다. 이 '너무'는 기저형 '넘(남 ; 他)-우(의)'에서 연음화되어 실현된 것이다. ㊳의 '누, 지, 니, 내'와 같이 대명사에서는 소유격이 대부분 탈락되어 기본형이 소유격을 대신한다.

㊳ 자석으/어(자식의), 너무 말(남의 말)
   누/누구(누구) : 누꺼로?(누구 것인가) cf. 누구로, 누구한테, 누한테
   지/저어(자기의) : 지꺼라?, 저어 집이라? cf. 지가(자기가)
   니(너의) : 니꺼라?(네 것이라), 너어(너희의) : 너어꺼라?
  cf. 니가, 니를, 너어가
   내(나의) : 내 책 cf. 내가, 나는
   지(저의) : 지꺼시더(제 것입니다) cf. 지가(제가)

표준어의 '-을/를'에 해당하는 안동말의 목적격은 '-이', '-로'와 같은 특이한 형태가 사용된다(㊴). 때로 이 격을 생략하기도 한다.

㊴ 대지로~대지(돼지를), 너로(너를), 물로(물-을)
   그런 말이(말을) 안 하이더

여격 '-에게'에 해당하는 안동말은 '-한테, -인데, -떠러(더러)'가
사용된다. '-한테'는 현대 국어에서 구어 표현으로도 일부 사용되고
있다. '-인데, -떠러'는 경상도지역에서 전반적으로 사용된다.

㊵ 지한테(저에게), 너어한테(너희에게), 사람한테(사람-에게), 내한테
  (나-에게)
   니인데(너에게), 니떠러(너에게)

호격은 일반적으로 '-아/-야'가 사용되는데 강조할 때는 '-애이/-
애이'가 쓰인다. 높임(존대)호격은 '-요'가 사용된다([할아버지요]).

㊶ 영석아! 호동애이!(호동아!) 할아버지요!

공동격조사 '-와/과'에 대응되는 안동지역의 어형으로는 '-하고,
-하가'가 사용된다(㊷-a). '-하고'는 경북에서 일반적으로 사용되
지만 '-하가'는 이 지역의 특이형이다. 특히 '-하가'가 마지막 체
언에까지 나타나는 특이한 모습을 보인다. 중세어에서는 이러한
마지막 체언에 공동격을 사용하였다. 이것으로 보아 안동말이 고
형을 잘 유지하고 있다고 볼 수 있다. 또 표준어 '-랑'에 대응되
는 공동격조사로 '-캉'이 안동말에서 사용된다.

㊷ a. 나하고(나와), 쌀하가(살과) 보리하가(보리와) 고추하가(고추와) 생
     강하가(생강과) 무우하가(무우와) 넣은 게 식혜라.
   b. 쌀캉(쌀이랑) 돈캉(돈이랑) 장만해서

비교를 나타내는 부사격조사가 다음 예와 같이 나타난다. '-카
문'은 표준어 '보다'에 대응되고 '-매로, -맨치로'는 '-처럼'에 대응

되는 것으로 사용된다. 이들 조사들은 경상도의 많은 지역에서
사용된다.

㊸ '-카문'(-보다) : 금카문(금보다) 옥이 낫다.
　'-매로'(-처럼) : 모두 내매로(나처럼) 따라 해 바라.
　'-맨치로'(-처럼) : 너도 내맨치로(나처럼) 해 바라.

㊹는 보조사가 실현되는 경우이다. '-꺼짐, -꺼정'은 표준어의
'-까지'에 대응되는 것으로 도급(미침)을 나타내는 보조사이다. '-
이사'는 '-이야'에 대응되는 것으로 특별함을 나타내는 보조사로
사용된다. '-캉이'는 고사(그만두기)를 나타내는 '-커녕'에 대응되는
보조사이다.

㊹ '-이사'(-이야) : 사람이사(사람이야) 그럴수가
　'-따나'(-나마) : 밥 없으만 죽인따나(죽이나마)
　'-캉이'(-커녕) : 주기는캉이(주기는커녕) 달라더라

Ⅳ. 결 론

일반적으로 한 지역을 이해하기 위해서는 그 지역을 형성하는
여러 하위 구성요소에 대한 연구가 선행되어야 한다. 이러한 구
성요소 가운데 방언은 그 지역민이 활동하는 데 가장 중요한 역
할을 한다. 방언은 지역특징의 기본적 요소로서 지역성의 전수·전
파·발달에 영향을 미치는 결정적인 도구가 된다. 이것은 언어가
가지고 있는 기본적 존재가치이며, 인간은 언어를 통해서 그 사
회 전체를 습득할 수 있고 그 사회는 언어에 투영되어 나타난다.

그러한 면에서 방언의 연구가 선행되지 않고서는 인간의 모든 활동을 올바로 파악할 수 없다.

방언을 표준어에 비해 열등한 것으로 또는 저속한 것으로 받아들이고 있으나 이런 편견은 지양해야 한다. 한 나라의 국어는 표준어와 그 나라의 방언을 모두 지칭하는 것으로, 표준어가 인위적인 것임에 비해 방언은 현장성을 가지고 살아 있는 구체적인 모습으로 나타난다. 방언은 우리가 쉽고도 자연스럽게 이용하며 인간 자신과 같이 느낄 정도로 편한 것이다. 이는 같은 방언을 사용하는 사람들 사이에는 친밀도가 강하여 타향에서 우연히 같은 방언을 쓰는 사람을 만날 때 반가움과 동질감을 느끼는 것을 보아도 알 수 있다. 이러한 것은 사람이 언어를 통해 민족의 문화·사고·얼 등을 습득하듯이 그 지역의 방언을 통해 소속집단의 문화·사상·감정·문화 등을 부지불식간에 갖게 되기 때문이다.

방언은 지리적 사회적 요인에 의해 분화되어 독자적인 생성과 변화를 거치는 사이에 그 차이가 한층 벌어진 결과로 나타나 각 언어집단에 따라 다르게 형성된 변종이다. 방언이 가지고 있는 이런 본질적인 모습을 이해하여 구체적으로 한 지역방언의 모습을 검토하는 것은 매우 의미 있는 일이다. 방언의 본질과 기능을 기초로 이 글에서 안동방언의 특징을 살펴보았다. 국어를 가꾸고 발전시키는 데 안동방언이 실제 어떤 역할을 할 수 있는가는 앞으로 더욱 연구가 되어야 할 것이다.

방언 연구는 고어 연구나 국어발달사 연구에 도움이 될 뿐만 아니라 이를 바탕으로 현대 국어 연구에 이바지한다. 방언의 보수성과 전통성은 국어의 고어형 유지와 관련되므로 국어사적으로 중요한 역할을 한다. 방언을 안다는 것은 살아 있는 말을 느끼고 즐기는 언어유희에도 도움이 된다. 그것은 방언에서 정감을 느낄 수 있고 친숙한 부드러움을 나눌 수가 있기 때문이다.

그 지역의 말을 이해하는 것은 부수적으로 다른 분야(문화·민속·사상·역사 등)를 알거나 연구하는 데 도움이 된다. 예로 마을 이름(지명)을 살피는 것은 그 마을의 유래와 풍습·전통을 아는 데 보탬이 된다. 방언 검토는 이같이 지역을 이해하고 그 지역의 독특함을 살리는 데 일조를 한다.

국어를 폭넓게 하는 데 반드시 방언이 필요하다. 표준어에 없는 어휘를 보충하고, 한자어·영어 등 외래어에 의존하고 있는 어휘에 대응하는 고유한 방언형이 있으면 이를 전적으로 되살려 씀이 바람직하다. 각 지역 방언을 면밀히 검토하여 현대 표준어로 되살려 사용할 수 있도록 온 힘을 기울일 때 우리말을 더욱 다양하게 하고 발전시킬 수 있을 것이다.

서 보 월

◑ 참고문헌

강신항, 〈안동방언의 서술법과 의문법〉, 《언어학》 3, 한국언어학회, 1978.
_______, 〈안동방언의 명령법·약속법 등〉, 《성균관대 논문집》 26집, 1979.
서보월, 〈안동지역어의 음운론적 연구〉, 《안동문화》 5, 안동대 안동문화연구소, 1984.
_______, 〈경북 북부지역의 방언〉, 《경북 북부지역의 전통문화》, 경상북도, 1988.
서재극 외, 〈옹천지역어의 연구〉, 《한국학논집》 18집, 계명대 한국학연구원, 1991.
이기백, 〈경상북도의 방언구획〉, 《동서문화》 3, 계명대 동서문화연구소, 1969.

이상규, 〈경북방언의 경어법〉, 《새국어생활》1권 3호, 국립국어연구소, 1991.

이현규, 〈형태〉, 《신국어학》(김종택 외 공저), 형설출판사, 1994.

정 철, 〈음운자질의 흡수현상 — 일부 경북지방에서〉, 《방언》6, 한국정신문화연구원, 1982.

천시권, 〈경북지방의 방언구획〉, 《어문학》13, 한국어문학회, 1965.

놋다리밟기와 강강술래, 무엇이 같고 다른가

Ⅰ. 놋다리밟기, 밟는 것인가 밟히는 것인가

올해도 수험생들이 가슴 설레는 마음을 안고 내 연구실에 들어선다. 이른바 면접시험을 보기 위해서다. 면접시험 때 내가 수험생들에게 묻는 내용은 학력이나 자질 또는 대학생으로서 마음가짐 등을 확인하거나 검증하겠다는 것보다 오히려 내가 궁금하게 여기는 것들, 또는 잘 알지 못하는 사실들에 관한 것이 더 많다. 이를테면 "고등학교 때 가장 좋았던 선생님은 어느 선생님이냐?" "왜 그 선생님이 좋았느냐?" "고등학교 때 가장 즐거웠던 일은 무엇인가?" "대학에 들어오게 되면 가장 하고 싶은 일은 무엇인가?" 하는 등의 질문이 일반적인 보기이다. 이런 질문을 통해서 나는 학생들이 좋아하는 선생이 되고자 노력하는 데 필요한 정보를 얻고, 학생들이 학교생활을 더 즐겁게 하는 데 도움이 되는 일들을 찾아보는 기회로 삼는다.

면접을 통해 학생들의 자질을 검증해 봐야 실제 입시에 영향을
끼치지도 않을 뿐더러, 짧은 시간에 몇 마디의 질문으로 학생들
의 수학능력을 쉽게 가늠하기도 어렵다. 따라서 그들의 자질을
검증하는 질문보다 이런 질문을 통해 내가 필요한 정보를 얻어내
는 데 더 많은 관심을 쏟는다. 때로는 시사적인 문제에 관해서도
질문을 던진다. "지난번 총선 때 너희 집에서는 후보로부터 무엇
을 받았는가 ?" 또는 다른 고장에서 온 학생들에게는 "어제 어느
여관에서 잤으며 숙박비는 얼마나 주었는가 ?" 하는 것도 물어본
다. 앞의 질문은 부정선거 사례 가운데 금품살포의 경향을 확인
하는 데 중요한 자료가 되며, 뒤의 질문은 안동시내 숙박업소들
이 입시철을 맞이하여 얼마나 폭리를 취하는가 하는 사실을 알아
보는 자료가 된다. 그러면 재미있는 자료들이 많이 나온다.

내가 면접하는 학생들은 민속학을 전공하고자 하는 수험생들이
기 때문에, 민속에 관해서도 질문을 던져본다. 물론 이 경우에도
민속을 얼마나 알고 있는가 하는 검증 차원에서 질문을 하는 것
이 아니라, 이 학생이 사는 마을에는 어떤 민속이 전승되고 있는
가를 공부하기 위해서 질문을 하는 것이다. 이를테면 마을에는
동제를 지내는가, 지낸다면 언제 어떻게 지내는가 하는 식의 질
문이다. 이런 질문을 통해서 민속에 관한 정보들을 얻어낸다.

더러 안동여고 학생이나 경안여상 학생의 경우에는 "학교에 다
닐 때 놋다리밟기를 했나 ?" 하고 물어본다. 과거에는 안동여고
학생들이 놋다리밟기를 전수했고, 근래에는 경안여상 학생들이
그 일을 담당하고 있기 때문이다. 이렇게 물어서 놋다리밟기를
했다고 하는 대답이 나오면, 놋다리밟기할 때 재미가 있었는가
하고 묻는다. 학생들에 따라서 재미있었다고도 하지만 대부분이
별로 재미를 못 느꼈다고 한다. 스스로 놀이의 재미를 즐기기 위

눗다리밟히기(?)의 한 장면 노국공주의 전설을 가지고 있는 눗다리밟기. 그러나 고려 이전에도 이러한 놀이는 있었다.

하여 자발적으로 하는 것이 아니라, 훈련하듯이 타율적으로 연습하는 놀이이기 때문에 사실상 놀이로서 신명이 나는 것이 아니라 훈련으로서 지겹게 여길 수밖에 없다.

　그런데 한번은 뜻밖의 대답이 나왔다. 마침 출신학교가 경안여상이어서, "너 경안여상 나온 걸 보니, 학교에서 눗다리밟기를 했겠구나?" 하고 물으니, "눗다리 밟기는요? 밟혔지요!" 하고 대답을 하는 것이었다. 뜻밖의 대답을 들은 터라 한편으로는 당황하고, 한편으로는 아주 흥미로워서 되물었다. "밟혔다니? 그게 무슨 말이냐?" "밟혔지요, 그럼! 우리가 언제 한 번이라도 밟아본 적이 있어야지요. 공주로 뽑힌 사람만 밟고 우리는 계속해서 밟히기만 했지요." "맞다, 그래! 눗다리밟기를 한 것이 아니라 눗다리밟히기를 한 것이로구나!" 나는 맞장구를 치면서 '눗다리밟기'가

'놋다리밟히기'로 변질되어 전승되고 있다는 것을 비로소 깨닫게 되었다. 물론 나는 놋다리밟기 관련 논문을 통해서 공주를 뽑아 밟아가게 한 것은 공민왕 일행의 안동 몽진(蒙塵) 이후에 생긴, 변형된 놋다리밟기라고 진작부터 주장한 터이지만(《한국민속과 전통의 세계》, p. 235~237), 놋다리밟기가 놋다리밟히기로 바뀌어져 잘못 전승되고 있다는 사실은 실감나게 인식하지 못한 터였다.

놋다리밟기처럼, 사람들이 엎드린 위로 밟고 지나가는 놀이는 전국적으로 두루 전승되고 있다. 그런데 안동시 일대를 제외하고는 대부분의 지역에서 공주를 뽑아 밟게 하는 법이 없다. 자연히 밟아 가는 주체도 공주로 한정되지 않는다. 모든 사람들이 서로를 밟으면서 또한 밟힌다. 밟고 밟히는 것이 동등하고 민주적이다. 한번 밟고 가서 엎드리면 다음 사람들이 또 밟고 지나가는 일을 되풀이하면서 공간적 이동을 하기도 한다. 안동에서는 공주를 뽑아서 밟기를 하기 때문에 공주만 밟고 다른 사람은 밟히기만 할 수밖에 없다. 이처럼 엉뚱하게 변화된 까닭은 공민왕이 홍건적의 난을 피해서 안동으로 몽진하여 머무른 역사적 사실과 연관되어 있다.

공민왕은 1361년 10월에 홍건적의 난을 피해서 개경을 떠나 광주, 이천, 충주를 거쳐서 그 해 12월에 지금의 안동인 복주(福州)에 파천(播遷)하였으니, 당시 임시수도가 안동이었던 셈이다. 그러다가 홍건적이 격퇴되자, 이듬해인 1362년 2월에 공민왕은 안동을 떠나 개경으로 환도(還都)하였다. 따라서 공민왕 일행은 안동에서 약 두 달 정도 머문 셈인데, 이 시기에 정월 대보름이 끼어 있었고 안동의 부녀들이 예년처럼 놋다리밟기를 하였을 것이다. 노국공주가 궁중을 떠나 안동에 머무는 동안 무료하고 답답하였을 터인데, 마침 부녀들이 집단적으로 모여서 신명나는 놀이를 한다고 하니 상당한 흥미를 가지고 직접 구경을 하였을 것이다. 구경을 하다가 그 놀이의 재미에 이끌려서 직접 놋다리밟기에 참여했을 것이며, 그럴 경우 왕후라는 신분 때문에 다른 부녀들처럼 엎드리는 역할을 할 수 없고, 좌우의 부축을 받으며 놋다리밟는 역할만 담당했을 가능성이 높다.

공주가 놋다리를 밟는 동안 다른 부녀들은 계속해서 앞쪽으로 가서 몸을 엎드려야 했을 뿐 아니라, 공주의 뒤를 이어 종전처럼 밟기를 할 수도 없었다. 감히 공주와 함께 밟거나 공주를 밟는 일은 불경스러운 일이기 때문이다. 그럼에도 불구하고 한 나라의 공주가 놋다리밟기에 직접 참여하여 더불어 밟기를 했다는 사실은 안동부의 부녀들로서는 대단한 영광이 아닐 수 없다. 따라서 이듬해부터는 이를 하나의 관행으로 삼아, 모의적으로 공주를 뽑아서 분장을 시키고 공주만 놋다리를 밟도록 하면서, 노국공주의 놀이 참여를 기념했을 가능성이 있다. 따라서 보름날 달밤에 여성들이 모여서 군무를 추며 노는 놀이들은 공민왕 이전시대부터 전국에서 두루 전승되었던 일반적인 놀이였던 것이, 이 사건을 계기로 공주가 밟아가는 놀이로 바뀌었을 것으로 본다.

놋다리밟기의 기원을 말해주는 전설도 공민왕의 몽진과 연관되어 있다. 이를테면 공민왕이 안동으로 몽진해 올 때, 공민왕 일행이 소야천이라고 하는 냇가에 이르자 안동부의 여성들이 나아가 엎드려서 노국공주가 신발을 빼지 않고 내를 건널 수 있도록 했는데, 이것이 놋다리밟기의 유래라는 것이다. 물론 다른 고장에는 이러한 전설이 전하지 않는다. 이 전설은 놋다리밟기의 기원을 말한다기보다 안동지역 놋다리밟기의 전승은 공민왕의 몽진과 밀접한 연관성을 가지고 있다는 사실을 알려준다고 할 수 있다. 안동이 다른 고장에 비하여 이 놀이가 밟기 놀이 중심으로 최근까지 전승되고 있었던 까닭도 공민왕의 안동 몽진이라는 역사적 사건 때문이다. 왕이 전국의 여러 고장들을 다 제쳐두고 안동으로 몽진하고, 왕도를 옮겨서 안동을 임시수도로 삼았다는 사실은 안동 사람으로서 대단히 자랑할 만한 일이다.

본래 놋다리밟기는 대지(大地)의 신인 여성이 여름과 같은 일년 생산신을 맞이하기 위한 것이자, 여성들이 춤을 추며 남성들을 끌어들이는 모의적인 놀이를 통해서, 풍요다산을 기원하는 주술적인 목적이 짙게 깔려 있는 일종의 보름굿이었다. 그러나 사회가 발전하면서 주술적인 사고가 약화됨에 따라 점점 이러한 놀이들의 전승이 약화되기 시작하였다. 그런데 안동에서는 이 놀이가 노국공주 맞이와 연결되면서 한갓 주술적인 놀이가 아니라 역사적 사실을 상징하는 충절의 놀이로 의미가 확대되면서 조선조를 거쳐 근래까지 그 전통이 끊이지 않고 생생하게 이어졌던 것이다.

여성들의 집단적인 춤놀이인 강강술래도 마찬가지이다. 보름날 밤에 여성들이 모여서 원무를 추고 여러 가지 여흥놀이를 하면서 풍요다산을 빌었던 것은 고대부터 일반적인 풍속이었다. 그럼에도 불구하고 해남과 진도 지역에서 특히 강강술래가 강한 전승력을 보이는 것은 임진왜란이라고 하는 역사적 사실과 연관되어 있기 때문이다. 이를테면 이순신 장군이 왜군의 기세에 위축되어 있는 아군의 사기를 북돋우어주기 위하여 강강술래 놀이를 하도록 했다는 설이 있는가 하면, 왜군에게 아군의 수가 엄청나게 많고 또 사기가 높다는 것을 보여주기 위하여 서로 손을 잡고 돌아가는 강강술래를 하도록 했다는 설도 있다. 그리고, 전쟁의 와중에 부녀자들이 겁에 질려 있었으므로 이들의 사기를 돋우어주기 위하여 강강술래를 놀도록 했다는 설도 있다. 이러한 유래에 따라, 임란을 되새기기 위하여 지금까지 계속해서 강강술래를 하였다는 것이다.

강강술래의 유래는 어느 것이든 한결같이 임진왜란과 연관되어 있다. 그러나 이들 놀이 역시 고대부터 전승되었던 일반적인 원무 놀이라 할 수 있다. 임진왜란 이전부터 강강술래가 널리 전승되었는데, 임란이 터지자 앞에서 들었던 몇 가지 필요에 따라서 이 놀이가 전략적으로 이용되면서 새로운 목적 아래 연행되었을 것이다. 따라서 임란을 계기로 강강술래의 의미가 풍농을 기원하는 주술적 의미를 넘어서서 합리적으로 바뀌게 되었으며, 마침내는 이것이 강강술래의 유래이자 기원인 것처럼 인식하게 된 셈이다. 이들 몇 가지 유래 때문에 강강술래가 민족의식과 결합되면서 새로운 의미를 띠게 되어 최근까지 생생하게 전승될 수 있는 동력을 확보하게 된 것이다.

이처럼 놋다리밟기나 강강술래와 같은 전국적인 분포의 집단적인 놀이들이 특별한 지역에서 두드러진 전승력을 보이는 것은 일정한 역사적 사건과 결부되어 합리성을 획득한 덕분이라 하겠다. 이와 달리 상대적으로 역사적 사건과 결합되지 못하고 현실적으로 합리적 명분을 얻지 못한 지역에서는 이러한 공동체 놀이들이 새로운 전승력을 얻지 못하고 점차적으로 약화되다가 근래에 와서 그 자취를 감추게 되었다. 그러므로 놋다리밟기가 본디 양식대로 밟는 놀이가 되지 못하고 공민왕 몽진 이후 밟히는 놀이가 되고 말긴 했어도, 그러한 역사적 사건에 의하여 놋다리밟기의 생명력을 지속할 수 있게 되었다는 사실을 염두에 둔다면, 공민왕 몽진이 놋다리밟기에 끼친 영향은 절대적이라 할 수 있다. 그래서 우리 선조들은 아예 노국공주 맞이를 놋다리밟기의 기원으로 여겨, 널리 이야기하게 되었던 셈이다.

Ⅱ. 놋다리밟기는 강강술래와 다른 놀이인가

안동에는 다른 고장에 비하여 문화재가 양적으로도 많고 질적으로도 다양하게 전승되고 있다. 다양한 문화재들 가운데 특히 민속문화재들이 가장 많다는 사실이 주목된다. 민속문화재 가운데서도 전국적으로 두드러진 것이 바로 남정네들의 동채싸움과 아낙네들의 놋다리밟기이다. 이들 문화재는 정월 보름에 하는 집단적인 민속놀이라는 점에서 같지만 남성과 여성들이 제각기 주체가 되어서 전승한다는 점에서 큰 차이를 보인다. 그래서 동채싸움이 남성들이 하는 밀어붙이기 형식의 공격형 놀이로서 '양'의 성격을 지녔다면, 놋다리밟기는 여성들이 하는 끌어들이기 형식의 수용형 놀이로서 '음'의 성격을 지녔다. 제의적인 의도를 제외시켜 둔다면, 동채싸움이 남성들의 전투적인 상무정신을 발휘하는 놀이라면 놋다리밟기는 여성들의 정서적인 가무의 신명을 발산하는 놀이라 할 수 있다.

전통적인 여성 민속놀이 가운데 보름날 밤에 여성들이 집단적으로 모여서 공동놀이를 즐기는 경우는 해남·진도 지역의 강강술래와 안동지역의 놋다리밟기가 가장 두드러진다. 따라서 해당 전승지역에서는 강강술래와 놋다리밟기를 무형문화재로 제각기 지정하여 의도적으로 보존하고 그 전승의 맥을 이어가고자 노력하고 있다. 특히 해남과 진도에서는 강강술래의 전승이 아주 활발하게 이루어지고 상당히 현대적으로 다듬어져 있어서 큰 규모의 축제가 있으면 식전 행사로 곧잘 연행(演行)되는 기동성까지 확보하고 있다. 그럼에도 불구하고 우리는 두 가지 사실을 잘못 알고

있기 십상이다. 하나는 놋다리밟기와 강강술래가 서로 다른 계통
의 놀이로서 안동지역과 해남지역에 제각기 전승된다는 사실이
고, 둘은 놋다리밟기는 엎드리고 있는 사람의 등을 밟아가는 밟
기놀이이고 강강술래는 손을 잡고 돌아가며 춤추는 원무형 놀이
로 알고 있다는 사실이다.

그러나 이러한 놀이는 각 지역에 따라 이름이 다소 다르고 또
최근까지 전승되지 않아서 잊혀지기는 했으되 전국적으로 전승되
었던 여성들 일반의 놀이였다. 다만 안동을 중심으로 한 경북 북
부지역과 해남을 중심으로 한 전남 해안지역에서 최근까지 이들
놀이가 전승되었을 뿐이지, 이들 지역 고유의 놀이는 아니라고
할 수 있다. 반세기 전만 하더라도 거의 전국적인 분포를 보이던

강강술래의 지와밟기

여성들의 보름 놀이로 전승되었다는 사실을 염두에 둔다면, 그 이전에는 이러한 놀이들이 더 일반화되었을 가능성이 높다. 그러므로 이들 놀이를 특정지역에서 한정적으로 전승되었던 지역놀이로 이해할 것이 아니라, 우리나라 여성들이 일반적으로 즐겼던 한국여성들의 집단적인 민속놀이로 이해해야 할 것이다.

놋다리밟기는 '밟기놀이'이고 강강술래는 '원무놀이'라고 하여 서로 다른 종류의 놀이로 알고 있는 것도 착각이다. 왜냐하면 놋다리밟기나 강강술래가 어느 한 가지 유형의 놀이로만 이루어진 것이 아니라, 여러 가지 유형의 놀이들이 서로 복합적으로 이루어져 있는 놀이이기 때문이다. 다시 말하면 밟기놀이인 놋다리밟기에도 강강술래와 같은 원무놀이가 있고, 원무놀이로 알려져 있는 강강술래에도 놋다리밟기와 같은 밟기놀이가 있다는 사실이다. 다만 상대적으로 그러한 놀이가 두드러진 정도만 다를 뿐이다. 더군다나 이들 놀이는 밟기놀이와 원무놀이만 하는 것이 아니라 이 밖에도 많은 다양한 여흥놀이들이 함께 있다는 점을 고려한다면, 어느 한 유형의 놀이만을 들어 특정지역의 특수한 놀이로 인식하는 것은 이들 놀이를 온전하게 파악했다고 할 수 없다.

부분적으로 파악한 놀이의 일부를 확대하여 원무놀이는 곧 강강술래이고 밟기놀이는 곧 놋다리밟기라고 착각하듯이, 안동시에서 전승되고 있는 놋다리밟기를 밟기놀이의 본디 양식으로 오해하고 있는 경우도 있다. 안동시에서는 아리따운 처녀를 공주로 뽑아서 공주 차림으로 꾸민 다음, 부녀들이 엎드린 위를 밟아나가게 한다. 따라서 놋다리밟기에 참여한 모든 부녀들은 공주가 밟아가기를 기다리며 줄곧 엎드리는 일만 한다. 그러니 이 놀이를 전승하는 학생들이 밟기는 하지 않고 밟히기만 했다고 불만을 털어놓을 만하다. 앞에서 이렇게 밟히는 놀이로 변화된 까닭을 공민왕이 몽진했을 때 노국공주의 놋다리밟기 참여에서 찾았는데, 아직도 다른 고장에서는 밟히기가 아닌 밟기놀이로 전승되는 곳이 있어서 본디 모습을 추론할 수 있다.

안동지역을 벗어나면 여자들이 허리를 잡고 엎드린 위를 밟아나가는 놀이들을 기와밟기, 지와밟기, 지애밟기 등으로 일컬을 뿐 아니라, 공주처럼 특별히 밟기만 하는 사람을 별도로 뽑지 않고, 놀이에 참여하는 사람들이 모두 차례로 밟아나간다. 놀이에 참여하는 모든 사람들이 밟는 주체이다. 모두 밟기 위해서 밟히는 역할도 할 따름이다. 지역에 따라서는 두 줄로 나누어 서서, 서로 빨리 밟아나가기를 다투며 겨루기도 한다.

그러나 어느 지역에서든 이러한 밟기놀이만 한 곳은 없다. 안동시든 또는 다른 고장이든, 밟기놀이는 보름날 밤에 하는 여성들의 여러 놀이 가운데 한 종류일 따름이다. 그래서 금소동에서는 놋다리밟기를 보름굿의 전체 이름으로 삼되, 밟기놀이는 '지애밟기'라는 별도의 명칭으로 일컫는다. 자연히 정월 보름날 놋다리밟기를 할 때에는 지애밟기만 하는 것이 아니라 여러 가지 다양한 여성놀이들이 복합적으로 연행된다. '월월이청청'과 같은 원무도 추고, 꼬리따기와 같은 겨루기 놀이도 하며 '청어장사'와 같은 모의적인 놀이와 '콩심기'와 같은 술래잡기도 한다. '실감기'와 '실풀기' 또는 '둥둥데미'는 강강술래의 원무와 같은 양식으로 손을 잡고 돌아가며 또아리를 틀었다가 풀어가는 변형 원무의 일종이다. 그러므로 사실상 놋다리밟기는 여러 가지 여성놀이들을 복합적으로 일컫는 말이라 할 수 있다.

강강술래도 마찬가지이다. 여성들이 손잡고 돌아가며 발을 굴리는 원무만 일컬어 강강술래라 하지 않는다. 원무를 추는 동안에 또는 원무를 춘 뒤에 여러 가지 여흥놀이를 함께 즐긴다. 이를테면 강강술래의 경우는 ① 늦은 강강술래, ② 중 강강술래, ③ 잦은 강강술래가 분별되어 전승되고 있을 뿐 아니라, 이들 놀이 전후로 ④ 남생아 놀아라, ⑤ 고사리 꺾자, ⑥ 청어 엮자, ⑦ 청어 풀기, ⑧ 지와밟기, ⑨ 덕석몰이, ⑩ 덕석풀기, ⑪ 쥔쥐새끼놀이, ⑫ 문 열어라, ⑬ 가마등, ⑭ 도굿대 당기기 등의 놀이들이 더불어 놀이되고 있다. 이들 놀이 종목들을 견주어 보면 강강술래와 놋다리밟기는 본디 같은 놀이였음을 알 수 있다. 왜냐하면 이들 14가지 놀이들이 거의 놋다리밟기의 여흥놀이들과 일치하기 때문이다.

그러므로 강강술래가 원무로만 이루어진 놀이가 아닌 것처럼, 놋다리밟기 역시 밟기만 하는 놀이가 아님을 알 수 있다. 놋다리밟기니 강강술래니 하는 것은 보름날 달밤에 하는 여성들의 놀이 종목 가운데 하나이면서, 이들 놀이 종목을 아우르고 대표하는 놀이로 보는 것이 온당할 것이다.

Ⅲ. 놋다리밟기, 어떻게 하며 왜 하는가

강강술래의 두드러진 특징이 원무형식의 춤놀이라면, 놋다리밟기의 두드러진 특징은 엎드린 사람을 밟아가는 놀이이다. 물론 사람의 등을 밟고 지나가는 행위를 두고 춤이라고 할 수도 없지만, 사실상 놀이라고 하기도 어렵다. 춤이라고 할 만한 신명나는 동작이 없을 뿐더러 놀이로서 추구할 재미도 별로 없기 때문이다. 노래 또는 악기 반주에 의한 박자감 있는 몸짓, 곧 춤사위가 없을 뿐더러, 다투어 즐길 만한 오락적 요소가 두드러지지 않다. 그렇다고 해서 밟는 재미가 있는 것도 아니다. 좌우의 부축을 받으며 구부리고 있는 사람들의 등을 밟아나가는 일은 불안스럽기 그지없다. 춤도 아니고 놀이도 아닌 짓거리, 그래서 신명도 나지 않고 재미도 없는 '등밟기'를 왜 하는 것일까.

안동지역의 놋다리밟기부터 보자. 놀이에 참여한 춤꾼들이 앞사람의 허리를 잡고 엎드려 'ㄱ'자 모양으로 이어서 구부리면 일정한 사람이 좌우의 부축을 받으며 그 위를 밟고 지나간다. 밟는 이가 허리를 밟고 지나가면 계속 앞으로 가서 다시 엎드린다. 먼저 원무 형태의 '웅굴(우물)지애밟기'를 하고 나서 엎드리는 행렬이 곧게 직선으로 이어서 엎드리면 '줄지애밟기'를 한다. 안동시 성안놋다리밟기에서는 이를 '웅굴놋다리밟기'와 '줄놋다리밟기'라고 한다. 줄놋다리밟기는 아이들의 일상적인 놀이에서나 전라도의 강강술래에서도 찾아볼 수 있으나, 웅굴놋다리밟기는 이 놀이의 원형이 잘 전승되고 있는 안동의 일부지역에서만 남아 있다. 상당히 원초적인 형식의 주술적 의도를 담고 있는 양식이다.

놋다리밟기를 할 때 부르는 노랫말은 다른 놀이 종목에 견주어 볼 때 가장 길고 풍부하다. "이 지애는 누 지애로? / 나라임의 옥지앨세 // 이 터어는 누 터이로? / 나라임의 옥터일세 // 이 군사는 누 군사로? / 이 군사는 옥군살세 // 손이 왔네 손이 왔네 / 기 어디서 손이 왔노? / 경상도서 손이 왔네 // 무슨 말을 타고 왔도? / 백대말을 타고 왔네 // 무슨 갓을 쓰고 왔도? / 통영갓을 쓰고 왔네 // 무슨 도포 입고 왔도? / 직령도포 입고 왔네 //"와 같이 교환창으로 계속되는데, 노래 사설이 제법 길다. 묻고 답하는 노래 사설이 대구(對句)로 짝을 이루면서 놋다리를 밟아오는 사람의 정체를 드러낸다는 점에서 놋다리밟기의 의도를 밝히는 데 상당히 중요한 구실을 한다. 사설 어디에도 공주를 맞이하는 내용은 보이지 않는다. 오히려 백말을 타고 오는 남성을 묘사하고 있음을 단박 알아차릴 수 있다. 그러므로 공주를 뽑아서 놋다리를 밟게 한 것은 한 변형에 지나지 않는다는 사실을 거듭 확인하게 된다.

안동시에서만 밟는 이를 공주로 분장해서 놋다리를 밟게 한다. 안동시에서 15킬로미터 정도 떨어진 동성마을 금소동에서는 밟는 이를 공주로 분장시켜 내세우지도 않고 '공주'라 일컫지도 않는다. 예사 부녀 가운데 몸이 가벼워서 밟히는 이들의 부담을 덜어줄 수 있는 작고 날렵한 여성을 고를 뿐이다. 금소동의 관행을 논의의 근거로 삼는 까닭은 안동시를 제외한 다른 고장에서도 공주를 뽑지 않을 뿐더러, 금소동은 동성마을로서 안동의 대표적 전통들을 가장 최근까지 잘 전승하고 있는 마을이기 때문이다. 다른 고장에서는 공주가 등장하지 않는다는 사실을 노랫말과 관련하여 검토하면, 노국공주맞이 기원설은 설득력을 잃게 된다. 왜냐하면 노랫말 어디에도 공주를 언급하지 않은 데 비하여 한결같이 남성을 맞이하는 사설로 이루어져 있기 때문이다.

무슨 갓을 쓰고 왔느냐고 물으면 통영갓을 쓰고 왔다고 대답하고, 무슨 도포 입고 왔느냐고 물으면 직녕도포 입고 왔다고 대답할 뿐 아니라, 무슨 말을 타고 왔느냐고 물으면 백대마를 타고 왔다고 한다. 노래의 사설은 놋다리를 밟아오는 이의 차림새를 자세하게 묘사한 것인데, 공주나 여성에 관한 것이 아니라, 모두 귀공자와 같은 고귀한 신분의 남성에 관한 것이다. 이를테면 구슬갓끈, 외올망건, 호박풍잠, 관대띠, 옥관자, 산호동곶, 남창의, 철갑옷, 양모토시, 궁초대님, 순금안장, 육날미틀 등이 모두 남성의 차림새를 나타낸다. 맞이하는 사람에 관한 호칭도 '손', 곧 '손님'으로 일컫는다. 공주로 호칭하는 대목은 어디에도 없다. 남자 손님을 맞이하는 노래인 것이다. 그러므로 노래 사설은, 여성들이 모여서 원무를 추고 놋다리밟기를 하며 고귀한 남성을 손님으로 맞이하고자 한 것임을 잘 드러내주고 있다고 하겠다. 그럼 여성들이 남성을 맞이하고자 하는 까닭은 어디에 있을까.

여성은 그 자체로서 풍요다산을 상징하지만 혼자서는 생산력을 발휘하지 못한다. 남성이 있어야 여성으로서 생산력을 발휘할 수 있다. 여성이 원무를 이루며 춤을 춘다는 것은 보름달을 상징하는 동시에 대지, 곧 지모신을 상징한다. 대지는 파종을 해야 생산이 가능하듯 지모신인 여성은 일년생산신인 남성과 결합을 해야 생산이 가능하다. 말을 바꾸면, 대지는 여름과 만나야 비로소 생산력을 지니게 되는 것이다. 그러므로 여성에게는 남성 또는 여름, 일년생산신이 필요한 것이다.

노랫말을 볼 때, 여성들은 통녕갓을 쓰고 직령도포를 입은 백마 탄 늠름한 사나이를 맞아들이고자 하는 뜻을 문답식 노래를 통해 드러내는 것이다. 노래를 통해서 멋진 남성을 불러들이는 한편, 행위를 통해 남성으로 하여금 자신의 몸을 밟고 지나가게 하는 것이다. 이는 곧 모의적 성행위를 상징한다고 해도 좋을 것이다. 대지를 뜻하는 여성의 몸 위를 일년생산신을 뜻하는 남성이 와서 밟는 행위는 곧 풍요다산을 기원하는 일종의 성행위라 할 수 있다.

경상도지역에서는 허리를 구부린 모양이 기와모양과 흡사해서 그렇게 불렀다고들 말한다. 경북 군위지역에서는 기와밟기를 이 고장 사투리에 따라 '지애밟기'라고 하는데, "지애밟기는 사람의 등 위를 떨어지지 않게 조심스레 밟고 걸어가는 모습이 지붕의 기와를 밟고 가는 것과 같다고 하여 붙인 이름"이라고 한다. 원래 주술적인 의도에서 한 놀이었던 것이 전승과정에서 주술적 의도를 망각하면서, 한층 현실적인 형상을 본따 이렇게 이름을 붙인 것이 아닌가 한다.

그렇다면 주술적인 의도를 찾아야 할 일이다. 아직 노랫말에는 풍농기원의 주술성이 남아 있다. '장자골' 기와라고 하는 것이 기와밟기하는 사람의 정체를 드러내는 것인데, 이는 장자골, 곧 부자골에서 온 기와라는 뜻이다. 부자골은 그 자체로 풍농을 기원하는 유감주술(類感呪術, sympathetic magic)의 대상이 될 수 있으며 기와집을 짓는 일 또한 부자를 상징한다. 따라서 기와밟기는, 모의적 성행위를 통한 풍요다산의 본디 주술적 의도는 망각되었지만, 장자가 기와집을 짓는 일을 의식하고 모의적 행위를 함으로써 한층 현실적인 양식으로, 풍요를 꿈꾸는 주술로 변모되었다고 할 수 있다.

Ⅳ. 왜 여성들의 놀이이며 보름날 밤에 하는가

우리나라 명절은 두 가지 체계로 이루어져 있다. 하나는 1월 1일 설과 3월 3일 삼짇날, 5월 5일 단오날 등 양수가 겹치는 명절이 있는가 하면, 다른 하나는 정월 대보름과 이월 보름, 7월 보름의 백중, 8월 보름의 추석처럼 보름명절이 있다. 요즘은 몇몇 달에 한정되지만 과거에는 매월 보름마다 빠뜨리지 않고 챙겼다. 이른바 삭망제의 풍속도 이러한 전통에 속한다. 보름달이 뜬 밤에 공동체 성원들이 모여서 가무를 즐기며 축제를 벌이는 풍속은 동서를 막론하고 오랜 전통으로 자리잡고 있다. 놋다리밟기와 강강술래도 같은 맥락에서 보름 축제의 일환으로 즐기던 것이다.

보름과 같은 명절에는 으레 즐거운 놀이가 있게 마련이다. 명절 기분을 나게 하는 것으로는 맛난 음식을 마음껏 먹을 수 있고 평소에 입지 못하던 새 옷을 차려 입을 수 있는 것 외에, 평소에 즐길 수 없었던 놀이들을 마음껏 즐기는 것이다. 자연히 명절마

다 해당 명절에 적절한 별식이 있듯이 놀이 또한 적절한 것이 있
었다.

놋다리밟기를 하는 정월 대보름은 우리나라의 4대명절 가운데
하나이다. 강강술래는 정월 보름에도 하지만 8월 추석 때도 한다.
7월 백중 때에도 다양한 백중놀이가 있었다. 한결같이 풍요다산
을 기원하는 놀이들이다. 특히 정월 보름은 대보름이라 하여 설
과 함께 가장 큰 명절에 해당되므로, 우리 민속놀이의 절반 이상
이 이때 집중되어 있다. 남녀노소 가림 없이 신바람 나게 즐길
수 있는 대동놀이들은 거의 대보름에 집중되어 있다. 보름에는
특히 여성들의 집단놀이가 한층 드세다.

설이 남성들의 명절이라면 보름은 여성들의 명절이기 때문이
다. 설에는 달이 뜨지 않는 날로서 상대적으로 낮이 강조되는 양
의 명절이라면, 보름은 달이 완전하게 차오른 날로서 상대적으로
밤이 두드러진 음의 명절이다. 설에는 피붙이끼리 모여서 혈연굿
을 하는 가부장적(家父長的) 명절로서 가족과 일가들끼리 더불어,
산 조상들께는 세배를 드리고 죽은 조상들께는 차례를 올리는 데
비하여, 보름에는 이웃끼리 지연굿을 하는 가모장적(家母長的) 명
절로서 마을사람들끼리 모여 동신(洞神)에게 제의를 올린다. 동신
들 가운데에는 골매기 할매와 같은 여신들이 많다는 것도 보름
명절의 성격과 관련하여 주목할 만하다.

설에는 혈연들끼리 상하질서를 확립하고 가문의 번영을 비는
남성 중심의 체제를 강화하는 의식을 주로 수행한다면, 보름에는
이웃들끼리 횡적 유대를 다지고 풍년의 기원을 통해 마을의 번영
을 비는 여성 중심의 의식을 주로 수행한다고 할 수 있다. 따라
서 설에는 남성 중심의 가족과 일가를 따라 큰집으로 찾아가 모
이지만, 보름에는 여성 중심의 가족과 일가를 따라 친정이나 처

가, 외가로 찾아가 모인다. 농사의 풍요는 땅, 곧 대지의 신인 지
모신과 연결되어 있으므로, 보름 동제와 여성들의 집단놀이는 밀
접한 연관성을 지닌다. 그러므로 여성들의 집단놀이인 강강술래
와 놋다리밟기는 으레 보름 명절인 정월 대보름과 8월 추석 때
연행된다.

그렇다고 하여 설에는 여성놀이들이 없고 보름에는 여성들 놀
이만 있는 것도 아니다. 보름에도 동채싸움과 같은 남성들의 놀이
가 있었으며 남녀가 함께 참여하는 줄당기기도 있었다. 줄당기기
가 남녀 공동의 놀이라면, 놋다리밟기나 강강술래는 동채싸움이
나 고싸움 등 남성들의 놀이와 맞서는 여성들의 놀이라 할 수 있
다. 남성들의 놀이는 밀기 형식의 공격형 놀이로서 노래보다 풍물
장단에 흥을 돋우면서 하는 전투적 놀이라면, 여성들의 놀이는 불
러들이는 형식의 수용형 놀이로서 풍물 장단보다 정서적인 노래
를 동반하는 가무형 춤놀이라 할 수 있다. 그러므로 달의 명절이
자 음의 명절인 보름에 풍요다산을 기원하는 주술적 놀이를 하는
주체로는 대지를 상징하고 다산을 실현하는 여성들이 적격일 수밖
에 없다. 더군다나 보름달은 그 자체로 차오른 형상을 통해 풍요
를 상징하는 까닭에 보름날 달밤에 하는 것이 제격이다.

남성과 태양이 양이자 낮을 상징하는 것처럼 여성과 달은 음이
자 밤을 상징한다. 따라서 여성들이 밤에 강강술래나 놋다리밟기
와 같은 놀이를 하는 것은 자연스럽다. 더군다나 이들 놀이를 하
는 명절은 한결같이 보름 때이므로 보름의 상징성을 살리려면 밤
에 하지 않을 수 없다. 강강술래의 원무나, 놋다리밟기의 원무는
한결같이 달이 차오르고 이지러지는 과정을 여러 모로 형상화해
주는 춤으로서, 죽음의 계절인 겨울을 물리치고 생산의 계절인
여름을 불러들이는 것을 모의적으로 보여주는 구실을 한다. 보름

날 달밤에 추는 이러한 모의적 원무가 풍요다산의 주술적 힘을 획득한다고 믿었던 것이다.

계절적으로는 겨울이 가고 여름이 돌아와야 생산력이 발휘될 수 있지만, 성적으로는 남녀가 결합해야 생산력이 발휘될 수 있다. 여성들이 남성을 불러들여 성적 교섭을 가지려면 밤이어야 한다. 밤에 이루어지는 축제는 현실적으로 남녀가 더불어 사랑을 고백하고 사랑을 나눌 수 있는 기회가 되며, 주술적으로는 풍요다산을 기원하는 모의적 성행위 양식의 놀이가 이루어진다. 놋다리밟기는 이러한 모의적 양식이 두드러지는 놀이이다. 두 패의 놋다리밟기 무리들이 서로 다리를 먼저 차지하거나 건너려고 다투는 행위에서도 이러한 성행위 상징을 읽어낼 수 있다.

안동시에서는 서문둑다리에서 동서부 놋다리밟기가 서로 다리 뺏기를 다투고, 금소동에서는 구무다리에서 아래 윗마을의 놋다리밟기가 서로 다리 뺏기를 다툰다. 겉으로 보기에는 길을 먼저 차지하려는 길싸움 같으나, 사실은 성적 상징성을 지니는 것이다. 다리는 교량이라는 뜻과 함께 인체의 다리를 함께 의미한다. 사람의 다리 사이에는 성기가 자리잡고 있다. 그래서 어른들은 아이들을 놀리고자 할 때 "너는 다리 밑에서 주워 온 아이"라고 한다. 아이들이 출생의 비밀을 물을 때에도 이와 같은 대답을 하여 동음이의어에 의한 암시적 수법으로 출생의 비밀을 가르쳐준다.

다리 사이는 남녀의 성 구별이 없다. 그러나 다리 이름을 보면 남성이 아니라 여성임을 알 수 있다. 서쪽이 음이고 여성을 상징하며 '문' 또한 여성기를 나타낸다. 따라서 서문둑다리는 곧 여성의 다리이자 여성기를 상징하는 것이다. 금소동의 구무다리도 마찬가지이다. 구무다리의 구무는 '구멍'의 사투리로서 여성기를 상징하는 말이다. 이처럼 놋다리밟기를 하면서 밟아나가는 일년생

놋다리밟기 겉으로 보기에는 길을 먼저 차지하려는 길싸움 같으나, 사실은 성적
상징성을 지니는 것이다(안동민속박물관 사진).

산신, 곧 남성신이 여성기의 상징인 다리 빼앗기를 다투다가 어
느 한 쪽이 이를 차지하여 건너간다는 것은 곧 모의적인 성행위
를 하는 것이나 다름없다.

특히 안동시 성안 놋다리밟기나 금소동 놋다리밟기에서는 여성
들이 원을 이룬 다음에 놋다리밟기를 하는데, 이를 특히 웅굴(우
물)놋다리라고 한다. 여성들은 원무를 추다가 감았던 또아리를 풀
고 커다란 원을 이룬 다음에, 모두들 머리를 원 안쪽으로 향하고
궁둥이를 바깥쪽으로 높이 드러낼 뿐 아니라, 저고리를 버린다는
구실로 치마를 뒤집어써서 속옷과 아랫도리가 드러나도록 한다.
이 위를 갓을 쓰고 도포를 입고 말을 타고 온 남성이 밟아가는
것이다. 남성이 아랫도리를 노출한 여성을 밟고 지나가는 일이나,
우물과 샘을 상징하는 여성들의 웅굴을 통과한다는 것은 곧 성행
위나 다름없는 일이다. 자연히 이러한 모의적 성행위굿은 은밀하

게 할 수밖에 없다. 하회별신굿에서도 다른 놀이들은 낮 동안에 하지만 신방마당만은 밤에 은밀하게 행한다. 첫날밤의 의식을 대낮에 많은 사람들이 보는 앞에서 치를 수 없기 때문이다. 놋다리밟기를 밤에 하는 까닭도 이 때문이다.

진도의 강강술래 또한 여성들이 남성을 끌어들이는 구실을 했다는 기록이 있어, 놋다리밟기 노래나 몸짓이 뜻하는 바와 일치함을 발견할 수 있다. 진도에 귀양 왔던 구한말의 벼슬아치 정만조(鄭萬朝)가 쓴 《은파유필(恩波濡筆)》에 강갈술래의 어원과 놀이방법은 물론 고사리꺾자, 청어엮자, 꼬리따기 등과 같은 여흥놀이도 원래 명칭과 함께 자세히 기록해 두었다. 이 가운데 특히 원무강강술래에 관한 기록이 주목을 끈다.

> 높고 낮은 소리를 서로 주고받으며 느릿느릿 돌고 돈다. 한동안 섰다가 이리저리 돌아가네. 젊은 여인들의 마음에는 사내 오길 기다리네. 강강술래를 하니 때맞추어 역시 사내들이 찾아오네. 이날 밤 집집마다 여자들이 두루 모여서 달을 밟으며 노래하는데, 한 여성이 선창을 하면 여러 여성들이 느릿느릿 소리를 받기를 강강술래라 한다.

강강술래의 춤과 노래가 남성들을 기다리는 마음을 담고 있으며, 실제로 남성들이 이 노래 소리를 듣고서 찾아왔다는 것을 잘 드러내주고 있는 기록이다. 여성들이 남성들을 불러들이는 집단적인 유혹의 춤놀이는 축제의 일반적 특징이라 할 수 있는데, 이러한 축제는 한결같이 밤에 이루어지는 것이 제격이다. 강강술래가 보름날 밤에 만월이 솟아오를 때 시작하여 밤이 이슥할 때까지 연행되는 것도 같은 맥락에서 이해할 수 있다.

V. 왜 하필 놋다리밟기라 일컫는가

안동에서는 이 놀이를 왜 놋다리밟기라고 일컬었을까. 밟기란 말은 밟아 가는 행위가 두드러지는 놀이이기 때문에 설득력을 지니지만, 놋다리란 말은 무엇을 뜻하는지 쉽게 알아차릴 수가 없다. 홍석모(洪錫謨)가 쓴 《동국세시기(東國歲時記)》에 따르면 안동의 놋다리밟기를 '동교(銅橋)', 즉 구리다리라고 기술하고 있다. 놋다리가 곧 놋쇠다리라면 '유교(鍮橋)'라고 일컬어야 마땅할 터인데 동교라고 하였다. 이와 같이 쇠붙이를 소재로 한 다리라는 말이라면, 놋다리의 의미는 놋쇠처럼 튼튼한 다리를 뜻한다고 볼 수 있다. 그러나 이러한 말풀이는 놀이의 의미와 밀접한 관련성이 없다. 한결같이 노국공주를 맞이하는 '다리' 구실을 염두에 두기 때문이다.

이 놀이의 본디 기능인 풍농기원을 염두에 둔다면 명칭의 일부인 놋다리를 중심으로 상상력을 펼칠 것이 아니라, 온전한 명칭을 고려하여 실제로 이 놀이를 하는 사람이 어떻게 일컫고 있는가 하는 사실을 함께 살펴야 한다.

초창기 보고서나 지금의 구어를 들어보면 놋다리밟기가 아니라 '논따리밟기'라고 일컫고 있음을 알 수 있다. '논따리'는 무슨 다리가 아니라, '논또가리', 즉 '논뙈기'의 이 지방 사투리가 축약된 말이다. 다시 말하면 논또가리가 논또아리 → 논똬리 → 논따리로 바뀐 셈이다. 놋다리밟기라고 한 것은 《동국세시기》의 동교와 관련 지어 무슨 다리인 것으로만 의식하여 잘못 표현하였을 가능성이 있다.

비교적 본디 모습을 유지하고 있는 금소동 놋다리밟기를 보면, 보름날 밤에 부녀들이 "어화루여 논따리야!" 하고 외치며 마을을 돌다가 마침내 모이는 곳이 마을 안 텃논이다. 여기에 모여서 월월이청청과 같은 원무도 추고 실감기, 실풀기, 꼬깨싸움, 지애밟기, 꼬리따기, 꿀집짓기 등 일련의 여성 집단놀이를 하는 것이다. 정월 보름이면 계절적으로 논보리밟기를 시작하는 시기이다. 텃논에 모여서 이런 놀이를 하는 동안 실제로 논보리를 밟아주어 보리 생산을 높여주는 구실을 하는 것이다. 텃논의 보리밟기를 통해서 텃논의 보리가 잘 자라면 들녘의 보리도 잘 자랄 것이라는 유감주술적(類感呪術的) 기대가 갈무리되어 있다.

안동시의 놋다리밟기도 마찬가지이다. 지금의 시가지는 주택가로 변했지만 100년 전만 하더라도 시가의 중심가는 대부분 논밭이거나 빈터였다. 따라서 안동시의 놋다리밟기, 특히 성밖놋다리밟기는 논이나 밭에 모여서 했을 가능성이 높다. 풍농의례인 줄당기기나 모의적 성행위굿이 보리밭과 같은 파종현장에서 이루어졌다는 보고서를 염두에 둘 필요가 있다. 이를테면 영산에서는 줄당기기를 봄보리밭에서 하며 보리밟기를 겸했다는 것이다.

놋다리밟기는 강강술래와 달리, 어느 한 곳에서만 하는 것이 아니라 놋다리를 밟으면서 이동한다는 점을 고려할 때 보리밟기의 기능이 한층 두드러진다. 따라서 이 놀이의 주술적 의도나 놀이의 시기, 놀이 장소, 이동 양상 등을 고려할 때, 이 놀이는 보리밟기의 실제적 구실을 담당했던 것이다. 그러므로 놋다리밟기는 사실상 논보리밟기에서 온 것으로 논또가리, 곧 논뙈기 밟는 놀이라는 뜻으로 받아들여도 좋겠다.

VI. 원무의 춤놀이, 무엇이 같고 다른가

놋다리밟기든 강강술래든 보름축제는 여러 갈래의 잡다한 놀이들이 더불어 있다는 점에서 같다. 이들 놀이들을 두드러진 특성에 따라 몇 갈래로 묶어서 분별해 보면, 그 정체를 쉽게 파악할 수 있다. 놀이의 순서와 상관없이 놀이의 속성을 고려하여 몇 가닥으로 묶어보면 다음과 같다.

① 강강술래와 같은 원무, ② 달넘세나 실감기와 같은 원무의 변형, ③ 기와밟기와 같은 밟기놀이, ④ 대문열기와 꼬리따기 같은 겨루기 형식의 놀이, ⑤ 청어장사와 청어엮기와 같은 생업의 형상, ⑥ 도굿대 당기기와 꼬깨싸움과 같은 힘겨루기놀이, ⑦ 외따기 놀이와 같은 극적인 놀이 등으로 나눌 수 있다.

물론 이들 놀이는 놋다리밟기와 강강술래에 함께 포함되어 있는 것으로서 두 지역의 놀이가 본디부터 동질성을 지니고 있음을 알 수 있다. 그러나 두 지역의 문화적 역사적 지리적 차이에 따라 구체적인 놀이방식 또한 다르지 않을 수 없다. 두드러지게 발달된 놀이도 지역에 따라 다르다. 먼저 원무부터 보기로 한다.

원무는 강강술래에서 가장 잘 발달되어 있는 춤이자 대표적인 놀이이다. 강강술래는 늦은 것과 중간 것, 잦은 것으로 분화되어 있는데, 메김소리의 노랫가락이 느릿한 진양조에서 시작하여, 중모리 또는 중중모리, 자진모리로 전개되는 데 따라 점점 빠르게 진행되는 원무로서, 손을 아래위로 가볍게 흔들면서 오른 발로 새차게 발을 구르며 박자를 맞춘다. 가까이서 들으면 강강술래의 구성진 노래와 함께 땅을 굴리는 발소리가 짝짝 맞아떨어진다.

전남에서는 강강술래를 늦은 강강술래, 중 강강술래, 잦은 강강술래로 나누어서 인식하고, 또 그 노래도 분별하여 부르고 있을 뿐 아니라, 노래의 사설도 엄청나게 풍부하다. '강강술래'라고 하는 이 원무의 명칭은 사실상 노래의 후렴구를 따서 일컫는 것에 불과하다고 하겠다.

그러나 안동의 놋다리밟기에서는 이 원무를 월월이청청이라 한다. 축제의 첫놀이로 시작한다는 점과 손을 잡고 추는 원무라는 점에서 강강술래와 일치하긴 하나, 춤의 내용도 활달하지 못하고 노래 사설은 강강술래에 비해 상대적으로 빈약하다. "월월이청청" 또는 "강강술래"라는 후렴구를 반복하는 정도로 축소되어 있다. 조사할 때마다, 또는 전승자에 따라 후렴구에 다소 차이를 보이긴 하나, 후렴 외의 노랫말이 수집되지 않고 있다. 재미있는 것은 임하면 금소동에서는 '꼬깨싸움'을 하기 전에 사기를 올리기 위하여 했다고 하는데, 그 노랫말의 앞뒷소리가 모두 일정한 후렴구로 고정되어 있으되, 앞소리를 메기는 선도자가 "강강술래야" 하면 뒷소리를 받는 일행이 "얼얼이청청" 하고 받는다는 사실이다. 그러다가 실감기와 실풀기를 하게 되면 원형에서 또아리를 틀었다가 또아리를 풀어내는 놀이로 바뀐다. 이러한 원무의 변형도 강강술래와 일치한다.

강강술래나 월월이청청의 원무 다음에는 이를 변형시킨 여러 양식들의 춤이 계속해서 연행된다. 변형원무 가운데 가장 처음으로 하는 것이 안동지역에서는 '달넘세'라고 하고, 해남지역에서는 '고사리 꺾자'라고 한다. 원무를 추다가 손을 잡은 채로 원을 이루고 자리에 앉으면 제일 선두가 달넘세 노래를 부르며 일어나서 뒷사람과 손잡은 위를 뛰어넘어 왼쪽으로 돌기 시작한다. 다음 사람도 따라 일어나서 돌며 계속해서 다음 사람의 손 위로 돌아

나가게 되면 원이 점차 사라지고 또아리 모양의 나선형을 이루게
된다. 이때 부르는 노래를 보면 "달넘세 달넘세/ 어리하산아 달넘
세" 또는 "어허라 쿵쿵 달넘세"라고 한다. 특별히 앞소리 사설을
메기지 않는다. 원형의 달을 뛰어넘는다는 뜻에서 '달넘세'라고
하지 않았을까 한다.

　다음으로 들 수 있는 변형원무로는 놋다리밟기의 실감기와 실
풀기, 그리고　강강술래의 덕석(멍석)말기와 덕석풀기를 들 수 있
다. 이름 그대로 원무 상태에서 실을 감고 풀듯 또는 덕석을 말
고 풀듯 움직이는 춤인데, 결과적으로 나선형의 또아리를 이루었
다가 다시 펴서 원을 이루는 것이다. 그러나 그 구체적 양식은
실감기나 덕석말기처럼 서로 다른 양상을 보인다.

　안동지역의 실감기를 보면, 선두가 원에서부터 벗어나 계속 왼
쪽 방향으로 돌면 뒷사람들이 손을 잡고 따라 돌고 제일 후미는
제자리에서 그대로 서 있다. 그러면 실꾸리 모양으로 완전히 감
기게 된다. 이때 부르는 노래는 "집실로 감아라 당대실로 감아라"
하고 선두가 앞소리를 하면 뒤를 따르는 이들은 "명주실로 감아
라 탱탱 감아라" 하고 뒷소리를 받는다. 노랫말 그대로 실을 꾸
리에 감듯이 탱탱 감아서 제자리에 서 있던 후미는 사람들에 의
해서 완전히 에워싸일 정도로 서로 몸을 안으로 하고 감싸 안은
모양을 이룬다.

　해남지역의 덕석말기는 나선형을 이룬다는 점에서 같되 돌아가
는 방식이 다르다. 선두가 원의 안쪽으로 갈마들면서 돌아드는
것이다. 물론 뒷사람들도 계속 따르며 안으로 갈마든다. 덕석말기
를 마치면 선두는 또아리의 가장 가운데에서 돌고 있고 후미는
가장 바깥쪽에서 따라 돌고 있다. 선두가 움직이는 한 뒤를 따르
는 사람도 계속 움직일 수 있다. 실꾸리는 다 감게 되면 더 이상

감을 수 없지만, 멍석은 말기를 마쳐도 계속 굴릴 수 있다. 선두가 안으로 갈마들었을 뿐 아니라 뒤도 계속 따라 움직일 수 있기 때문이다. 덕석말기를 다 하여도 실감기처럼 춤꾼들이 서로 밀착되어 엉겨 붙은 상태가 아니다. 계속 자유롭게 춤을 추며 돌아갈 수 있도록 일정한 거리를 유지하고 있다. 감아 둔 실꾸리와 말아 놓은 멍석에 견주어볼 만하다.

이들 놀이는 한결같이 생업과 밀접한 연관성을 지닌다. 실감기는 길쌈과 같은 가내수공업이 이루어지는 단계에서 가능한 생산활동이다. 덕석말기는 벼를 널어 말릴 필요가 있고 멍석과 같은 짚공예품이 보급된 이후, 곧 벼농사가 시작된 뒤부터 가능한 노동 행위이다. 따라서 이들 춤은 앞의 변형원무보다 나아간 단계의 춤이라고 해도 좋겠다. 달의 생산력을 모방하는 유감주술의 원초적인 춤이, 생업의 발달과 함께 생업활동을 형상화하고 이를 유감주술로 모방하는 춤을 추기에 이른 것이다.

그러면서도 지역적인 차이를 보이는 것은 해당지역의 주된 생업의 독자성 때문이다. 원무의 변형으로서 실감기와 실풀기를 하는 안동지역은 안동포의 본고장으로서 전국적으로 길쌈이 유명하다. 이 지역은 안동포의 재료인 삼[大麻]의 경작에 적절한 토질과 기후 조건을 갖추고 있어 아직까지 삼을 널리 경작하고 있을 뿐 아니라, 그 품질도 가장 우수한 것으로 인정받고 있다. 그리고 전통적으로 부녀들의 길쌈 솜씨가 뛰어나서 삼베 또한 곱기로 이름 나 있다. 놋다리밟기놀이 가운데 실감기와 실풀기놀이는 특히 안동포의 본산지인 금소동에서 전승되고 있을 뿐 아니라, 그 춤의 형상이 길쌈의 과정과 정확하게 일치하고 있다.

해남지역은 길쌈의 본고장이 아니다. 따라서 달이 이지러지고 차오르는 과정을 모방한 또아리 모양의 나선무를 추면서도 길쌈의 한 공정인 씨실감기를 떠올리기 어렵다. 오히려 일상생활에 널리 행하고 있는 멍석을 말고 푸는 일을 한층 더 쉽게 떠올릴 수 있다. 왜냐하면 이 지역은 오래 전부터 벼의 수확이 많은 전국 최대의 곡창지대였고, 벼를 거두어들이면 이를 잘 갈무리하거나 도정을 하기 위해서 멍석을 펴고 벼를 널어 말려야 하기 때문이다. 벼의 효과적 건사를 위해 멍석을 펴고 마는 일을 유난히 드세게 해야 하는 곳이 바로 이 지역이다. 또아리를 트는 변형원무를 추면서 구체적인 생활 현실의 멍석 말고 풀기를 연관지우는 것은 자연스러운 일이라 하겠다.

Ⅶ. 겨루기놀이, 무엇이 같고 다른가

보름축제에서 하는 겨루기 형식의 패놀이는 두 갈래가 있다. 하나는 대문열기나 꼬리따기와 같은 노래놀이들이고, 둘은 도굿대당기기와 꼬깨싸움과 같은 힘싸움놀이들이다. 먼저 노래놀이들부터 보면, 안동지역에서는 대문열기(꿀집짓기), 꼬리따기(송아지떼기)라고 하는 놀이를 해남지역에서는 각각 문열어라, 쥔쥐새끼놀이(닭삶이)라고 한다.

안동의 대문열기는 두 사람이 손을 마주잡고 쳐들어 대문을 만들면 다수가 허리를 잡고 대문을 지나가다가, 대문에 걸리면 꿀집이나 밥집으로 가서 서게 된다. 이를테면 대문 구실을 하는 사람이 지나가는 사람의 꼬리를 잡고 "꿀로 갈라, 밥으로 갈라?" 또는 "꿀집 지을래, 밥집 지을래?" 하고 물으면 "꿀로 간다"거나 "밥집으로 간다"고 대답한다. 대답에 따라서 꿀집과 밥집으로 갈려 선다. 대문을 만들고 서 있는 사람 가운데 한 쪽이 꿀집이고 다른 쪽이 밥집이다. 대문을 지나는 사람들은 어느 쪽이 꿀집인지 밥집인지 모르도록 한다. 꿀집과 밥집으로 패가 갈리면 숫자를 따져서 먹을 것, 곧 '밥'의 풍년 여부를 점치기도 한다. 그리고 이렇게 꿀집과 밥집으로 갈린 두 패는 다음 놀이인 꼬리따기를 하는 패로 굳어진다. 결과적으로 꼬리따기 패를 가르는 구실까지 하는 것이다.

대문을 지나가기 전에 맨 앞장 선 사람과 대문을 만든 사람이 노래를 주고받는다. 대문을 통과하고자 줄을 선 사람 가운데 선두가 앞소리로 물으며 대문을 만들고 있는 사람이 뒷소리로 답을 한다.

<blockquote>
어느 문으로 대령할꼬
　남대문으로 대령하지
문이 낮아 어찌할꼬
　그나따나 대령하지
돌적 없어 못 건닐세
　그나따나 대령하지
</blockquote>

이 놀이를 다른 말로 '꿀집짓기'라고도 하는데, 노랫말과 대문 열기라는 명칭을 고려해 보면 집안에 복이 들어가는 상황을 형상화한 놀이로 볼 수 있다. 복이 수월하게 들어갈 수 있도록 문도 높게 달아야 할 뿐 아니라 쉽게 여닫을 수 있도록 돌쩌귀도 달아 두어야 한다는 뜻이다. 문으로 들어오는 것은 밥이든 꿀이든 모두 집을 복되게 한다. 따라서 행렬이 지나가면 이를 사로잡아 밥과 꿀을 취하는 것이다. 아침 일찍 대문을 열고 마당을 쓸면 만복이 집안으로 굴러 들어온다는 의식과 상통하는 놀이라 하겠다.

해남의 문열어라놀이도 방식이 거의 같다. 쥔쥐새끼놀이가 끝나고 허리를 잡은 채 일렬로 서게 되면 앞소리꾼이 "문지기 문열어 주소"라고 선창을 한다. 그러면 맨 앞사람 둘이 마주 보고 손을 들어 맞잡은 채 문을 만들면 다른 사람들이 허리를 잡은 채 이 문 속을 지나간다. 이때 문지기가 갑자기 손을 내려 못 가게 잡는다. 그러면 잡힌 사람이 대신 문지기 노릇을 하게 된다. 이것을 되풀이한다. 노래도 아주 단조롭다. 허리를 잡고 문을 지나가는 사람이 앞소리꾼과 같은 노래를 부르면 문지기들은 "열쇠 없어 못 열겠네" 하고 답한다. 같은 사설을 계속해서 주고받으니 변화가 없다. 물론 승부를 가리거나 점을 치는 기능도 보이지 않는다. 주술적 의도도 찾아보기 어렵다. 안동지역의 대문열기놀이가 가졌던 원초적 기능들이 퇴화되고 놀이적 요소만 단편적으로 남아 전승되고 있는 까닭이 아닌가 한다.

해남지역의 쥔쥐새끼놀이는 들쥐가 논두렁을 통과할 때 새끼쥐들이 어미 쥐의 꼬리를 물고 뒤따르는 형상을 본뜬 것이라고 해서 붙여진 이름이다. 들쥐를 해남에서는 쥔쥐라고 한다. 안동지역과 마찬가지로 '꼬리따기'라고 하기도 하고, 삵괭이가 닭을 잡아먹는 형상이라는 뜻에서 '닭삵이'라고도 한다. 이 놀이는 덕석풀기를 마치고 일렬로 선 상태에서 앞소리꾼이 "쥔쥐새끼 잡세"라고 하면 일제히 앞사람의 허리를 잡는다. 선두는 재빨리 움직여서 맨 뒷사람을 잡아채려고 하나 모두 허리를 잡고 있으므로 쉽게 꼬리를 따지 못한다. 꼬리를 따게 되면 잡힌 사람을 앞장세우고 꼬리를 딴 선두는 목마를 태워 노래를 부르며 행진을 한다. 다른 놀이꾼들은 허리를 잡은 채 뒤를 따르고 목마를 탄 선두는 두 손을 들어 덩실덩실 춤을 춘다.

꼬리를 길게 이은 모습을 들쥐새끼들의 행렬에 견주어 쥔쥐새끼놀이라고 하나, 원초적으로는 씨앗의 뿌림과 거둠의 관계를 형상화한 것 같다. 노래의 사설을 보면 콩과 팥 한 톨을 던져서 콩차와 팥차를 이루었다는 것이니, 꼬리의 선두는 씨앗을 상징하고 뒤에 매달린 사람들은 씨로 하여 맺은 열매들을 상징한다. 한 톨의 씨를 뿌렸으나 그 뒤를 이은 열매는 무성하다. 선두가 꼬리를 따서 다시 선두에 세우는 것은 씨앗에서 거둔 열매 가운데에 다시 씨앗을 심는 반복성을 뜻한다.

이와 견주어볼 만한 안동의 꼬리따기는 '송아지따기'라고도 한다. 꼬리를 따는 사람이 한 사람 앞에 나서서 선창을 하면 나머지 사람들은 후창을 한다. 꼬리를 따는 사람은 허리를 잡히지 않고 선두와 마주 서서 꼬리를 딴다는 점에서 쥔쥐새끼놀이와 차이가 난다. 노래를 한참 부르며 허리를 이어 잡고 섰는 사람들의 경계를 늦추다가 갑자기 꼬리를 따려고 뒤쪽으로 달려간다. 그러면 맨 앞에 서 있던 사람은 꼬리를 잃지 않기 위해 가로막고 나선다. 꼬리를 잡게 되면 잡은 사람은 맨 앞에 가서 붙고 꼬리를 잡힌 사람이 앞에 나서서 다시 꼬리따기 역할을 한다. 노래는 꼬리따기를 하기 전에 서로 마주 보고 부른다.

> 저기 저 달 봤나 / 난도 봤다
> 저기 저 해 봤나 / 난도 봤다
> 저기 저 별 봤나 / 난도 봤다
> 안동에 내려서 서악사절 봤나 / 난도 봤다
> 미질들 올러 수레들 봤나 / 난도 봤다
> 한 넘만 다고 / 어떻다고
> 두 넘만 다고 / 어떻다고
> 물레 실실 돌아간다 / 어떻다고

해남의 놀이보다 한층 경쟁적이다. 꼬리를 따는 이와 꼬리를 지키는 이가 일대 다수로 완전히 분리되어 있는 상태에서 노래를 주고받으며 신경전을 벌이다가 꼬리를 따려 하고 이를 막으려 하며 격렬한 다툼을 벌인다. 꼬리의 선두는 꼬리따는 이가 움직이는 대로 따라 움직이고 꼬리의 후미는 그 반대로 움직여 되도록 꼬리 따는 이의 접근을 막는다. 그러다가 보면 긴 꼬리가 쓰러지며 떨어져나가서 꼬리를 잡히게 된다. 해남의 놀이에서 발견되는 원초적 주술성이 거의 퇴화되면서 겨루기 형식의 놀이로 발전되어 오락성을 추구하게 된 것이 안동지역의 꼬리따기가 아닌가 생각된다.

꼬리따기를 '송아지떼기'라고도 하며 때에 따라서 노래의 사설도 송아지 따는 내용으로 바꾸어 부른다. "저 뒤에 깜둥산지(검둥송아지) 따라오는 거 봤나 난도 봤다 / 한 마리만 나를 다고 어떻다고 / 아니 주면 내따간다 어떻다고 / 요놈의 산지(송아지)를 내따가야지 어떻다고" 한다. 이는 암소를 따라 줄기차게 붙어 다니는 송아지를 젖떼기하여 일소로 기르는 일에 빗대어서 지어 붙인 이름이라 하겠다. 소는 축력으로 이용될 뿐 아니라 지력을 높이는 거름을 제공하므로 농가에서는 없어서는 안 될 생산요소였다. 원초적 주술의 놀이가 실제적 생산력의 상징인 송아지 번식으로 상징화되었다가, 다시 놀이 그 자체의 논리에 따라 꼬리따기로 변화되었을 가능성을 유추해볼 수 있다.

Ⅷ. 두 놀이, 이래서 같으면서도 다르다

지금까지 두 지역에서 전승되는 놋다리밟기와 강강술래를 검토한 결과, 두 놀이의 가장 대표적인 놀이 양식으로 주목되었던 원형 춤과 나선형의 춤, 그리고 사람들의 등을 밟고 지나가는 '기와밟기'놀이는 두 지역에서 제각기 전승되는 것이 아니라 함께 전승되는 것으로서, 놋다리밟기나 강강술래를 이루는 공통적인 놀이 양식이라는 사실을 확인할 수 있었다. 따라서 원무 형식의 강강술래나 밟기 형식의 놋다리밟기가 어느 지역 고유의 전통놀이라 하는 것은 놀이의 부분만 보고 전체를 보지 않은 데서 비롯된 오류일 따름이다.

실제로 강강술래의 원무는 '월월이청청'이라 하여 안동의 놋다리밟기를 비롯한 전국 각지의 여성 집단놀이에 일반적으로 보이는 것이며, 놋다리밟기 역시 '기와밟기'라 하여 해남과 진도의 강강술래를 비롯한 아이들의 놀이에도 널리 보인다. 원무 또는 밟기와 같은 대표적인 놀이뿐만 아니라, 이들 놀이 사이에 여흥으로 하는 놀이들 역시 두 지역의 보름축제에 두루 보인다. 이를테면 안동 놋다리밟기의 '달넘세'는 해남 강강술래에서 '담넘기' 또는 '고사리꺾기'로 전승되고, 해남 강강술래에서 '덕석말기'와 '덕석풀기'는 안동 놋다리밟기에서 '실감기'와 '실풀기'로 전승된다. 그리고 강강술래의 여흥놀이 '청어엮기'와 '청어풀기'는 놋다리밟기의 여흥놀이 '청어장사'와 같은 양식으로 존재한다. '대문열기'와 '꼬리따기'와 같은 놀이도 두 지역의 보름축제에 공통으로 들어가 있어, '강강술래'와 '기와밟기'와 마찬가지로 이 놀이들을 어느 지역 고유의 놀이라고 말할 수 없다. 이 밖에도 '외따기'와 같은 극적인 놀이나 '가마등'과 같은 놀이도 두 지역에 두루 전승되었다.

그러므로 지역에 따라서 '강강술래'나 '강강수월래'라고 하든 또는 '놋다리밟기'나 '기와밟기' 또는 '월월이청청'이라고 하든 그 이

름이나 전승지역의 차이에도 불구하고 본디 같은 놀이었다고 해
야 정당한 이해에 이를 수 있다. 그렇다고 하여 전혀 차이가 없는
것은 아니다. 해당 지역에서 겪게 되는 역사적 사건과 관련하여
놀이의 양식이 크게 층차가 생기게 되어 지역차를 드러내게 되었
던 것이다. 안동의 놋다리밟기와 해남의 강강술래는 근본적으로
같은 양식의 보름축제를 이루었으되, 안동지역의 놀이는 공민왕
의 몽진에 의한 노국공주 맞이로 놋다리밟기가 역사적 의미를 지
니면서 확대 재생산되어 밟기 양식의 놀이가 크게 두드러지는 변
화를 보였다. 이에 비하여, 해남과 진도지역의 놀이는 임진왜란을
겪으면서 주민들 및 군사들의 사기진작을 위하여 강강술래를 하
게 됨에 따라 강강술래의 여러 놀이 가운데 특히 원무가 두드러
지게 발달하는 변화를 보였던 것이다. 이러한 변화 때문에 마치
두 놀이는 본디부터 서로 다른 놀이었던 것처럼 인식되었다.

 다른 놀이의 경우도 서로 동질성을 지니는 가운데 지역적 특징
이 드러난다. 그 특징은 지역의 역사적 문화적 사정과 자연환경
및 생업의 차이에 연관되어 있다. 이를테면 강강술래를 하는 해
남·진도 지역은 청어 생산지이므로 '청어엮기'놀이가 있다면, 놋다
리밟기를 하는 안동지역은 내륙으로서 청어 소비지역이므로 '청
어장사'놀이를 하는 것이다. 원무의 변형 춤을 일러 안동에서는
'실감기'와 '실풀기'라고 하는데, 해남에서는 '덕석말기'와 '덕석풀
기'라고 일컫는 것도 마찬가지이다. 안동포로 유명한 길쌈지역에
서는 그들의 생업을 염두에 두고 실감기와 실풀기놀이를 한다면,
벼농사가 발전해 있는 강강술래지역에서는 덕석감기와 덕석풀기
놀이를 하는 것이다. 놀이 이름이나 놀이 양식이 지역의 자연환
경이나 생업과 밀접한 연관성을 지니고 있음을 알 수 있다.

 두 지역의 놀이 시기에서도 이러한 문화적 특징이 잘 드러난

다. 놋다리밟기는 정월 보름에, 강강술래는 8월 보름에 주로 하는데, 이것은 이른바 추석문화권과 추석·단오 복합문화권의 차이와 관련이 있다. 추석문화권은 곧 강강술래문화권이다. 자연히 보름굿으로서 강강술래는 추석절인 8월 보름에 하게 된다. 그러나 놋다리밟기의 전승지역은 추석·단오 복합문화권에 속한다. 특히 놋다리밟기의 주된 전승지역인 안동지역 일대에서는 전통적으로 추석을 명절로 쇠지 않았다. 추석차례도 올리지 않았다. 이때 아직 햅쌀이 나지 않기 때문이다. 추석차례를 지내지 않는 대신에 햅쌀이 나는 9월 중구(重九)에 차례를 올린다. 추석을 쇠지 않는 대신에 단오는 드세게 놀았다. 따라서 추석·단오 복합권이라기보다는 단오권이라 하는 것이 옳을 정도이다.

단오는 5월 5일로서 양기가 겹치는 날이다. 씨름과 그네뛰기 등 낮의 놀이만 있고 밤의 놀이는 없다. 9월 중구나 오월 단오는 양수(陽數)가 겹치는 중양절(重陽節)이긴 해도 보름은 아니다. 따라서 보름에 하는 달의 축제로서 놋다리밟기는 보름명절인 정월 대보름에만 할 수밖에 없다. 강강술래는 추석에 드세게 하지만 대보름에도 다소간 해왔다. 정월 대보름은 추석과 단오와 달리 지역성을 넘어선 민족적 명절이기 때문이다. 추석이 벼농사명절이라면 단오는 보리농사명절이다. 보리의 성장을 기원하는 명절이 단오이기 때문이다. 경북지역 사람들을 '보리문둥이'라고 하듯이 놋다리밟기 지역에는 보리농사가 드세다면, 전남지역은 평야지대로서 우리나라 곡창을 이루듯이 강강술래 고장은 벼농사가 한층 드세다.

강강술래와 놋다리밟기는 한결같이 보름굿이며 달의 축제이지만, 8월과 정월의 보름 가운데 서로 다른 명절을 택해서 주로 노는 까닭은 자연환경과 생업에 따른 문화적 차이에서 비롯된 것이다. 벼농사 중심 지역이자 추석명절이 드센 지역에서는 8월 보름에 보름굿이 펼쳐진다면, 보리농사 중심 지역이자 추석명절이 없었던 지역에는 보리밟기가 시작되는 정월 보름에 보름굿이 펼쳐질 수밖에 없다. 그러므로 보름굿의 일환으로 전승되는 놋다리밟기와 강강술래는 같은 성격의 여성놀이 양식으로서 민족적 동질성을 지니고 있으면서도 전승지역에 따라 자연환경과 생업, 역사, 문화 등 서로 다른 문화생태학적 요소에 따른 지역적 차이와 개성을 지니고 있음을 확인할 수 있다.

임 재 해

4. 안동의 신앙 이야기

안동의 풍수지리는 어떠한가

I. 머리말

풍수는 크게 보아 양택(陽宅)과 음택(陰宅)의 두 유형으로 나누어진다. 음택은 죽은 사람의 거처를 다루는 풍수이고, 양택은 산 사람의 거처를 다루는 풍수이다. 양택은 한 가족이 살아가는 주택과 한 공동체의 구성원들이 살아가는 도읍에 관한 풍수를 포괄하는 용어로 사용되고 있으나, 더 엄밀히 말한다면 주택의 풍수는 양택이라고 하더라도 도읍의 풍수는 양기(陽基)라고 하는 것이 옳을 것이다.[17]

풍수의 길흉은 장풍(藏風), 득수(得水), 방위(方位) 및 유형(類型)을 요소에 따라 좌우되는데, 이들 요소들을 두루 갖춘 길지(吉地)를 찾아내기란 쉽지 않다. 따라서 풍수의 법술도 인위적으로 길국(吉局 : 길한 형국)을 만드는 데까지 발전하였다.[18] 풍수적으로 보아 길국이 드물다는 이유 외에도 양기는 한번 결정되어 정지(定

地)가 되어버리면 옮기기가 매우 어렵거나 불가능하다는 것도 인위적으로 길국을 조성해야만 하는 또 다른 배경이 된다. 인위적으로 길국을 만드는 방법이 곧 비보압승(裨補壓勝)이다. 풍수지리적 공간인식의 결과, 약하고 허한 곳은 보충하고[裨補], 강하고 튀어나온 곳은 눌러줌으로써[壓勝] 자신들이 거주하는 지역을 이상적인 공간으로 만들려고 하는 풍수지리적 대응이 곧 비보압승인 것이다.

이 글의 의도는, 풍수지리설이라는 공간인식의 대전통(大傳統)이 강한 힘을 갖고 있던 전근대시기, 특히 조선시대에 특정 향읍(鄕邑)을 점유하고 살아온 향촌민들이 그들의 거주공간을 풍수지리적으로 어떻게 인식하였고, 인식의 결과 부족하고 넘치는 부분들을 어떤 방식으로 해소하고 의미를 부여해 왔으며, 거기에 담긴 공간관은 어떠하였는지를 살펴보는 데 있다. 이 글의 주된 분석자료인 《영가지(永嘉誌)》는 1608년에 권기(權紀)의 주도 및 향촌 엘리트들의 참여 아래 편집이 완료되었고, 그 뒤 1791년에 김굉(金㙆)의 주도 아래 35명의 향촌 엘리트들이 참여하여 17일 동안에 걸쳐서 수정·보완 작업을 진행하였으며, 마침내 1899년, 1791년 교정본에 약간의 수정을 거쳐 발간되었다. 《영가지》의 초고본이 당시까지의 역사를 상고하여 작성된 이후 발간에 이르기까지 근 300년에 이르는 이 기간은 이른바 조선후기 전기간에 해당하는 시기로서, 이 책에 실린 비보압승 관련 기사들은 적어도 이 글이 의도하는 바, 해당 향촌민들의 공간인식과 대응방식을 파악하는 데 긴요한 자료로 판단된다.

안동읍은 이미 삼국시대 이전부터 고대 부족국가의 중심지였으며, 한 고을의 주읍(主邑)으로서 위상은 오늘날도 여전히 유지되고 있다.[19] 안동읍이 지니고 있는 향읍으로서의 장구한 역사는 이 지역에서 살아온 사람들이 전래의 공간인식에다 풍수지리설이라는 더 정교한 패러다임을 수용하여 읍공간을 재해석하기에 충분한 시간을 가질 수 있었다는 사실을 말해주는 한편, 이 글이 의도하는 바, 전근대시기 향촌민들의 풍수지리적 공간인식으로서의 형국론(形局論)과 그 대응방식으로서 비보압승의 상관을 밝히고, 그들의 공간관을 읽어보는 데 도움을 줄 것으로 예상된다.

Ⅱ. 향촌민의 풍수지리적 공간인식 : 안동읍의 형국과 소응

산천이 어우러져 이루는 외양을 논하는 것이 형국론이다. 논의를 양기로 좁힌다면 지연공동체가 거주하고 있는 지역의 산수가 어우러져서 이루어 놓은 형상을 사람, 물건, 날짐승, 길짐승 등의 외양에 빗대어 논하는 것이 형국론인 것이다. 형국론은 지세를 전반적으로 개관할 수 있는 술법이기 때문에 술사들이 가장 많이 들먹이는 내용이고 풍수를 잘 모르는 사람도 쉽게 이해할 수 있는 부분이다.

형국에 대한 관심은 일찍이 《삼국유사》에 나타난다. 신라 4대 임금인 탈해왕이 토함산에 올라가 굽어보니 호공(瓠公)의 집터가 초승달[三日月] 모양의 길지인지라 남몰래 그 집에 숯을 파묻은 뒤 대장장이하던 내 조상의 집이라고 하여 그 집을 차지하였다는 것이다. 초승달은 새롭게 떠오르는 달로서 무한한 가능성을 지니고 있는 존재로 그 소응(所應)이 기대된다는 점에서 분명히 형국론이 배경으로 작용하고 있음을 알 수 있다. 이처럼 오랜 역사를 지닌 형국과 그 소응에 관한 관심은 한국 풍수가 중국 풍수와 구별되는 한 특징으로 지적되고 있다.[20]

일단 형국론이 지세의 외양을 바탕으로 하고 있다는 사실은 풍수에 정통하지 않은 사람이라도 쉽사리 접근할 수 있다는 이야기이다. 누구나 지세를 보고 그 형국을 논할 수 있다는 것은 형국론이 대중성과 민중성을 확보하고 있다는 이야기가 될 것이다. 실제로 전통사회의 향촌민들은 자신들이 살고 있는 지연공동체의 형국에 대해서 공통된 인식을 갖고 있었으며, 그것은 공동체의 구성원들이 오랜 시간을 통해서 공동으로 소유하고 있던 공간인식의 결과이자 공동체 구성원으로서 의당 갖추어야 할 공동지(共同智)였다. 설령 그 형국에 대한 안목이 전문적 식견을 지닌 술사들에 의해서 제기되고 전파되었다 하더라도 공동전승을 통해 다듬어졌다는 점을 감안한다면 공동체 구성원 전체의 공간인식으로서의 성격은 변함없을 것이다.

향촌민들의 공간인식은 두 수준으로 나누어 살펴볼 수 있다. 하나는 향촌 전체를 포괄하는 거시적 공간인식이고 다른 하나는 향촌의 특정 지형에 대한 미시적 공간인식이다. 거시적 공간인식과 미시적 공간인식은 더러 중복되기도 하면서 향촌민들이 그 소응에 대한 대응의 상을 그리고, 구체화할 수 있게끔 하는 기반으로 작용하였다.

향촌민들은 거시적 수준에서 안동의 풍수지리적 형국을 행주형(行舟形)으로 인식하고 있었다.[21] 행주형은 인물을 가득 싣고 바야흐로 출발하려 하는 배를 멈추어 두었다는 의미로서, 이러한 형국의 땅에는 사람과 재화가 풍성히 모이는 모양을 초래하는 소응이 있다. 즉 이 땅을 읍기(邑基)로 하면 이 읍의 발달과 번창은 의심할 여지가 없는 것이다.[22] 행주형의 지세는 키, 돛대, 배말뚝, 뱃사공, 뱃머리 등 배의 순항에 필요한 여러 부대 시설물들을 갖추면 아주 좋은 것이지만 그 가운데 하나만을 구비해도 좋다.[23] 만약 이들 모두를 갖추지 못하면 이 배는 안정을 얻지 못해서 전복되거나 유실될 우려가 있다.

행주형이라는 형국은 안동읍을 이루는 산천의 형세에서 유추된 것이다. 특히 산천 가운데 물은 그 형국을 행주형으로 결정 짓는데 가장 중요한 요소로서 작용한다. 길게 북에서 남으로 흐르는 낙동강은 안동에 이르러서는 방향을 바꾸어 동에서 서로 안동읍을 감싸면서 흘러간다. 개념적으로 본다면 낙동강은 안동읍의 동·남·서 세 방향을 감싸안으며 흘러가는 것이다.

이러한 지형적 특징이 물 위에 읍락이 떠 있는 것으로 유추되고, 나아가서 그 읍락을 떠나기 직전의 배로 유추하게 됨으로써 행주형이라는 인식에 도달하게 된 것이다.

행주형의 가장 큰 장점은 득수를 원만하게 이루고 있다는 점이다. 그림 1에 나타나듯이, 안동읍은 삼면이 강에 연접하여 있으므로 풍수의 요체인 장풍득수(藏風得水)에서 득수가 충족되는 것이다. 행주형에서 원만한 득수는 다른 한편으로는 그 득수하는 방향이 공허하다는 것을 의미하기도 한다. 안동의 경우 풍수적 성국(成局)으로 보면 지나치게 개활한 곳이다. 낙동강 본류가 허리띠처럼 흐르고 있어서 득수로 인해서 생기를 머물게 하더라도 지국(地局)이 광활한 공야(空野)를 이루었기 때문에 그 생기의 저적(貯績)을 기대하기는 어렵다.[25] 수구(水口)의 문제가 발생하는 것이다. 수구란 마을 앞의 물이 흘러나가는 출구나 마을 앞에 개방되어 있는 공간을 의미한다.[26] 물이 흘러들어 오는 것은 보여도 좋으나 흘러나가는 곳, 즉 수구가 보이면 좋지 않다. 아무리 그 지역이 길국이라고 하더라도 수구가 열려 있으면 소용이 없으므로 행주형국은 득수로 인한 이점과 수구로 인한 불리함을 동시에 안고 있는 것이다.

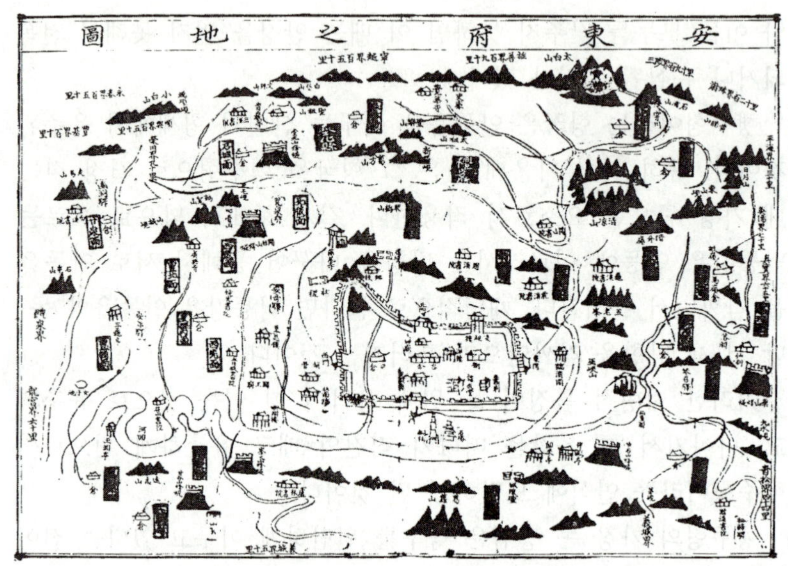

그림 1. 안동읍의 수형(水形)[24]

　따라서 행주형국에 살고 있는 향촌민들에게는 전술한 바, 그에
조응하는 시설물의 구비와 수구에 대한 대응이 과제로 남게 되는
것이다.

　다음으로 미시적 수준에서의 공간인식과 그 소응을 《영가지》
에 실려 있는 기사와 전설을 중심으로 살펴보면 다음과 같다.

　① 안동의 동쪽에서 낙동강의 본류와 반변천이 만나서 서쪽으로
　　 흘러나가는데 사람 인자(人)가 거꾸로 누운 형상이어서 요절하
　　 는 청년들이 많다.
　② 서북쪽 산이 고사(瞽砂)가 되어 안질자나 맹인이 많다.
　③ 읍의 뒤를 둘러 서 있는 영남산 가운데 공알산[陰核山]이 있고,
　　 그 아래 사철 냄새나는 물이 나온다. 이 때문에 읍내 여자들이
　　 음풍(淫風)이 넘친다.

④ 읍 손방(巽方)의 오공산(蜈公山)이 안동 읍내를 향해서 독기를 뿜기 때문에 환자가 많이 나온다.

⑤ 낙동강 건너 읍남 강기슭에 종립한 산이 화산으로 읍을 향해 눈을 부라리고 있어서 화재가 빈발한다.

⑥ 향교 뒷산이 노서하전형(老鼠下田形)인데 늙은 쥐가 도망가면 명당의 가치를 상실한다.

⑦ 읍의 서쪽으로 내산(來山)이 있는데 굶은 호랑이의 형상을 하고 바로 본부와 마주하고 있어 매우 흉하고, 계암(鷄巖)이 있어 역시 흉하다.

⑧ 영남산은 작은 아들을 의미하는 간향(艮向)에 우뚝 솟아 있는데, 장남을 의미하는 진향(震向)의 산보다 크고 높아서 동생이 형을 업신여기는 형상을 하고 있다.

⑨ 부의 서쪽 2리에 있는 금수곡의 산은 태음의 자리에 있어 눌러야 한다.

⑩ 부기(府基)의 간산(艮山)이 동쪽으로 달려 흉하다.

⑪ 영남산 허리에 사마귀 같이 생긴 바위가 우뚝 솟아 있는데 풍수적으로 해롭다.

문면으로 확인할 수 있듯이 미시적 공간인식에 나타나는 소응의 범위는 거시적 공간인식의 소응과 마찬가지로 향촌 전체를 포괄한다. 비록 특정 부위에 대한 인식이라고 하더라도 그러한 인식의 출발점이 향촌 전체의 안위에 놓여 있음을 알 수 있다.

전체적으로 보아 풍수지리적 형국론에 입각한 공간인식의 방식은 공간의 상징화에 있다. 공간의 형상을 물형(物形)으로 유추한다는 것은 곧 유사성에 근거하여 대상을 은유, 상징화하는 것에 다름아니다. 은유를 통해서 이룩된 상징은 다분히 표준화된 상징(standardized symbol)으로서 향촌민의 공동지가 된다. 한편 상징화된 형국과 형국이 내포한 소응의 관계에 대한 인식은 다분히 주

술적이다. 특히 주술의 두 원리인 '유사의 법칙(law of similarity)'
과 '접촉의 법칙(law of contact)' 가운데 전자에 의거하고 있다.
"어떠한 형국에는 어떠한 소응이 있다"는 인식은 곧 "유사한 것
은 유사한 것을 낳는다"는 인식에서 출발하고 있으며, 이는 곧 유
사의 법칙에 따른 유감주술적(類感呪術的) 사유에 다름아닌 것이다.

Ⅲ. 대응방식 : 비보압승, 그 형태와 기능

자신들의 거주공간을 풍수지리적으로 인식한 결과 만족스럽지
않았을 때, 거기에 적절하게 대응한다는 것은 결국 그 형국이 지
니고 있는 소응에 대응한다는 것이다.

대응방식으로는 두 가지 대안이 상정될 수 있다. 하나는 아예
그 지역을 떠나서 다른 지역으로 옮겨가는 것이고, 다른 하나는
그곳에 남아서 그곳이 소망스런 땅이 되도록 노력하는 것이다.
전자의 경우, 지기쇠왕설(地氣衰旺說)과 연관한 삼국시대 이래의
천도와 천도하려는 시도가 해당될 수 있을 것이다. 풍수지리적으
로 보아 도읍이 일국의 수도로서 기능을 원만하게 수행할 수 없
다고 판단되었을 때 천도를 시도하는 것이다. 수도의 경우와는
달리 한 고을의 중심지가 풍수지리적 흠결(欠缺)로 인해서 옮긴
사례는 찾아보기 어렵다. 이 경우 대개 적절한 대응을 통해 그
흠결을 해소함으로써 문제를 해결하고자 하는 것이 일반적이었
다. 전자가 문제를 회피하는 소극적 대응방식이라면 후자는 문제
를 정면으로 맞받아서 해결하고자 하는 적극적인 대응방식이라고
할 수 있으며, 비보압승은 바로 이와 같은 적극적 대응의 소산이
라고 할 것이다.

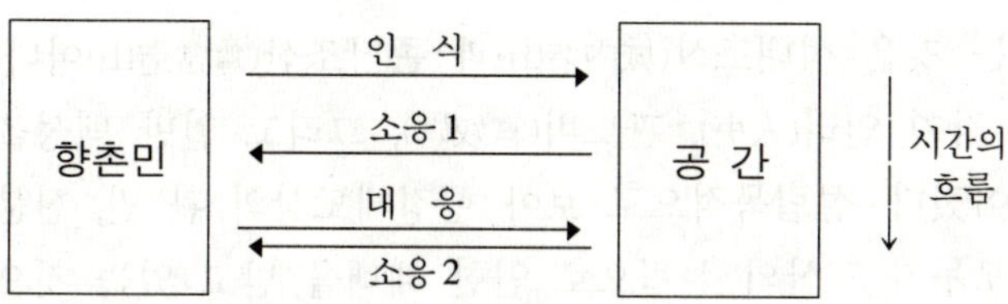

  향촌민들은 그들이 삶을 영위하는 공간의 생김새를 풍수지리적으로 인식하며, 인식의 결과는 그 형국의 소응으로서 향촌민들에게 다가온다. 이 소응을 기반으로 향촌민은, 길한 소응은 더욱 확대되고 흉한 소응은 무화(無化) 또는 약화되도록 대응하며 그 방편이 바로 비보압승인 것이다.

  향촌민이 안동읍이라는 공간을 거시적으로 인식한 결과, 그 형국은 행주형이었다. 적극적 대응방식을 선택한 향촌민에게는 우선 행주형에 조응하는 대응방식으로서 각종 시설물의 구비와 수구막이가 필연적으로 요청되었다. 아울러 미시적 공간인식의 결과 노출된 곳곳의 흠결, 그리고 구체적으로 제시되지는 않았지만 허한 방위에 대한 대응도 동시에 요청되었다. 이러한 대응방식으로 등장하는 것이 조산(造山), 임수(林藪), 사(寺)·탑(塔)·불(佛), 지당(池塘 : 연못), 거석(巨石) 등이다.

  달리 가산(假山)이라고도 하는 조산은 말 그대로 인위적으로 조성한 산인데, 더 정확히는 산으로 인식되는 돌, 혹은 흙무더기이다. 풍수지리적으로 보아서 공허하거나 취약한 지점에 산을 만듦으로써 그곳을 보충 보강하고자 하는 의식의 소산이 곧 조산이다.[27] 《영가지》권 2, 산천조(山川條)에는 11개 지역의 22개 조산이 등장한다.[28] 이 가운데 속현이었던 일직과 풍산의 조산 7개를 제외하면 9개 지역 15개의 조산이 읍내에 존재하고 있었다. 이 조산들의 풍수지리적인 기능은 빈 곳을 누르고 막는 데 있다. 달리 주목되는 것은 성내조산(城內造山)과 존당조산(尊當造山)이다. 성내조산은 각기 인리(人吏), 관노비(官奴婢), 그리고 일반 백성을 위해서 만들어졌다. 설립목적으로 보아 행정제도상의 관·민, 신분상의 상·하 모두가 조산의 설립으로 인한 혜택을 받고 있는 것으로 인식되며, 나아가 성내의 조산이 안동읍을 구성하고 있던 구성원들 전체의 이익에 복무하고 있음을 알 수 있다.[29] 조산의 이러한 공공적 성격이 더욱 분명하게 부각되는 것이 존당조산이다. 존당조산은 행주형국에 조응한다. 존당조산은 바로 배를 정박시키는 말뚝의 역할을 하는 것으로 인식되고 있다.[30]

임수(林藪)는 인공적으로 조성한 숲이다. 《영가지》 권 5, 임수조(林藪條)에는 모두 22개의 임수가 소개되고 있다.[31] 이 가운데 속현의 것을 제외하면 부내에는 14개의 임수가 존재하였다. 본부(本府)지역내 임수들은 대개 낙동강의 본·지류 가에 위치하고 있으며, 특히 읍동(邑東)에서부터 낙동강을 향해 열려 있는 광활한 남방으로는 숲이 에워싸고 있었다. 이로 미루어 볼 때 이들 숲의 실제적 기능이 법흥사림(法興寺林)과 상리수(上里藪), 무장평림(畝長平林)에서 드러나듯이 방수재(防水災), 즉 수재를 막는 데 있었음을 알 수 있다. 낙동강의 본류, 또는 지류 가에 위치하고 있는 숲들은 한결같이 마을의 서단부(西端部)에 위치하고 있어서, 그것의 풍수지리적 기능이 수구막이에 있으며, 실제적으로는 방수(防水)·방풍(防風)·방사(防砂)의 기능을 수행하고 있는 것으로 밝혀졌다.[32]

《영가지》에 실려 있는 비보압승물 가운데 '비보(裨補)'라는 표현이 구체적으로 등장하는 경우는 거의 사찰과 불탑에 한정된다.[33] 《도선을용경(道詵乙用經)》에서는 부도, 사찰, 탑 등을 건립하는 뜻이 거꾸로 가는 지세를 바로하고, 공결한 땅을 채우며, 험악한 기운을 막는 데 있음을 밝히고 있다.[34] 이로 보아 사탑을 통한 풍수지리적 비보가 상당히 오랜 역사를 지니고 있음을 알 수 있다. 이러한 비보압승물로 먼저 주목이 되는 것은 임하사·부천사·법흥사·법림사 등 네 개의 비보탑이며, 불상을 통한 비보로 범씨 동석불을 비롯한 세 개의 사례가 나타나고 있다. 이들 불상 역시 사탑의 경우와 마찬가지로 허한 방위에 대한 비보압승과 낙동강의 부정적인 성격을 진압하는 기능을 보여준다.

절·탑·불상 등 불교 상징물들의 주기능은 읍의 사방위에 대한 비보압승, 특히 낙동강에 대한 비보압승으로 간추려질 수 있다. 사방위에 대한 비보압승이, 사악관념(四嶽觀念)과 더불어 음양오행에 입각한 전통적이고 일반적인 풍수지리적 비보압승의 문법이라면, 특히 낙동강에 면해 있는 남방에 대한 중시와 그에 대한 집중적인 비보압승은 안동읍이 처해 있는 독특한 지리생태적 환경에서 비롯된 것이라고 하겠다.

《영가지》 권 5, 지당조(池塘條)에는 총 13개의 연못이 소개되고 있다. 이 가운데 비보압승적 기능이 명기된 사례는 서영지, 동영지, 홍원사지, 비묘원지 등이 있다. 서영지와 동영지는 흉한 기운을 제거하는 기능을 수행하며 나머지 두 못은 비보의 기능을 수행한다.

《영가지》에는 소개되지 않았지만 향촌에서 구전되어온 미시적 공간인식 가운데 하나가 낙동강 건너 남쪽 강기슭에 종립한 산들이 화산(火山)이어서 읍내에 화재가 빈발한다는 것이다.[35] 이에 대한 대응으로서 조성한 것이 바로 읍성 내에 있던 사창남지(司倉南池)이다. 이 연못이 수극화(水克火)의 오행원리에 따라서 화산의 화기를 제압한다고 믿었다.

《영가지》 권 6, 고적조(古跡條)에 소개된 비보압승적 거석은 삼첩석, 모관석, 이첩석, 구형석, 광암석 등이다. 삼첩석과 모관석은 부사 내에 위치하고 있었으며 고을의 주맥(主脈)을 누르는 기능을 수행하였다. 읍성의 남문에 위치하고 있던 구형석들은 낙동강을 향해 열려 있는 남쪽으로 머리를 두고 짖는 형태를 하였는데, 나쁜 기운을 버리고 좋은 기운을 마시는 역할을 수행한다. 이는 좋은 기운이 나가는 것을 끌어안고 나쁜 기운이 들어오는 것을 내모는 서악사 석불의 역할과 같은 맥락에 있는 것으로서, 역시 낙동강의 부정적 영향을 의식한 비보압승이다.

위에서 설명한 여러 형태에 속하지 않는 비보압승물들로 남문외철주, 장명등, 영남총 등이 있다.[36] 세 비보압승물 가운데 현전하는 것은 남문외철주의 잔존물뿐이다. 《영가지》 기사에 따르면, 모두 17개의 마디로 이루어진 이 철주는 행주의 돛대로서 1792년 바람으로 세 마디가 부러진 것을 상여꾼들이 고쳤다고 한다.[37] 이 역시 행주형국에 조응하는 시설물로서 향촌민들이 각별하게 배려하고 있었음을 알 수 있다.

비보압승은 유사성에 의거한 은유에 의해서 정당화되며 그 자체로 하나의 표준화된 상징으로서 향촌민들에게 인식된다. 다시 말해서 비보압승물들은 동지에 잡귀를 쫓기 위해서 뿌리는 팥죽, 정초에 복을 불러들이기 위해 걸어두는 복조리와 복토(福土)처럼 특정 의도를 달성하기 위한 주물(呪物)로서의 성격을 강하게 갖는다. 공간인식에서 물형(物形)으로 유추된 형국과 소응의 상관이 갖는 주술적 사유, 그리고 그 대응으로서 비보압승에 나타나는 주술적 사유의 연쇄는 곧 향촌민의 공간인식과 대응방식의 바탕을 이루는 것으로서, 풍수지리설이 제액초복(除厄招福)이라는 한국 민간신앙의 핵심원리를 기반으로 향촌민들에게 수용되었음을 시사해주고 있다.

Ⅳ. 비보압승물의 조성 방식 : 기존 사물의 활용과 풍수지리적 의미부여

비보압승물들을 검토하면서 우리가 알게 된 사실은 그들이 불교, 민간신앙 등 전래의 가치체계의 소산물들이라는 점이다. 이것은, 적어도 한국의 양기풍수가 전래의 가치체계의 연장 위에서 민간에 수용되었음을 말해주는 한편, 비보압승물들이 전래의 신앙물, 또는 자연물 등을 어떤 식으로든 활용하였을 것이라는 추론을 가능하게 해준다.

조산의 상징적 의미는 원래 하늘, 땅, 사람을 유기적으로 이어주는 공간과 기능의 창출이었으며, 그것은 곧잘 신앙의 대상물이기도 하였다. 이러한 조산관념은 풍수의 영향으로 고려시대에 땅의 힘을 믿는 신앙이 흥하게 되자 풍수적으로 땅을 비보하는 신앙과 복합되었다.[38]

견항조산은 조산의 신앙적 성격을 잘 보여준다. 견항조산에서는 매년 입춘에 제관을 뽑아 봄의 신인 동황(東皇)에게 제를 지내고, 오곡을 접시에 담아 곡점을 쳤다. 성내의 조산 역시 일정한 신앙적 성격이 나타난다. 그 기능이 아전, 관노비, 일반백성을 위함에 있다는 것은 그들 세 개의 조산이 신앙의 대상으로서 의미를 지니고 있었다고 볼 수 있을 것이다.[39] 선행된 조사에 따르면, 읍내 각지의 조산이 위치한 곳은 대개 나무나 숲이 있어 '조산둑', '조산거리'라고 불렀으며 금줄을 치고 제사를 올렸다고 한다.[40] 이로 보아서 읍내의 조산들이 비보압승적 기능 외에 민간신앙의 대상물로서 기능하고 있었음을 알 수 있다.

이 두 기능 가운데 어떤 것이 먼저인가를 알 수는 없지만 안막 조산은 이 문제와 관련하여 시사해주는 바가 있다. 안막조산 세 개 가운데 '북문외 3리, 석불 밑 큰길의 동쪽'에 있던 세번째 조산은 1988년의 고고학적 조사에 의해서 6~7세기의 어느 시기에 조성된 신라의 횡혈식 석실분임이 밝혀졌다.[41] 이 고분은 훼손되지 않은 상태로 남아 있었는데, 발굴단은 그 까닭을 이 고분이 지니는 풍수지리적 의의 때문으로 파악하고 있다. 안막조산 외에 일직조산 역시 고신라(古新羅)의 고분이 밀집해 있는 일직면 조탑리의 마을 곳곳에 노출되어 있는 고분이었을 것으로 추정된다. 영남산 정상에 위치하면서 비보압승의 기능을 수행하던 영남총 역시 마찬가지이다. 이로 보아서 이들 조산은 원래 시신을 묻는 무덤이었으나 세월이 흐르면서 본래의 기능은 없어지고 거기에 풍수지리적 의미가 새롭게 부여되어 비보압승적 기능을 수행하여 왔음을 알 수 있다.

이러한 맥락에서, 확언하기는 어려우나 읍내에 소재한 나머지 조산 가운데 다수도 원래 공동체신앙의 대상물, 또는 여러 다른 기능을 수행하던 것이 풍수지리적 인식의 대중화와 함께 비보압승적 기능이 새롭게 첨가되었을 것으로 생각된다.

역사 문화적 차원에서 볼 때 임수, 즉 숲은 토착신앙, 풍수지리, 유교 등의 영향 아래 조성되었으며, 여러 차원의 기능을 포함하고 있다. 무엇보다도 먼저 숲은 수목숭배라는 원초적인 신앙형태에서 이야기될 수 있다. 신수(神樹), 성림(聖林)은 모두 이와 같은 사유의 표현물들이다. 풍수지리적으로 볼 때 마을숲은 우선 수구막이의 기능을 강하게 지닌다. 강을 향해서 열려 있는 취락의 전면과 물이 빠져 나가는 곳, 즉 수구를 그대로 두면 생기가 빠져나가므로 이 곳을 가려야 하는데 그 대표적인 비보물이 바로 마을

숲이다. 다음으로 경관적 차원에서 형성배경을 볼 때 마을숲은 '위요경관(圍繞景觀)'의 개념이나 '전망은신처(prospect-refuge)' 이론으로 설명될 수 있다. 한국인들은 둘러쌓인 경관을 선호하며, 이를 만들기 위해서 숲을 활용하는 경향이 있다. 그 까닭은 취락 밖의 어떤 경관이 좋지 않다고 생각해서 이를 마을 안에서 보이지 않게 하거나 또는 마을 안의 어떤 것을 외부로부터 숨기려는 뜻이 있는 것이다.

마을숲은 또한 실제적인 기능 때문에도 형성된다. 마을이 강에 임해 있고 늘 수재의 위험이 있을 때, 그곳에 제방을 쌓고 숲을 조성하는 것이다.[42] 강기슭에 숲을 조성하는 것이 국가의 법령에 명기되어 있고 실제로 시행되었으므로 각 지방관청에서는 이 법령에 따라서 의무적으로 강기슭에 숲을 조성하여야만 했다.《영가지》에 실려 있는 22개의 임수는 대부분 강에 위치하고 있으며 이 가운데 11개 숲은 출입을 금지하였다. 숲에 대한 출입금지는 법령에 따른 것이며, 이들 숲이 방수재(防水災)를 위하여 관에서 관리하던 것들임을 알 수 있게 해준다.

법흥사림은 안동읍의 동남쪽 강기슭을 감싸고 있던 최대의 숲이었다. 이 숲의 기능으로 제시된 '부(府)의 기틀 보호'와 '풍수적 소응'이라는 두 가지 측면은 임수가 갖는 실제 기능과 비보압승 기능의 결합양상을 명료하게 보여준다.《영가지》의 본부도(本府圖)에 따르면 법흥사림은 낙동강의 본류와 반변천이 만나는 합수 지점에서부터 강기슭을 둘러싸고 있었다. 따라서 부의 기틀을 보호한다는 의미는 우선 낙동강의 범람을 막아준다는 실제적인 맥락에 놓여 있다. 그런데 이 실제 기능의 원만한 수행을 위한 나무 심기와 보호는 곧 행주형의 소응과 연관되는 비보압승적 기능으로 전화하고 있다. 게다가 신세리조산 가운데 하나가 바로 이 숲

가에 위치하고 있었다는 사실은 이 숲이 성소(聖所)로서 민간신앙
적 의미를 지니기까지 하였을 것으로 추측된다. 이와 상관하여
주목되는 것이 임당수(林塘藪)이다. "이 숲에서는 매년 제사를 차
리고 기도하였는데 그러면 관속들이 잘된다"고 하였다.[43] 이 숲이
성림적 성격을 지닌 신앙의 대상이었음을 알 수 있다.

　이러한 맥락에서 볼 때 비보압승적 성격이 분명한 숲도 그것만
을 위해서 조성되었다고 보기는 어려우며, 적어도 방수(防水)라는
실제적 차원과 성림(聖林)이라는 민간신앙적 차원이 함께 고려되
어야 할 것이다. 또한 안동읍의 성립이 풍수지리설의 수입 이전
에 이미 이루어졌으며, 향촌민들에게 강의 범람을 막는 일이 선
결과제였을 것임을 감안할 때, 방수재라는 실질적 기능, 또는 민
간신앙의 대상물로서의 기능에 비보압승적 기능이 덧붙여진 것으
로 보아도 무방할 것이다.

　사탑을 통한 비보압승은 적어도 풍수지리설이 중국으로부터 유
입된 통일신라 말기 이전에 존재했음이 확인되고 있다. 먼저 탑
을 통해서 지덕(地德)을 비보하는 사례는 황룡사 9층석탑(黃龍寺九
層塔)에서 나타난다. 신라 선덕왕(635) 때에 자장법사가 중국의 오
대산에서 문수보살에게서 들은 가르침에 따라 귀국하여 세운 이
9층탑은 주변국가의 침략을 막기 위한 것이었다.[44] 이렇듯 탑을
세움으로써 국가의 안전을 보호하고 타국으로부터의 침범을 막을
수 있다고 하는 관념을 당시 사람들이 믿고 있었음이 확실하며,
이 건탑호국신앙은 불교에 의해서 전해졌다고 할 수 있다.[45] 사찰
의 비보압승적 기능 역시 마찬가지이다. 경주부의 천룡사(天龍寺)
는 역수(逆水)의 발원지에 위치하고 있는데, 중국 사신 악붕귀(樂
鵬龜)는 "이 절을 부수면 신라가 망한다"고 하여 이 절이 역수의
흉함을 진호(鎭護)하고 있음을 말해주고 있다.[46]

위의 사례를 통해서 알 수 있듯이 사탑은 풍수지리설이 수입되기 이전에도 국가적 차원의 현실적 문제를 해결하는 기능을 수행하고 있었으나, 그것이 풍수지리적인 비보압승은 아니었으며, 그것만이 사탑의 존재 이유도 아니었다. 기본적으로 사탑은 성소, 또는 기원의 대상으로서 불교신앙적 기능을 다하고 있었으며 불국토(佛國土) 건설에 복무하고 있었다.[47] 풍수지리설이 도입되면서 전래의 불교적 비보압승은 풍수지리적 비보압승으로 의미의 전화를 일으키지만 불교신앙적 기능은 여전하였을 것이다.

안동의 사탑들도 마찬가지의 맥락에서 이해가 가능하다. 《영가지》에 실려 있는 대비보로서의 네 개의 탑과 그 사찰은 모두 통일신라시대에 조성된 것들이다. 건립시기로 보아서 이 사탑들이 풍수지리설의 영향으로 조성되었다고 보기는 어렵다. 이 사탑들은 위의 사례들과 마찬가지의 이념적 배경에서 이 지역이 당면하고 있던 여러 문제, 특히 수재를 막는다는 현실적 문제를 해결하기 위해서 설립되었으나, 풍수지리설이 왕성하게 유통되는 고려조에 들어와서 대비보라는 이름을 얻고 풍수지리적 의미가 새롭게 부여된 것으로 보인다. 예컨대 성산사, 마라사와 함께 수구막이의 기능을 수행한 임하사의 경우, 대비보탑과 같은 시기에 조성되었다면 수구막이로서의 기능은 새롭게 의미부여된 기능일 것이다.

개명비보(改名裨補)를 한 개목사와 태양사는 더 명료하게 이러한 성격을 보여준다. 태양사는 그 건립 시기를 알 수 없지만, 개목사는 신라 문무왕 당시, 즉 7세기 후반에 설립된 것이다. 원래 그 이름이 흥국사였으나 소경이 많이 나오는 지형의 소응을 누르기 위해서 개목사로 이름을 바꾸었다.[48] 태양사 역시 태음의 자리를 누르기 위해서 개명비보한 사례이다. 이들 사찰의 경우 풍수

지리적 기능은 확실히 후대에 새롭게 첨가된 것임을 확인할 수
있다.

불상의 경우도 마찬가지 해석이 가능하다. 서악사 석불의 경우,
물러가는 생기를 끌어안고 오는 기를 흔들어 내모는 기능을 수행
한 손의 모양은 서산마애삼존불(瑞山磨崖三尊佛 ; 국보 제84호)의 본
존불(本尊佛)과 감산사석조아미타불입상(甘山寺石彫阿彌陀佛立像 ; 국
보 제82호)이 취하고 있는 수인(手印)인 시무외 여원인(施無畏 與願
印)을 연상시키는 것으로서 이 수인은 삼국시대의 공통된 수인으
로 평가되고 있다.[49] 상고하기는 어렵지만 불교 전래의 상징적 의
미를 지니는 수인이 풍수지리적 의미체계로 수용된 것은 확인할
수 있다.

사·탑·불 외에 풍수지리적 의미로 수용된 불교 상징물들로는
당간지주, 구형석 등이 있다.《영가지》에 남문외철주로 소개된 철
당간은 원래 법림사의 것이었다. 1930년대에 이루어진 조사에 따
르면 철주가 썩어 넘어지고, 1920년대까지 목주(木柱)가 대신 세
워져 행주의 돛대 역할을 하였는데 이후 없어졌다고 한다. 이를
통해서 우리는 또 한번 기능의 변용을 확인할 수 있다. 원래 사
찰의 야외법회에서 괘불을 걸던 철당간이 행주형국과 조응하여
돛대의 기능까지 수행하였으나, 철당간이 사라지자 불교적 소용
은 망실되고, 목주로 대체되어 풍수적 기능만 남아 있다가, 목주
가 없어지자 풍수지리적 기능까지 상실한 것이다.

구형석은 원래 석증사에 있던 것으로서 마멸된 사형석(獅形石)
으로 추정되고 있다.[50] 어떤 연유로 읍성의 남문 밖으로 옮겨져서
비보압승적 기능을 수행하게 되는데, 그 기능이 앞의 서악사 불
상들과 대동소이하다. 이른바 범씨동석불을 포함하여, 철당간, 구
형석, 장명등과 같은 불적들은 조선시대에 들어 불교의 지배적

위상이 쇠락하고, 여러가지 이유로 사원들이 해체되면서 원래의 위치 및 기능에서 이탈하여 비보압승의 기능을 획득한 것으로 보인다.

비보압승의 기능을 수행하는 것으로 《영가지》에 소개된 삼첩석·이첩석·모관석·광암석과 책외(冊外)의 남근석 등의 거석들은 선사문화의 유적으로 보인다. 삼첩석과 이첩석의 유사형태로 짐작되는 거석유적이 최근 와룡면 서지리의 산정에서 발견되어 문화재로 지정되었다(경상북도 민속자료 100호). 이 거석유적들은 마을 신앙의 대상물들로서 신성시되고 있는데, 청동기시대 고인돌과 같은 시기에 축조된 것으로 추정되고 있다.[51] 한편 광암석은 크기나 형태로 보아 고인돌로 추정되며, 석공이 쪼은 정 자국은 고인돌에서 많이 볼 수 있는 성혈(性穴)로 보인다.[52] 아울러 모관석은 그 형태로 보아 남근석과 마찬가지로 선돌로 파악된다.[53] 이로써 볼 때, 이들 거석의 비보압승 기능은 후대에 부가되었다고 할 수 있을 것이다.

이상에서 우리는 상당수의 조산과 임수, 그리고 불적 및 거석 등이 순전히 풍수지리적인 비보압승의 기능만을 수행하기 위하여 조성된 것이 아니라 원래 다른 기능을 위하여 조성되었다가 풍수지리적 기능이 첨가된 사실을 확인할 수 있었다. 이처럼 전래의 가치체계의 소산물들이 풍수지리적 가치체계 속으로 수용된 것은 전래의 공간인식의 틀이 풍수지리적 공간인식의 틀과 결합, 그 이전의 공간인식의 틀을 대체함으로써 나타난 현상으로서, 한국 민간의 양기풍수가 전래신앙 등 여러 가치체계의 기반 위에서 융합을 통해 성립 전승된 것임을 보여주는 하나의 사례가 될 수 있을 것이다.

V. 비보압승에 나타난 이상적 공간관 : 대동적 거주공간의 지향

향촌민들은 풍수지리적 지리관에 의해서, 그들의 거주공간을 둘러싸고 있는 산 가운데 북·남·동·서의 네 산을 각기 현무·주작·청룡·백호로 의미를 부여하였으나, 공간인식의 결과 이들 4악만으로는 완전하게 보호받을 수 없다고 믿었다. 또한 읍을 감싸 흐르는 강은 너무나 개활하여 풍수지리상, 또는 실제로 많은 문제를 안고 있는 것으로 인식하였다. 그리하여 향촌민들은 산수의 관계에서 드러나는 곳곳의 흠결을 제거하기 위해서 비보압승을 시행하였다. 거시적 차원의 공간인식 결과 도달한 행주형국에 조응하는 말뚝(존당조산), 미판(尾板 ; 광암석), 돛대(남문외철주)를 갖추어 이 형국의 소응을 극대화하였으며, 미시적 공간인식의 결과 드러난 곳곳의 흠결을 다양한 비보압승을 통해 해소하였다.

향촌민이 비보압승을 통해서 이룩한 공간은 빈틈없이 닫혀 있고, 또한 완전히 열려 있는 공간이었다. 앞에서 살펴본 서악사의 석불과 성 남문의 구형석은 향촌민이 추구한 공간의 성격을 잘 말해주고 있다. 이 공간은 밖으로는 좋은 기운을 받아들이고 나쁜 기운은 물리치며, 안으로는 좋은 기운을 갈무리하고 나쁜 기운을 내모는 것이 실천되는 공간으로서, 정초의 마을굿에서 치는 금줄로 보호되는 공간, 전라도 당산굿에서 줄을 메고 마을을 돌 때 그 안쪽의 공간, 거의 산이 없는 평지의 한가운데 위치하고 있는 전북 부안읍 내요리의 12당산이 보호하고 있는 공간과 그 의미가 닿아 있는 공간인 것이다.[54] 이러한 공간관은 풍수지리의 이상적 모델과 닿아 있지만 일치하지는 않는다.

땅 속에서 발생하는 생기(生氣)는 바람을 타면 흩어져버리고, 물에 닿으면 머문다. 따라서 풍수의 법술은 물을 얻고 바람을 막는 데 중점을 둔다. 이때 바람을 막는다는 것은 본질적으로 장풍(藏風)을 의미하는 것이지만 지상(地相)으로 보자면 방풍(防風)의 의미도 동시에 지닌다.[55] 이처럼 정통 풍수에서 추구하는 바는 결국 지기(地氣＝生氣)의 보존이며, 그 보존책은 바람을 막고 끌어들여 간수한다는 소극적인 것인 반면, 민간의 비보압승 행위에는 더 적극적인 입장에서 길한 기운은 끌어들여 갈무리하고 나쁜 기운은 차단하고 제거하는 입장을 보여준다.

이러한 비보압승 행위를 통해서 이룩된 공간은 다만 풍수지리설의 이상적 모델을 만족시키는 공간이 아니었다. 오히려 '울엄니 품속 같은 땅에'로 표상되는 무속적 낙토관(樂土觀), 무위자연을 내질(內質)로 하는 도가적 이상향관, '우리 모두의 우리 모두를 위한' 불보살이 실현되는 불국토관(佛國土觀) 등 전래의 길지낙토관(吉地樂土觀)을 포괄적으로 내함하고 있는 공간으로 보아야 할 것이며[56], 특히 제액초복 내지는 벽사진경(벽사진경)이라는 민간신앙의 핵심원리가 수용 실천된 공간으로 보아야 할 것이다.

향촌민들의 의도가 관철된 이러한 양기 속에서 자연과 인간, 그리고 인간 상호간의 관계는 어떠한 것으로 이해되고 있을까? 주어진 형국의 한계를 극복하여 인위적으로 길국을 조성하고자 하는 향촌민들의 풍수적 대응으로서의 비보압승 행위는 길국의 조성을 천조지설(天造地設)로 파악하는 풍수지리설의 이상적 모델과는 엄연하게 구별된다. 천조지설의 하늘[天]과 땅[地]이 인위가 배제된 자연, 또는 그 주재자를 뜻하고 있는 반면에, 비보압승에서는 인간이 길국을 이루는 또 하나의 주체로서 우뚝 서 있다.

비보압승에서 인간은 자연으로부터 주어진 길지를 선택할 수 있는 존재일 뿐만 아니라 그 길지의 부족하고 넘치는 부분을 보태고 깎을 수 있는 주체로 상정되어 있는 것이다. 그러나 비보압승에서 인간은 홀로 길국을 조성하는 존재는 아니다. 주어진 자연을 해석하고 새롭게 만드는 존재로서, 주어진 자연과 협력하여 길국을 만드는 존재로서 상정되어 있다. 자연과 인간은 길국을 조성하는 데 있어서 다정스런 동반자인 셈이다.

동반자로서, 상호 의존적이고 상호 주체적인 관계로서 양자의 관계는 비보압승의 형태를 통해서 분명하게 드러난다. 인간은 어떤 경우에도 주어진 자연을 훼손하지 않고 그들의 의도를 달성한다. 산이 부족하면 산을 만들고, 물이 흉하면 나무를 심어서 그 물을 가리며, 산이 흉하고 바위가 흉하면 숲으로 가리거나 못을 이용하지 그 흉함의 주체를 파훼하지 않는다. 비보압승은 또 하나의 자연을 더하는 행위일 뿐 자연을 훼손하는 행위가 아닌 것이다. 비보압승에 나타나는 인간과 자연의 이와 같은 관계는 기본적으로 자연은 살아 있는 존재일 뿐만 아니라 신비롭고 주술적인 힘을 가지고 있으며, 인간의 사소한 실수에도 쉽사리 다칠 수 있다는 풍수 일반의 자연관과 닿아 있다.[57]

결국 비보압승에 나타나는 인간과 자연의 관계는 상호 주체적이면서도 조화로운 공존의 관계, 즉 대동(大同)의 관계이다. 이 대동의 울타리 안에서 자연과 인간은 상호 주체적인 만남을 통해서 대동의 공간을 구성하며, 그 공간 안에서 그들은 상생(相生)을 통한 상승작용을 하고 있다. 자연과 인간의 상승작용이야말로 이들이 이루는 대동의 본질이라고 할 것이다.[58]

논의를 자연과 인간의 관계에서 인간과 인간의 관계로 전환하면, 인간 상호간의 대동이 보인다. 이상적(理想的)으로 보았을 때, 비보압승을 통해서 이룩된, 풍수지리적으로 결함 없는 길국의 소

응은 그 길국 안에 살고 있는 특정 구성원에게만 해당하는 것이
아니다. 그 소응은 신분의 상하·빈부·남녀·노소 등의 차별적 인
간질서와 무관하게 길국 안에 살고 있는 모든 인간에게 골고루
미친다.[59] 공동체 차원의 비보압승은 향촌이라는 큰 단위의 공동
체를 위해서 이루어지는 것이지 그 공동체의 특정 구성원들을 위
한 것이 아니다. 읍성 내에 세워진 세 개의 조산이 공공적 성격을
지니는 것도 이와 같은 성격을 말해주는 하나의 사례이다.

《영가지》에 실려 있지는 않으나 향촌에서 널리 전승되어온,
상촌김씨(桑村金氏) 관련 전설은 좀더 구체적으로 위의 사실을 말
해준다.

> 목성산은 일명 잠두산이라고 하니 산 모양이 잠두(蠶頭 : 누에머리)
> 같이 생긴 데서 유래하였다. 이 산 아래 상촌김씨(경주김씨)들이 살
> 았는데 세도가 당당하여 초임 부사(府使)도 먼저 인사를 가야할 정도
> 로 안하무인이었다. 맹부사(孟思誠)가 이를 통감하고 김씨 일문이 흥
> 성한 까닭을 알아보니, 잠두산을 터전으로 삼고 상림(桑林)을 전안
> (前案)으로 하니 풍수상 절호의 기지였기 때문이었다. 맹부사는 이들
> 의 세도를 꺾기 위해서 직류하는 안막천을 우회시켜 김씨들의 세거
> 지와 상림간을 통하게 하고, 개울의 둑에 옻나무를 심었더니 굶주린
> 누에들이 옻잎을 먹고(혹은 습한 뽕잎을 먹고) 병이 나서 죽자 김씨
> 들도 망해서 흩어졌다[60]

잠두형국에 거주하던 상촌김씨들은 그 형국의 소응을 극대화하
기 위하여 비보책으로 뽕나무숲[桑林]을 조성하였다. 잠두형의 소
응으로 인한 상촌김씨의 세도가 향촌민들의 입장에서는 그들의
공동체적 삶의 저해요소였기 때문에 이를 불식해야만 하였다. 잠
두형의 소응이 상촌김씨에게는 대길한 것이었으나 향촌민들의 삶

에는 흉한 것이었기 때문이다. 이에 향촌민들은 공동체적 삶의 저해요인인 잠두형의 소응을 훼손하기 위하여 비보압승책을 강구하는 바, 물길을 돌리고 옻나무를 심는 것이 그 방책이었다. 결국 김씨들은 잠두형의 소응이 다함에 따라서 망할 수밖에 없었던 것이다. 이 전설을 통해서 우리는 양기풍수가 지니는 대동적 공간관을 읽을 수 있다. 길국의 소응은 향촌민 전체에 미쳐야지 특정 구성원들에게만 미칠 수는 없다는 것이다. 이와 같은 사유방식은 이른바 '악덕으로 잃은 명당'형의 풍수설화 일반이 공유하는 것으로 생각된다.[61]

자연과 인간의 대동, 인간 상호간의 대동에 이어서 드러나는 또 하나의 모습은 중심과 주변의 대동이다. 길국이 중심에 미치는 소응은 중심이 갖는 대표성 때문에 주변에까지 확대된다. 길국을 이루기 위한 비보압승은 구심적으로 이루어지지만, 그 소응은 원심적으로 확산된다는 인식이 적어도 읍 차원의 비보압승에서는 나타나고 있는 것이다.

논의를 갈무리한다면 풍수적 공간인식의 주체로서 향촌민들은 비보압승을 통해서 흠결을 제거함으로써 이상적인 거주공간을 이루고자 하였으며, 이 공간은 곧 전래의 길지낙토관념이 내함된 공간으로서 자연과 인간, 인간과 인간, 중심과 주변이 하나되는 대동의 공간이었다고 하겠다.

VI. 맺는말

풍수지리설의 이상적 모델은 경전 속에 들어 있고, 전문 술사들의 머리 속에 들어 있었다. 그 내용은 지극히 상징적이고 오묘

하여 향촌민들이 범접하기가 어려웠다. 게다가 장풍득수를 온전히 만족시키는 길지를 찾는다는 것은 사실상 불가능한 일이었다. 이에 향촌민들은 유감주술적 차원에서 풍수지리설을 수용하였으니, 그것은 산천의 형세를 물형(物形)으로 유추하여 상징화하는 형국론이었다.

형국론의 기반 위에서 거시적으로 조망한 결과 안동읍의 형국은 행주형이었다. 그에 따라 향촌민들은 행주형국에 조응하는 각종 시설물을 갖추고 수구를 막는 대응책을 마련하였으며, 동시에 부분적 공간인식의 결과에 상응하는 비보압승물을 곳곳에 마련하였다. 특히 낙동강안의 임수, 사탑 등은 유사 이래 안동읍에 거주해온 향촌민들에게 지속적으로 부과된 수재(水災)라는 난제를 해결하기 위한 실제적 대응이기도 하였다.

비보압승물들 가운데 다수는 기존의 가치체계의 소산물에 풍수적 기능을 부여, 의미의 전용을 꾀한 것이며, 이러한 전용은 전래의 공간인식의 틀이 외래한 풍수지리설과 통합되고 새로운 공간인식의 틀로 자리잡게 되는 역사적 배경 속에서 이루어진 것이었다.

향촌민들이 주술적 사유체계에 근거한 비보압승을 통해서 이루어낸 이상적 거주공간은 전래의 길지낙토관념이 내함된 공간이며, 특히 제액초복이라는 민간신앙의 핵심원리가 비보압승물을 통해서 실천되는 공간으로서, 길한 기운을 받아들이고 갈무리하며 흉한 기운을 내몰고 막음으로써 이룩된 공간이다. 이 공간은 지하에서 하늘까지 이어지는 원통의 형상을 하고 있다. 이 공간 안에서 자연과 인간은 주체적으로 상생하며, 인간은 누구나 차별 없이 형국의 소응을 누리고, 중심과 주변, 현실과 전망은 크게 하나된다. 향촌민들이 비보압승을 통해서 추구한 공간은 결국 대동의 공간이었으며, 그것은 곧 대동의 풍수라고 이름할 수 있는 것이었다.

전근대사회의 향촌민들이 그들의 거주공간을 풍수지리적으로 인식하고, 그 인식에 따라서 곳곳의 흠결을 제거하는 대응의 방식, 그리고 그들이 추구한 이상적 공간관은 후기산업사회를 살아가는 우리에게 많은 것을 시사한다. 우선 그들이 거주공간을 인식하는 방식으로서 형국론은 살아 있는 존재로서의 자연에 이름을 부여하는 것으로부터 출발한다. 인(人)·물(物)·금(禽)·수(獸)가 취하는 다양한 형상으로 자연에 의미를 부여하고, 그것이 인간의 삶에 영향을 끼친다고 믿음으로써 자연과 인간은 상호작용하는 관계로 설정되는 것이다. 이러한 관계 속에서 인간과 자연은 상대를 서로 끌어안는 존재이지 오늘날처럼 서로를 소외시키는 존재들이 아니다. 인간이 자연을 물화하고 소외시킨 결과는 마침내 인간이 자연으로부터 소외되는 결과를 초래하였다. 자연을 소외시킨 인간이 자연의 용서를 구하기까지는 상당히 오랜 시간이 소요될 것이다.

한편 더 나은 공동체공간을 건설하기 위한 인간의 노력은 자연의 파괴가 아니라 또 다른 자연을 만드는 방식, 기존의 사물을 재해석하는 방식으로 전개되었다. 인위(人爲)는 자연과의 조화를 전제로 하고 있었으며 산수의 순리를 거스르지 않았다. 이러한 움직임 속에서 인간과 자연은 이상적인 주거공간을 건설하는 주체적 동반자의 관계에 있었다.

오늘날 국토개발, 지역발전이라는 미명 하에 행해지는 대규모의 토목공사, 특히 댐 건설 및 직강(直江)공사, 골프장 건설, 대규모의 아파트단지 건설 등은 해당공동체의 자연을 돌이킬 수 없을 정도로 파괴하고 있으며, 그 부정적 소응은 해당공동체의 구성원들에게 돌아오고 있다. 특정 수계에서 행해진 댐의 연이은 건설

은 안개, 고습도, 일조량의 부족 등으로 인한 농작물의 피해, 호흡
기질환 등을 야기하고 있으며[62], 직강공사는 내수면 생태계의 파
괴는 물론, 강의 자정능력을 상실케 하였다. 또한 자본의 논리에
따라 국토의 곳곳에 만들어 놓은 골프장은 우수기(雨水期)의 산사
태를 유발하여 인명을 손상하고 수원을 오염시키는 결과를 초래
하였다.

낱낱이 들어 말하기 어려울 정도의 폐해가 자연을 소외시킨 결
과로 지금 우리에게 다가오고 있다. 물론 정황상 이러한 행위들
의 현실적 가치를 전면 부인하기는 어려운 일이다. 자연을 훼손
하는 일이 불가피하다고 하더라도 크게는 국토 전체, 작게는 한
고을의 자연을 거시적으로 조망하여 훼손을 극소화하고 효과를
극대화하는 방향으로 사업을 전개한다면 문제의 심각성은 약화될
것이다. 이와 같은 맥락에서 환경영향 평가에 풍수치(風水値)라는
개념을 만들어 각 지방마다 상이하게 나타날 수밖에 없는 환경영
향 평가에서 차별적 지역성을 부각시켜야 한다는 의견도 적극 검
토되어야 할 것이다.[63]

또 하나 주목되는 것은 전근대사회의 향촌민들이 비보압승을
통해서 추구한 이상적 공간의 대동적 속성이다. 이상적 공간의
소응은 특정 개인이나 가문에 배타적으로 귀속되는 것이 아니라
그 공간 속에서 살아가는 모든 사람들에게 평등하게 미치고 마침
내 상생하는 것이었다. 따라서 일문 일족의 영화를 추구하는 행
위는 공동체의 이름으로 지탄받고 제지되었다. 우리가 살고 있는
공간은 그 실질적 소유관계와 무관하게 우리 모두가 잘 살 수 있
는 공간이지 누구누구만을 위한 공간은 아니라고 믿었던 것이다.
물론 전근대사회에서 이와 같은 믿음이 전면 관철된 것으로 보기
는 어렵지만, 적어도 당시의 향촌민들이 이와 같은 공간관을 견

지하고 있었다는 사실은 확인할 수 있다.

　현실은 어떠한가? 공동체공간의 공유관념은 지나친 사유관념에 따라 뒷전으로 밀려났다. 가진 자들은 그들이 소유한 땅의 자산적 가치를 극대화하기 위해 공동체 구성원의 삶의 질과 주변의 경관을 고려하지 않고 높은 건물을 올리고, 산을 깎아 아파트를 건설하고 있다. 자연경관을 감상하고자 하는 우리의 눈은 인위만이 남아 있는 콘크리트 빌딩의 싸늘한 벽에서 멈추기 마련이다. 심심찮게 일어나는 일조권 침해의 송사도 도대체 공유관념이 배제된 철저한 사유의식에서 비롯된 것이다.

　우리가 살고 있는 이 땅, 이 자연은 공시적으로는 우리 모두의 소유이며 통시적으로는 선대의 땅이고 후손에게 물려줄 땅이다. 당대, 우리의 배타적 탐욕에서 비롯된 자연의 훼손은 결국 시공에 걸친 우리 모두를 자연으로부터 철저히 소외시킬 것이 자명하다. 그리고 그 철저한 소외가 무엇을 의미하는지는 구태여 설명할 필요가 없을 것이다. "옛날로 돌아가자", "자연으로 돌아가자"는 이야기가 아니다. 자연과의 조화로운 상생을 도모했던 전근대의 정신적 전통을 되살려 그것을 정책에 수렴하고, 집 짓고, 땅 파고, 물길 막고 돌리는 데 반영하자는 것이다.

　요컨대 대동이 관철되는 이상적 공간을 꿈꾸고 실천하였던 대동의 풍수인 비보압승과 거기에 담긴 대동적 공간관은 탈전통과 세계화의 미몽 속에서 점차 차별의 이데올로기에 구속되어가고 있는 우리에게 전통과 대동의 참의미를 되새기게 함으로써 '더불어 잘사는 공동체공간'의 상(像 ; image)을 그리고 본(本 ; model)을 만드는 데 여전히 유효한 틀거리를 제공해주고 있는 것이다.

한 양 명

안동 사람들이 용단지를 많이 섬기는 까닭은 무엇인가

Ⅰ. 안동에서는 용단지를 정말 많이 섬기는가

안동 사람들이 용단지를 많이 섬기는 까닭은 무엇일까? 이 물음을 푸는 것이 이 글을 쓰는 목적이다. 이에 대한 정확한 풀이는 사실 자신이 없다. 다만 이런 저런 가설과 추론으로 글을 마무리하게 될 것이다.

용단지는 경북 안동지역에서 집중적으로 나타나는 가신신앙(家神信仰 또는 가택신앙)의 하나다. 각 가정에 따라 가신은 사라지거나 혹 있더라도 신체(神體)가 없이 건궁으로 위해지지만, 용단지만은 특별한 경우를 제외하고는 거의 신체를 갖추고 있다. 간혹 실수로 용단지를 깨뜨려 건궁으로 위하고 있는 경우가 있지만 이는 특별한 예다.

용단지신앙은 용(또는 용신·용왕)을 위하는 신앙이며 용단지는 이 신을 형상화한 신체명(神體名)이다. 이는 삼신을 위하는 가정에

집안의 으뜸신인 성주 의성김씨 학봉 선생 종택에 모셔진 성주이다.

서 신의 이름을 신체명 그대로 '삼신바가치(삼신바가지)'·삼신단지라고 하며 성주를 모시는 가정에서 성주단지·성주동이, 터주를 신체명 그대로 터주가리라고 하는 것과 같은데, 이들 가택신의 경우 신체명과 신명(神名)을 동시에 쓰는 반면, 용단지신앙의 경우는 대체로 신명을 신체명 그대로 '용단지'라고 한다는 점에서 좀 다르다. 물론 다른 가신의 경우도 이러한 예가 있어 충남에서 섬기는 왕신단지 역시 신체명을 신명으로 쓴다.

안동지역에서 용단지를 섬기는 까닭은 농경신인 용신을 받듦으로써 농사의 풍작을 이루기 위해서이다. 또한 용단지가 집을 지켜주고 집안의 재물을 보살펴주며 아울러 집안을 평안하게 해준다고 믿기 때문에 용단지를 섬기는 것이다. 가택신은 저마다 고유한 기능을 가지고 있지만 다른 가택신의 기능도 혼합되어 있다. 특히 농경신으로서의 성격은 가신이 전반적으로 지니고 있는

데, 용단지는 더욱 농경성이 강하다. 말하자면 농경을 보살펴주는 일은 용단지의 고유 기능인 것이다.

그렇다면 용단지는 안동에서만 섬기는 가신일까? 앞서도 밝힌 것처럼 용신은 전국적으로 받들어지지만 '용단지'라는 명칭은 대체로 경북에서 나타난다. '용단지'라는 명칭이 최초로 문헌자료에 나타난 시기는 1930년대다. 《석전·기우·안택》(조선총독부 편, 1938)의 제10장 주요 개인제의 농신제 부문에 경북 안동지방의 용단지에 대한 내용이 나온다. 거기에는 "농가 각호에서 농번기 또는 명절에 성주 또는 용단지에 청수나 음식물·햇곡·햇보리를 신에게 올려 그 해의 풍작을 빈다. 또 복날(삼복)에는 경지(耕地)에서 제를 올리는데 이때는 떡류를 한지에 싸서 밭 가운데 있는 나무가지에 꽂아 놓고 풍작을 기원한다"는 내용이 기록되어 있다.

비록 이 책이 전국을 대상으로 민속신앙을 조사 보고하였다 하더라도 역시 조사지역의 한계가 있다. 이 책에서는 가정에서 제의로 받드는 가신으로 성조(성주)·토주·제석·조왕·업위·문신·측신·구신(廐神, 마구신·우마신이라고도 함)·조상·삼신·원귀, 그리고 마을 공동신이지만 가정에서 개별적으로 지내는 가신제의 대상이 되고 있는 성황신·동신·산신·천지신명·오방제석·신장·군웅·부군을 소개하고 있는데, 여기에서 용단지는 제외돼 있다. 이는 대체로 보편적인 신을 소개한 것으로 보이는데, 용단지는 전국적으로 섬기는 보편적인 신으로 볼 수 없었기 때문이 아닌가 생각된다. 용단지와 같은 맥락에서 볼 수 있는 우물신도 보편성 문제로 제외된 것으로 보인다. 그리고 이 책에서는 별도로 주요한 개인제 부문에 용왕제·풍신제·농신제를 소개하고 있다. 경북의 경우 경산지역과 경주지역의 풍신제, 안동지역의 용단지가 조사 보고되었다.

개인제와 가신제를 나눈 것을 비롯하여 순수한 가신제와 무속의 가신제의 구분이 모호한 점, 가신신앙의 범주를 이탈한 점, 우리와는 다른 일본의 제의 개념으로 파악한 점 등의 문제는 있으나, 어떻든 이 책을 통해 안동의 용단지는 이미 1900년 초에도 성행했음을 추정할 수 있다. 이 책은 일제 강점기에 나왔지만 조선조가 막을 내린 지 얼마 되지 않았을 무렵이니 조선시대의 가신자료로 보아도 무방할 것 같다. 따라서 용단지의 역사는 그 이상으로 추론해볼 만한 여지가 있다.

《한국민속종합조사보고서—경북편》(문화재관리국 편, 1980)에도 안동지역의 용단지 자료가 수록되어 있다.

안동군 도산면 토계동 이원백 씨(51세)는 흔히 축담의 뒤꼍, 또는 고방이 있으면 고방에, 또 다락이 있으면 다락(부엌 위)에 집 형편에 따라서 장소는 일정치 않으나 사람 안 보이는 곳에 모시는 것이 용단지라고 한다. 가을에는 쌀, 봄에는 보리쌀을 갈아 넣는다지만 아주 드문 일이다.

안동군 토계동 엄씨부인(55세)은 용단지에는 쌀이 한두 말에서 한 가마까지 드는 것이 있어 마루 구석, 정지 구석, 축담 뒤, 고방 등에 각각 안치하되 쌀(가을), 보리쌀(봄) 등을 쪄서 넣는데, 의미를 모르겠다고 한다.

안동군 임하면 금소동의 동장 임기재 씨(42세)와 임성섭 옹(71세)은 이 마을에서 용단지를 모시는 일은 거의 100퍼센트이고 그것은 고방, 뒤 처마 밑, 다락(정지 위) 등에 모시되 용은 비와 연관이 있어 농사 잘되기를 기원하는 것이라 했다.

이 밖에도 엄씨부인댁의 시누이로서 "대구에 출가 거주중인 대구 할머니(67세)의 제보에 따르면 농사를 짓지 않는 대구 같은 도시에서도 안방에는 삼신단지, 부엌에는 용단지, 고방에는 시조단

지, 마루에는 성주를 모시는 일이 적잖이 있다고 했다. 시조단지
는 웃대조상이고 용단지는 중간조상으로 재수소원을 비는 것이
고, 삼신단지는 시부모·시조부모를 모시는 것인데, 시장에 햇곡
난 것이 눈에 띄면 사다가 갈아 넣는다고 한다. 이를 언술 그대로
다 받아들이기에는 다소 주저되는 바가 있다고 해도 그것이 경북
내 각 지방 신앙심의(信仰心意)의 각종 지역차를 뒤섞은 것이라고
는 일단 말할 수 있겠다"고 조사자인 장주근 교수는 밝히고 있다.
《한국민속종합조사보고서 — 경북편》에는 경북의 안동군 외에 성
주군 월항면 안포동, 월성군·영일군, 영덕군 영덕면 노물동을 대
상으로 가신신앙을 조사 보고했는데, 이들 지역에서는 용단지가
나타나지 않고 있다. 물론 이 자료는 표본지역을 조사한 것이므로
그 지역이 국한되고, 또한 주로 설문지를 통한 간접조사방법이어
서 신빙성에 문제는 있겠으나 참고자료는 될 수 있다고 본다.

  대구 할머니의 친정은 안동 도산면 토계동이다. 하지만 단순히
안동 풍속을 옮긴 것이라고 볼 수만은 없을 것 같다. 그 말을 전
적으로 받아들이지는 않더라도, 용단지는 안동 외 인근에서도 섬
긴다는 사실을 짐작할 수 있다. 필자가 조사한 바에 따르면 용단
지는 안동에서 집중적으로 나타나고 있는 것이 사실이다. 위의
책에서도 안동의 금소지역에 100퍼센트라고 했고, 실제로 필자가
1985년 여름에 금소지역을 조사했을 때에도 거의 절대적이었다.

  그러나 용단지는 안동에서만 섬기는 것이 아니다. 인근 예천·
풍기·상주에서도 산발적으로 나타난다. 국립민속박물관의 김종대
학예연구관에 따르면 경북 울진군 북면 주인3리 절골과 영덕군
창수면 가산2리 우면마을에서도 용단지를 조사했다고 한다. 특히
울진의 경우 주인1리와 2리에는 용단지가 발견되지 않았고, 산골
마을인 주인3리에만 있었다 한다. 또한 이곳에서는 용단지를 '산

동이'라고 말하는 제보자도 있었다고 한다.

그리고 보면 용단지라는 가신은 경북 일원에서 공통적으로 섬기던 가신인데 점차 퇴색되었으며, 안동지역에서 각별히 강한 전승력을 보이는 것으로 추정해볼 수 있다. 산동이가 용단지라 한다면 명칭의 선후관계는 어떻게 될까 역시 의문을 풀어야 할 과제로 남는다.

용단지는 때로 다른 지역의 업신, 또는 터주의 기능도 하지만 농경신으로의 기능이 주가 된다. 그러나 오늘날 농사를 짓지 않는 가정에서도 용단지를 그대로 위하는 경우를 볼 수 있다. 안동시에 거주하는 황귀중 씨(여, 1995년 당시 63세) 댁에서는 전에 태화동 개인주택에 살 때부터 위하던 용단지를 아파트로 이사해서도 그대로 가지고 가서 섬기고 있다. 이 댁에는 전부터 농사일이 없었지만 용단지를 소중하게 섬긴다. 역시 농사일이 없는 안동시 광석동 김씨부인(1995년 당시 66세) 댁에서도 용단지를 예전부터 위하고 있다.

용단지에 대한 제의는 주부가 맡고 있는데, 김씨부인의 경우 가을 수확기의 정기제의 외에 그 해에 유난히 가뭄이 계속되거나 홍수 또는 바람이 심할 때에도 제의를 행한다. 이때에는 밥·떡·과일 등 음식을 장만하여 주부가 제주(祭主)가 되어 빌며, 가능한 소리 없이 심지어 주부 외에는 아무도 모르게 제를 지낸다.

안동군 남선면 이천동 지천 송씨마을에서는 성주·용단지, 그리고 삼신을 섬기는 가정을 종종 볼 수 있다. 자신을 지천 송씨(남, 1989년 당시 57세)라고만 밝힌 한 제보자는 가택신으로 성주와 용단지·조왕·삼신을 위하는데, 용단지만 신체를 갖춰 봉안하고 있다. 양옥집이 들어서기 전에는 성주와 삼신의 신체가 있었으나 주택을 개량하면서부터 건궁성주·건궁삼신으로 위한다고 한다.

안동에서 조왕을 건궁으로 위하는 경우는 허다하다. 송씨 댁의 용단지는 새로 집을 짓기 전부터 위하던 신체를 그대로 섬기고 있다.

생업이 농업이었던 농경사회에서 재물의 기본은 곡물이었지만 오늘날에는 다른 것일 수도 있다. 하지만 용단지는 집을 수호해 주고 재물을 관장하고 있기 때문에 농사를 짓든 생업이 다르든 상관없이 주요 가택신으로 모시는 것이다.

Ⅱ. 용단지는 어떤 가신이며 어떻게 섬기는가

용단지신앙은 용신을 섬기는 신앙이다. 신체 이름을 그대로 신 이름으로 쓰고 있는데, 이러한 경우는 용단지 외에 다른 가신에 도 나타난다. 가령 성주를 신체 이름인 성주동이·성주단지라 하 고 삼신을 삼신바가지·삼신주머니·삼신단지 등으로 일컫는 것과 같다. 하지만 이들 가신은 신 이름과 신체 이름을 함께 사용하는 반면, 용단지는 용신 또는 용왕이라는 말은 거의 사용하지 않고 신체명 그대로 용단지라고 한다.

용단지는 농사가 잘되어 재물을 불게 해주고 집을 지켜주며 가 내의 평안을 도모해주는 가택신이다. 용신은 가신으로서뿐 아니 라 마을신(동신)으로도 폭넓게 위해지는 민속신앙의 다신(多神) 가 운데 하나이다. 어촌에서는 풍어제(豊漁祭) 때 마을신으로 용왕신 (또는 용왕)을 받들어 풍어와 마을의 평안을 빌며, 농촌에서도 용 왕을 받들어 풍농제(豊農祭)인 용왕제(龍王祭)를 지낸다. 용왕은 하 늘과 바다를 오가며 비를 비롯한 자연현상을 관장하는 전능한 존 재로서 어업의 신이자 농경신으로도 받들어지기 때문이다.

삼신바가지

경북 영덕군 남정면 남정리라는 해안을 낀 마을에서는, 전에 간물단지라 하여 동신(洞神)의 신체를 단지로 봉안했었다. 이 단지 안에는 해마다 바닷물을 갈아 넣어 용왕의 수호를 받고자 했다. 이 마을에서는 예로부터 물이 귀한 데다 화재가 자주 일어 이를 막기 위한 방편으로 간물단지를 모시기 시작했다(김명자, 〈간물단지 신앙의 용신신앙적 성격〉, 1986). 이를 통해서도 용신의 다양한 기능을 알 수 있다.

가정에서도 가택신으로 용신을 받들어 정월 대보름과 같은 특별한 날 바닷가나 냇가에 가서 용왕제를 올리거나 집안의 우물에 있는 정신(井神 : 우물신. 이를 용신 또는 용왕으로 일컫기도 한다)을 받들어 가내의 평안과 풍요를 빈다. 정월 대보름날 새벽에 마을 우물에서 뜬 물을 용알이라고 하며, 이 물로 밥을 지으면 그 해에 풍농하고 집안이 평안하다고 믿는다. 역시 용신신앙의 한 형태다.

곡물을 비롯한 재물을 관장하는 신이 용단지이기 때문에 용단지를 모시는 자리도 재물과 직접 관련되어 있다. 용단지는 '용이 드는 자리'에 모신다고 하는데, 여기에서 용이 드는 자리란 바로 재산이 들고 집안을 잘 수호해주는 곳이라는 뜻이다. 그래서 용단지의 자리는 대체로 곡물이 취급되는 부엌이라든가 고방·안방 위 다락, 뒤뜰 처마 밑 또는 뒤란 등으로 이는 가옥구조에 따라 다소 차이는 있지만 역시 재물과 관련된 곳이다(김명자, 〈가신신앙의 성격과 여성상〉, 1984). 전통사회에서 재물의 기본은 곡물이기에 용단지는 농경신으로 받들어지는 것이다. 앞에서 밝혔던 1930년 대 안동의 용단지 예도 바로 용단지의 농경신으로서 성격을 말해 주고 있다.

용단지의 단지 안에는 쌀을 넣고 그 위에 한지를 덮어 실타래로 동여맨 다음 깨끗하고 평평한 돌을 얹어 놓는다. 각별히 돌을 얹는 것은 다른 잡물이 들어가지 못하게 하는 것이라는 해석을 하는 제보자도 있다(김명자, 〈송천동의 가신신앙과 세시풍속〉, 1988). 단지 안의 쌀은 주로 음력 10월 추수기에 햇곡이 나면 갈아 넣는다. 이 안에 넣었던 쌀은 절대로 집 밖으로 내가지 않고 밥을 짓거나 떡을 쪄 가족들끼리만 먹는다. 이 곡물은 복을 주는 신성물(神聖物)로서 밖에 내가는 것은 바로 재복을 내가는 것이라 생각한다. 예전에는 쌀이 귀해 용단지에 있던 쌀로 밥이나 떡을 했지만 요즘은 쌀이 흔해져 고추장을 담그거나 감주를 만들어 먹기도 한다.

용단지는 한 개, 두 개, 또는 세 개를 모시는 경우도 있지만 대체로 두 개를 모신다. 필자가 1988년 안동시 송천동을 집중 조사한 바에 따르면 대체로 '꺼칠용'과 '쌀용'이라고 일컬어지는 두 개의 용단지를 위하고 있었다. 여자를 상징한다는 쌀용은 '안용'이라고도 하는데 이 속에는 쌀을 넣어두며, 남자를 상징하는 꺼칠용 단지에는 나락을 넣어두었다. 또는 나락을 넣은 것을 '건용'이라고도 한다. 두 개의 용단지는 이를테면 영감·마누라의 부부용을 모시는 것이라고 제보자들은 말한다. 이렇게 쌀과 나락을 넣는 경우도 있고 또는 봄에 보리를, 가을에 쌀을 넣어두는 경우도 있다.

안동군 남선면 이천동의 제양댁(1989년 당시 64세)은 부엌의 구

▲ 용단지에 쌀을 넣어 둔 모습

◀ 용단지

석진 곳에 쌀용과 건용을 위하는데, 여름철에는 보리를 넣으며 가을철 햅쌀이 나오면 그것으로 갈아 넣는다. 역시 이천동의 부곡댁(1989년 당시 60세)의 경우, 전에는 부엌 구석에 용단지를 모셨으나 집을 개량한 후 부엌이 전과 달라져 용단지 두 개를 마루에 봉안했다. 처음에는 용단지 하나를 위했으나 막내아들이 하는 일이 잘 안 되어 용단지 하나를 더 위하게 되었는데, 그 후 무난하게 일이 풀렸다. 가을에 햅쌀을 용단지에 넣어두는데 여기에 넣는 쌀만은 인분도 사용하지 않은, 각별하게 마음 써서 농사지은 곡물이다.

그런가 하면 가정에 따라 차이가 있어, 두 개의 용단지를 모시지만 이들을 부부로 보지 않고 달리 여기는 경우도 있다. 마루나 다락 위에는 안용을 모셔 두고 해마다 음력 10월 추수를 하면 수지쌀을 넣는 반면, 꺼칠용은 부엌의 어두컴컴하고 '어설픈' 데에

암수 용단지 남·여신을 구별하여 집 뒤꼍에 안치, 남의 손이 닿아선 안 된다고 한다.

놓고 이 속에는 꺼곡(겉보리 나락)을 넣는다. 꺼칠용은 사나운 신이라고 생각하기 때문이다(김명자, 〈업신고 1〉, 1989).

또 두 개의 용단지를 각기 다른 곳에 모시는 경우도 있지만, 모두 곡물을 비롯한 재물과 관련된 곳에 모신다. 안동군 일직면 구천리 신수선 할머니(여, 1993년 당시 79세)는 부엌에는 마누라를 상징하는 쌀용을, 뒤꼍에는 나락을 넣은 꺼칠용을 두는데, 꺼칠용은 남편이라고 한다. 또한 신 할머니는 용왕님을 모셔야 집에 재수가 있으며 용단지는 집지키미라고도 말한다.

용단지는 집지키미의 구실도 해주어 극진히 모시면 재물을 불게 해주고 집안이 평안하도록 지켜준다고 믿는다. 그래서 용단지를 잘 모셔야 하며 명절에 제의를 지낼 때에는 명절식을 바친다. 특히 정월 대보름에는 찰밥을 지어 올리는데, 이는 용이 살찌라는 뜻이라고 한다(김명자, 1988). 용이 살찐다는 것은 풍농을 뜻하며 재물이 불었다는 의미도 있다. 참고로 신수선 할머니가 용단지에 비는 주문(呪文) 내용을 소개한다.

이 터전에 용왕님네는 어에든동 농끼 비끼 둘러가지고 자주자주 부까주고 한 피기 숨그거든 및 가지씩 벌어주고 및천 만을 벌어주고 용왕님의 덕택인 줄 아옵니다. 미련한 이 중상은 천지분간을 모르다게 모든 것을 잘못해도 여러 가지로 용왕님의 덕택으로 물침을 하여 주시옵소서.

"한 피기(한 포기) 숨그거든(심거든) 및 가지씩(몇 가지씩) 벌어주고 및천 만을(몇천 만을) 벌어주고……"라고 하는 주언에서도 용왕이 농경신이며 재복신임이 드러난다.

이처럼 용단지의 신격은 농경신·재복신이며 어촌에서 위하는 용왕은 어업신의 기능을 한다. 물론 어촌이라 하더라도 농사가 전혀 없는 것이 아니므로 용단지를 가신으로 섬길 경우 농경신의 기능도 겸한다.

용단지에 대한 제의는 가정에 따라 크고 작은 차이는 있겠으나 다른 가택신과 마찬가지로 설날·정월 대보름·추석·동지 등의 명절과 추수 때에 올린다. 또는 봄에 햇보리가 나면 용단지의 곡물을 갈아주고, 다시 가을에 햅쌀이 나왔을 때 갈아 넣고 간단히 제의를 올리는 가정도 있다. 이때에는 주부가 밥 한 그릇과 정화수 한 그릇을 떠 올리며 수확을 기리고, 또한 농사가 잘되기를 빈다. 그 밖에 봄에 풍농을 위해서 용단지에 제를 올리거나 또는 가뭄이 오래 들거나 홍수가 심할 때에도 임시제로서 용단지에 제의를 올려 비가 오기를 기원하거나 비를 알맞게 조절해줄 것을 기원한다. 이는 용이 농경신이자 수신(水神)으로 받들어지기 때문이다. 모심기 철이나 논매기 철에 용단지에 들어 있는 쌀을 가지고 밥을 지어 먹으면 그 해 풍년이 든다고 하여 용단지에 있는 쌀을 어느 정도 퍼내어 밥을 지어 먹기도 하는데, 여기서도 농경신으로서의 성격이 드러난다(김명자, 〈악사의 동제와 가신신앙〉, 1987).

　제물로는 설날·대보름·추석 등의 명절에는 정갈한 밥 한 그릇과 정화수 한 그릇을 올린다. 또 동짓날에 팥죽을 쑤면 성주와 조왕·삼신·용단지 등 주요 가택신에게 각각 떠놓고 비는데, 그 가운데서도 용단지에는 가장 큰 그릇에 팥죽을 떠놓고 한해의 농사를 기리며 이듬해의 풍년을 기원한다. 이는 용단지가 농경신이기 때문이다. 대보름에는 역시 명절식인 찰밥(오곡밥)을 용단지에 올려 풍농과 집안의 안녕을 기원한다(김명자, 〈원두들의 민간신앙과 세시풍속〉, 1986). 가을추수 때에 햅쌀을 거두면 손 없는 길일을 잡아 단지 안의 쌀을 갈아 넣는다. 이때 역시 제의를 지낸다.

　용단지에 대한 제의는 주로 그 집의 여자 상 어른이 행하며, 집안에 우환이 있는 등 특별히 좋지 않은 일이 생길 경우 간혹 무당과 같은 전문 사제자에게 제의를 의뢰하는 수도 있다. 용단지를 새로 모실 때에는 무당과 같은 전문 사제자가 제를 집행한다. 그러나 대개 주부가 직접 제의를 지낸다. 하지만 용단지에 대한 제의를 독립적으로 올리는 것은 아니다. 성주·조왕·삼신 등 여러 가신을 위하는 가정의 경우 이들 가택신과 함께 제를 올리는데, 순서는 가정에 따라 차이가 있다. 부엌에서 밥을 짓거나 떡을 찌는 등 음식 장만을 하기 때문에 조왕에게 음식을 따로 뜨지 않고 대신 솥뚜껑을 열어젖힌 뒤(솥에 들어 있는 채) 밥 위에 숟가락을 꽂고 축원을 한다. 이어 성주-용단지-삼신의 순서로 제를 지내거나 용단지에 먼저 밥과 정화수를 올린 후 제의를 지내는 수도 있

다. 또는 부엌에서 조왕에게 제의를 올린 후 성주—삼신—용단지,
용단지—성주—삼신의 순서로 제를 지내기도 하는데, 이러한 순
서가 곧 신의 서열을 의미할 만큼 중요한 것은 아니다. 무엇보다
정성이 중요하다(김명자, 1988). 즉 이들 제의 순서가 곧 가택신의
서열을 의미하지는 않는다. 가택신의 서열은 대주인 성주, 그 다
음이 삼신, 그리고 용단지, 조왕의 순으로 생각하는 가정도 있고
성주—용단지—삼신—조왕의 순으로 여기는 가정도 있어 절대적
인 것은 아니다.

  제의 주관자는 앞에서 밝힌 바와 같이 가정에서 조촐하게 행할
때에는 으레 주부가 된다. 성주제의는 대주인 가장이 직접 올리
는 경우가 있으나 이때에도 주부가 제물을 장만하여 진설하고 대
주 곁에서 함께 정성을 드린다. 따라서 여성은 외적으로 가신신
앙의 주재자로서 역할을 수행하는 반면, 내적으로는 '정성'이라는
극진한 신심(信心)을 통해 가족원의 생존문제에 관여함으로써 신
과 가족원의 중개자적 위치에서 신의 보살핌을 기원하는 것이다
(김명자, 1984).

Ⅲ. 용단지를 섬기게 된 동기는 무엇인가

  용단지는 무작정 모시는 것이 아니다. 우리의 가신신앙이 주부
들에 의해 전승되듯이 용단지 역시 대체로 여자 상 어른(시어머
니)이 섬기던 것을 이어서 모신다. 그러나 다른 동기로 섬기는 경
우도 있다. 가령 점괘에 의하거나 현몽에 따라 새로 모시는 경우
이다. 그러나 이는 현몽이라던가 점괘 같은 것을 무조건 따르는
것이 아니다. 그 이전에 이런저런 사연이 있어 현몽도 하고 좋지

않은 일이 생겨 마지못해 점(占)을 치게 되면, 그때 점괘에 따르는 것이다.

영감·마누라 두 개의 용단지를 뒤란 축대 위에 나란히 모시고 있는 안동시 송천동의 권점선 할머니(1988년 당시 83세)는 현몽에 의해 용단지를 모신다고 한다. 주로 꿈에 용이 나타나면 모시는데, 용을 모시려면 다른 가택신을 모실 때와 마찬가지로 무당에게 길일을 잡아야 한다. 좋은 날이 잡히면, 주부는 '용왕님'을 모시기 위해 미리 옹기단지를 사온다. 이때 장에 가서도 첫눈에 들어오는 것을 골라 옹구(옹기)장사가 값을 부르는 대로 주고 절대 깎지 않으며, 물건을 고른 후에는 다른 물건을 보지 않는다. 용단지를 모셔놓고 빌 때면 주부는 목욕재계하고 가족들도 모두 금기하며 조신한다. 제물을 차리고 무당이 "용왕님, 용왕님 계시는데 성심으로 가져왔니더" 하고 축원을 하면 주부는 곁에서 성심껏 빈다(김명자, 1988).

안동군 남선면 도로동 사부골의 배순안 할머니(1993년 당시 85세)는 선대부터 용단지를 섬겨왔지만, 같은 마을의 이숙자 씨(여, 1993년 당시 39세)는 현몽에 따라 용단지를 섬기게 되었다. 이씨가 시집온 지 얼마 안 되어 커다란 누런색 구렁이가 3일 내내 꿈에 보이는 것이었다. 또 부엌에서 맑은 샘물이 흐르는 꿈을 꾸어 이상하게 생각하고 무당에게 물으니 친정에서 시집으로 복(福)을 가져온 것이라며 용단지를 모시라고 했다. 그래서 길일을 잡아 용을 맞고 지금까지 귀하게 섬기고 있다.

교회에 다니면서부터 가신을 모시지는 않았지만 그 전에 용단지·성주·삼신 등을 극진히 모셨던 안동시 송천동의 강옥분 씨(여, 1988년 당시 64세)는 점쟁이의 점괘에 따라 용단지를 모시게 되었다. 강씨의 경우 막내를 서른아홉에 낳은 후 아이들이 계속 아프고 집안에 언짢은 일이 연속적으로 생겼다. 하도 답답하여 "어디 가서 물으니" 강씨가 시집올 때 용을 가마 안에 싣고 왔다는 것이다. 이처럼 용이 따라왔는데 모시지 않아서 "자꾸만 재수가 좋지 않고 탈이 생기고 큰 아들이 직장을 얻으이 터지구, 또 직장을 잡으이 터지구, 계속 좋지 않은 일이 생겼다. 그러니 용을 모셔야만 모든 게 재수가 있고 집안이 일어날 수 있다" 하여 막내아들이 아홉살 때(1988년 당시 25세) 뒤늦게 용을 모셨다. 이를테면 용을 모셔야 하는 사실을 몰라서 몇 년 동안이나 고생을 하다가 결국 모신 것이다. 용을 모시기 위해서는 우선 길일을 잡아 큰 소(沼)에 가서 용을 맞이한다. 이때 무당이 해주는 경우도 있지만 주부가 직접 맞이하기도 한다. 강씨는 직접 용맞이를 했다. 흰밥과 미역국·과실 등의 제물을 장만하여 낙동강 가에 있는 선어대 소로 갔다. '용머리'라는 곳에 제물을 진설하고 빌며 용왕을 맞았다. 용을 맞아 한지에 싸서 집으로 가지고 온 뒤 쌀과 함께 단지에 넣고 뚜껑을 닫았다. 뚜껑 위를 다시 한지로 덮고 그 위를 돌로 눌러 놓았다. 용단지를 위한 후 매일 새벽 우물에 가서 물을 길어다가 용단지에 올리고 가족의 평안을 빌었다. 그러나 자녀들의 권유로 교회에 나가면서부터 "내가 두 마귀를 지키면 어떻게 하노. 두 가지 지키면 이것이 자꾸 마귀가 안될다 싶어⋯⋯" 결국 용단지와 함께 그 전부터 위하던 성주와 삼신바가치도 없앴다. 용단지 안에 있던 쌀은 밥을 지어 먹고, 용을 맞아왔던 한지와 단지를 덮었던 한지는 소지를 올리고, 단지는 집에서 사용하고 있다(김명자, 1988).

역시 기독교 신자가 되면서 가신을 모시지 않게 되었다는 안동군 임하면 금소동의 김순연 씨(여, 1993년 조사)도 시집올 때 용이 따라와 모신 경우이다. 시집 오기 전부터 시댁에서 위하던 것은 부엌에, 자신이 가지고 온 용단지는 고방에 모셨다.

안동군 일직면 구천리 김순희 씨(여, 1993년 당시 68세)는 점괘에 따라 용신을 모시기 시작했다. 신수를 보니 용단지를 섬기라는 점괘가 나왔다. 보살(점쟁이)이 물에 가서 용신을 맞아 왔는데, 이 때에는 실에 돈을 달아서 물에 떠내려 보내다가 용신을 맞게 되면 그 실을 다시 끌어올린다. 이때 실과 함께 용이 끌려오므로 무척 무겁다. 단지에 쌀을 찧어 넣고 물을 부어놓는데 다음날 물이 불어 있으면 "용신이 들어앉았다" 하고 그 후 용단지를 모시기 시작한다. 역시 구천리의 신수선 할머니도 용은 물에 가서 청해다가 모신다고 말한다.

용단지는 현몽을 하거나, 음력 정월에 신수를 보아 용단지를 모시라는 점괘가 나왔을 때에도 모시지만, 혹 집안에 우환이 생기거나 좋지 않은 일이 계속 생겨서 점쟁이에게 물으니 용단지를 모셔야 한다는 점괘가 나와 모시는 경우가 흔하다. 이는 용단지뿐 아니라 다른 가신을 모시는 경우도 마찬가지다. 그래서 평소 가신을 모시지 않던 집안에서도 일이 생겨 느닷없이 모셔야 하는 경우도 있다. 안동 인근 풍기에서 유사한 사례가 조사되었다.

풍기지역의 송수희 씨(여, 1993년 당시 53세. 시댁은 원래 청송)는 1978년 무렵 뒤늦게 용단지를 모셨다. 전에 시어른과 함께 살 때에는 시어머니가 용단지를 모셨었는데, 송씨의 남편이 차남이어서 분가한 후 별도로 용단지를 모시지 않았다. 그러나 송씨가 계속 몸이 아프자 시어머니께서 권해 용단지를 모시게 되었는데 그 후 건강이 좋아지고 조사 당시 마음의 기둥이 되고 있다고 했다. 역시 풍기의 김순녀 씨(여, 1993년 당시 57세)도 조사 당시에는 성주 신체만을 봉안하고 섬겼지만 전에는 용단지와 삼신도 신체를 봉안했었다. 이들 가택신은 선대 때부터 위했던 것을 이어받았으며, 용단지의 신체는 없지만 용단지를 모셨던 자리인 광에 대해 각별히 마음을 쓴다. 특히 김씨는 용단지의 용이 구렁이업이라 생각한다(김명자, 〈풍기의 민속종교와 신앙생활〉, 1993).

사실상 용단지는 건궁이 거의 없다. 만약 용단지의 신체를 없앨 경우 그 자리에 대한 신관념은 남아 있지만 전처럼 제의를 올리는 것은 아니다. 하지만 불가피한 사정으로 인해 신체가 없어졌을 경우 건궁으로라도 위한다. 안동군 남선면 도로동, 사부골 권순옥 씨(여, 1989년 당시 38세) 댁의 용단지는 안방과 연결되어 있는 다락에 놓여 있는데, 이 자리는 무당의 내림을 받아서 잡은 것이다. 한 되들이 정도의 작은 단지에 쌀을 3분의 2쯤 담아 놓았다. 맞은편 구석에는 쌀이 아닌 나락(벼)을 담은 똑같은 크기의 용단지를 놓았으나 실수로 깨뜨린 후 다시 장만하지는 않고 건궁으로 위하고 있다. 이 용단지는 조상 대대로 모신 것으로 제의는 건궁 용단지에도 함께 올린다.

IV. 안동 사람들이 용단지를 많이 섬기는 까닭은 무엇인가

1. 역사 지리적인 문제와 관련하여

용단지는 안동지역 외에 인근 예천·풍기·상주 그리고 대구지역에서도 섬기는 가신이다. 그 가운데서도 안동지역에서는 절대적이라 할 만큼 집중적으로 섬기고 있다. 안동 사람들이 이처럼 용단지를 많이 섬기는 까닭은 무엇일까? 몇 가지 요인을 가설로 제시해 본다. 먼저 역사 지리적인 문제와 관련하여 생각해 보기로 한다.

용단지는 안동을 비롯하여 경북지역에서 섬기는 가신이다. 그중에서도 안동지역에 두드러지게 나타난다. 안동은 신라 북부지역의 중요 거점이었다. 경상북도는 삼한시대에 진한 땅이었으나 삼국시대에는 신라의 중심지였다. 용단지를 집중적으로 섬기는 안동을 비롯하여 풍기·예천·상주·대구·영덕·울진 등이 모두 경상북도로서 신라 땅이었다. 울진의 경우 강원도에서 1963년에 경상북도로 편입되었지만 원래 고구려의 우진야현이었다가 신라에 편입되어 757년(경덕왕 16) 울진군으로 개명한 곳이다. 용단지를 섬기는 지역은 모두 신라 땅이었다는 점이 공통적이다. 안동지역의 '지역음식(향토음식)'으로 손꼽는 헛제사밥이 대구에서도 성행했었다는 것은 바로 문화적인 공통점을 말해준다.

유동식은 그의 저서 《한국무교의 역사와 구조》(1975)에서, 《삼국사기》와 《삼국유사》를 인용하여 신라의 용신신앙은 농경에 관한 용신신앙에서 호국의 동해 용신신앙, 그리고 점차 벽사진경의 용신신앙으로 전개되었다고 했다. 용신신앙이 국가적인 신앙에서 개인신앙, 말하자면 가신신앙으로 전개된 것이라고 한 것이다.

신라에서 용신신앙이 성행했음은 주지의 사실이며, 오늘날 용신신앙의 한 양상인 용단지가 옛 신라 땅에서 성행할 수 있는 것도 어쩌면 당연한 일이다. 물론 신라에서 오늘이라는 엄청난 시간적 간격을 고려하지 않고 그렇게 단순하게 말할 수 있겠는가? 이는 분명 제기될 문제다. 그러나 사실상 가신신앙의 역사를 알기란 거의 불가능하다.

장주근 교수가 《한국민속대관 3 — 민간신앙·종교편》(1982)에서 밝힌 것처럼 가신신앙에 관한 문헌자료가 희박한데다 고고학적 자료도 없으며, 특히 민간에 침잠해 전승되어 온 상태여서 기원이나 변천상을 역사적으로 밝혀내기는 극히 어렵다. 오히려 현대의 각 지역적인 분포상황, 거기에 내포되어 있는 성격 등을 종합하여 역으로 시대적인 역사성을 재구성해 낼 수 있는 가능성이 있다는 논의가 설득력 있다.

그야 어떻든 가신신앙의 문헌상 연원을 고대 제천의례(祭天儀禮)까지 거슬러 올라간다면 신라의 용신신앙과 용단지의 관련성 역시 논의의 대상이 될 수 있으리라 본다. 즉 천신은 모든 신의 근원적인 존재이며 천신신앙은 모든 신앙의 근원이기 때문에, 제천의례에서 용신신앙의 뿌리를 추정할 수 있는 것이다(김명자, 〈가신신앙의 역사〉, 1996).

강영경은 그의 박사학위 논문《신라 전통신앙의 정치 사회적 기능 연구》(1991)에서 용왕신앙은 농경 정착단계의 수변지역(水邊地域)을 결속시키는 신앙으로 보았는데, 안동지역에 용단지가 집중되는 현상은 이 지역의 생태적인 측면과도 관련이 있으리라 생각한다. 영덕이나 울진은 해안에 접하고 있다. 안동은 내륙이지만 낙동강을 끼고 있다. 그래서 용맞이를 할 때에는 으레 낙동강을 찾는다. 이런 생태적인 측면에서도 고려해 볼만 하다.

2. 용단지의 신격과 관련하여

용단지가 안동지역에 집중되어 있는 것을 용단지의 신격, 그리고 이 지역의 전통성·보수성과 관련 지어 생각해 보기로 한다.

우리 민족의 신관념은 단군신화를 통해서도 알 수 있듯이 천신신앙(天神信仰)에 근원을 두고 있다. 단군신화는 천신의 강림설화이면서 동시에 그 천신이 후에 어떠한 모습으로 있는가를 잘 드러내주고 있다. 천신 환인의 아들 환웅은 하늘에서 신단수 아래로 강림하고, 그 후예인 단군은 고조선을 건국하여 1,500년을 다스리다가 숨어서 산신(山神)이 되었다. 환인의 아들 환웅은 천신의 대리자로서 바로 천신이며, 그의 후예인 단군 역시 천신격이다. 다만 단군은 천신으로의 모습을 숨기고 인간과 한층 가까운 산신으로 좌정하여 산신신앙이라든가 신목신앙의 모델이 되고 있다. 말하자면 천신의 모습이 표면적으로 드러나지 않고 다른 모습으로 변용된 것이다. 이 밖에도 명산대천의 산신과 지신 그리고 용신 등은 근원적으로 모두 천신으로서, 현실적인 기능신으로 나타나 구체적인 힘을 발휘한다(정진홍, 《한국종교문화의 전개》, 1986).

이처럼 천신은 항시 겉으로 드러나지 않고 멀리 떨어져 있기 때문에 '사라진 신(Deus Otiosus)' '격절신(隔絶神)' '게으른 신' '무능한 신'이라고도 한다. 하지만 멀리 숨어 있을 뿐 근원신(根源神)으로서 천신의 존재를 부정할 수는 없다. 천신인 환웅은 풍백·우사·운사라는 세 기능신(또는 직능신)을 거느리고 신단수에 강림했다. 용신은 이들 세 기능신 가운데 하나인 비의 신인 우사(雨師)로 볼 수 있다. 또한 천신의 변용으로서 수렵사회에서 농경사회로 바뀌면서 수신(水神)인 용신이 으뜸신으로 등장한 것으로도 볼 수 있다. 이 밖에도 용신은 천신의 배우자일 수도 있다(이은봉, 《한국고대종교사상》, 1984).

《삼국유사》에는 신라 시조 박혁거세가 알영 우물 가에 나타난 계룡(鷄龍)의 왼쪽 갈비에서 태어난 동녀를 아내로 삼았다는 기록이 있다. 혁거세와 알영의 혼인은 곧 천신과 용신의 결합이다. 그러나 용신도 근원적으로는 천신의 성격을 지닌 존재로서 용단지는 바로 이러한 존재를 섬기는 것이니, 전통적인 신앙을 전승하고 있는 셈이다.

앞뒤를 생략하고 간단하게 말하는 것이 논리상 무리지만, 이는 안동지역의 전통성·보수성과도 무관하지 않으리라 본다. 울진에서도 외진 산골마을에서 용단지 사례가 조사되었다는 것은 어쩌

면 보수성과 관련이 있을 법하다. 곧 지역의 특성상 그만큼 변화
가 심하지 않았다는 것은 보수성 역시 그에 준할 만큼 강할 수
있다는 것이다.

3. 용단지라는 이름과 관련하여

다음으로 용단지라는 이름과 관련하여 실마리를 풀어보기로 하
자. 앞에서 혁거세와 알영의 혼인은 곧 천신과 용신의 결합임을
밝혔다. 또한 용신도 근원적으로는 천신적인 존재인데, 용단지는
곧 이러한 존재를 섬기는 것이니 전통적인 신앙을 전승하는 셈이
라고 했다.

그렇다면 용신 또는 용왕이라는 말 대신 왜 굳이 신체(神體) 이
름인 용단지를 신 이름으로도 사용하는 것일까? 단지는 자그마한
항아리로서 가신의 신체로는 오지가 사용된다. 가신 이름을 신체
이름으로 일컫는 경우가 용단지만은 아니다. 이러한 예는 용단지
외에도 여럿 있다. 우선 신체단지를 모두 신주(神主)단지 혹은 귀
신단지라고 한다던가, 이 밖에도 성주단지·삼신단지·조상단지·세
준단지·터주단지·왕신단지를 비롯하여 성주독·성주동이도 있다.
이들은 크기가 다를 뿐 모두 단지류다. 장주근은《삼국유사》의
김알지신화에 나오는 황금궤는 신라 김씨 왕가의 조령(祖靈) 용기
로, 시조신인 김알지를 그 속에서 출생케 하여 신화화한 것이라
고 했다. 가신신앙의 주재자인 주부들에게는 오지그릇·조상단지
가 가장 격에 맞듯이, 그 황금궤는 신라 왕가의 조령 용기로서
가장 알맞은 실물이었거나 신화적인 미화표현이라는 그의 추론은
충분히 가능하다. 왕실의 황금궤가 민중에게는 오지단지로 대체
될 수 있다.

이 밖에도 신체를 용기로 하는 것으로 상자류와 바가지·고리도 있다. 《삼국유사》에는 신라시조 박혁거세가 알에서 나왔다는 기록이 있다.

　양산 밑 나정(蘿井) 곁에 이상스러운 기운이 번개빛과 같이 땅에 비치더니 거기에 백마 한 마리가 꿇어앉아 절하는 형상을 하고 있었다. 그곳을 찾아가 보니 붉은 알이 하나 있는데 말은 사람을 보고 길게 울다가 하늘로 올라갔다. 그 알을 깨어 보니 용모가 단정한 아름다운 동자가 하나 나왔다. 놀랍고도 이상스러워 그 아이를 동천에서 목욕시키니 몸에서 광채가 나고 새와 짐승이 따라 춤추며 천지가 진동하고 해와 달이 청명해지므로 그를 혁거세왕이라 하고 위호를 거슬한(또는 거서간)이라 하였다…….

이렇게 태어난 혁거세가 태어난 동녀와 혼인을 한 것인데, 혁거세를 탄생시킨 알이 박과 같았으므로 향인(鄕人)들이 박을 박(朴)이라 하므로 성(姓)을 박(朴)이라 하였고, 여자는 그가 나온 우물로 이름을 지었다는 내용으로 이어진다.

오늘날 가신의 신체를 바가지로 하는 것도 어쩌면 여기에서 연원했을 수도 있다. 그렇다면 단지류보다 바가지가 가신의 신체로는 선행한다고도 볼 수 있다. 물론 오늘날 전승현장에서는 이들 선후관계가 달라지기도 한다. 가령 삼신의 경우 요즘은 삼신바가지를 신체로 하고 있지만, 전에는 삼신단지·삼신고리를 신체로 했다는 제보자도 있다. 그러나 문헌기록을 기준으로 추정한다면 바가지와 단지라는 신체(神體)의 선후관계는 바가지—단지로 볼 수 있다. 그야 어떻든 가신의 신체로서 바가지와 단지는 모두 전통성을 지닌 것임을 알 수 있다. 또한 이들 용기는 김알지신화의 황금궤, 박혁거세신화의 박을 연원으로 조상신(祖上神)의 성격을 지닌다. 그리고 그 안에 곡물을 넣는다는 것은 농경성을 반영하는 것으로 곡신(穀神)적인 성격을 뜻한다. 실제로 신라시대에는 이미 농경문화가 정착해 있었다.

가신의 신체는 용기류 외에도 백지(白紙)를 수공한 것이라든가 지폐(紙幣)를 드리운 것 등이 있다. 김택규는 그의 저서 《한국농경세시의 연구》(1985)에서 이들 가운데 용기 신체의 발원을 바가지—단지—당세기로 계보화하고 있다. 특히 '단지' 유형을 곡령(穀靈)과 관련된 조령(祖靈)신체로 보는 반면, 지폐 유형은 택신(宅神＝地神)과 결부된 것으로 보기도 한다.

결국 용단지는 곡신과 관련된 농경신일 뿐 아니라 조상신의 성격도 지니는 셈이다. 앞에서 밝힌 바와 같이 대구 할머니가 용단지는 '중간조상'이라고 했다. 물론 이 정도의 이야기로 단언하기에는 미흡한 면도 없지 않다. 필자가 한 조사에서는 용단지가 농경신·재복신으로서 다른 지역의 업신과 터주의 성격을 지니고 있었으며, 조상신의 성격에 대해서는 아직 규명하지 못했다. 또 단지와 지폐 유형이 함께 있는 성주의 경우는 어떻게 보아야 할까. 성주동이나 성주단지가 후대에 부연된 것일까, 아니면 지폐가 부연된 것일까, 그 선후관계는 어떻게 될까? 성주는 살아 있는 대주를 상징하므로 당연히 조상신의 성격을 지닌 것으로 보아야겠으나 문제제기는 해볼 만하다.

조선조 숙종 때 북애(北崖)가 썼다는 《규원사화(揆園史話)》에는 부루단지와 업주가리에 대한 기록이 있다.

부루단지는 울타리 아래 깨끗한 곳에 흙을 담아 단을 모으고 토기에 벼를 담아 단 위에 두고 짚을 엮어서 가린 뒤에 10월이 되면 반드시 새 곡식을 천신한다. 이를 혹 업주가리라 하는데 이는 단군의 아들 부루씨가 물을 다스리고자 자리를 정하여 산 것을 정성드린다는 것이니 이에 힘입어 그 땅을 지켜주는 신이 되었다.

이 기록에는 업주가 땅을 지켜주는 기능까지 하여 터주와의 차이가 드러나지 않는다. 오늘날 업과 터주의 신체 모양은 같아 업의 신체를 업가리 또는 업주가리라고 하고 터주의 신체를 터주가리라고 한다. 또한 부루단지와 업주가리를 동일시하고 있는데, 오늘날 전승현장에서는 부루단지가 전북에서는 조상신의 기능을, 경남 통영에서는 부루독이 성주의 기능을 한다. 한마디로 말하면 조상의 기능이라 할 수 있는데, 부루씨 자체가 단군의 아들이라 했으니 조상신인 것은 당연하다고 볼 수 있다. 북애가 이들을 확연히 구별하지 않았던 것은 당시 이들을 동일시했거나 아니면 애초 달랐으나 혼합되었을 가능성이 있다.

다음으로 제석주머니는 어떻게 보아야 할 것인가? 제석은 불교신이 민속신앙에 혼합된 것인데, 가신으로서는 조상신 또는 삼신의 성격을 지닌다. 그렇다면 제석주머니는 단지류로 보아야 할 것이다.

《규원사화》에 대해 역사학계에서는 위서(僞書)로 간주하여 신빙성을 두지 않는다. 이 책은 대략 1920년대 이후 단군신앙이나 관념적인 민족감정을 바탕으로 하여 쓰여졌을 것으로 추정한다(한국역사연구회 고대사분과, 《문답으로 엮은 한국고대사 산책》, 1994). 그렇다 하더라도 가택신에 관한 문헌자료가 워낙 희박한 상황에서, 부루단지와 업주가리와 같은 가택신에 대한 논의는 1920년대 당시의 가택신 자료를 알려주는 중요한 단서가 된다.

용단지가 문헌에 처음 나타난 것도 1930년대로 그 역사가 일천하지만 그때에도 역시 '안동의 용단지'였다. 삼신바가지의 경우

예전에는 단지나 고리를 신체로 했다는 제보자가 꽤 있었다. 만약 이를 그대로 받아들인다면 바가지와 단지의 선후관계가 모호해질 수 있다. 하지만 이러한 것도 가설일 수밖에 없다. 이런저런 의문점이 생기지만 풀이는 숙제로 남긴다. 결국 용단지라는 명칭에서도 볼 수 있듯이 이를 원형(原形)적인 것으로 보고, 그 역시 이 지역의 역사성·전통성과 맥을 함께 하는 것으로 추정해본다.

4. 용단지의 기능과 관련하여

전통적인 우리의 집안에는 곳곳에 가신이 자리하였으나 오늘날에는 퇴색되고 많이 축소되었다.

근래 경북 풍기지역에서 가택신을 조사한 결과 다른 가신은 사라져도 성주만은 섬기는 사례가 많았다. 특히 조왕신앙이 성주에 통합된 예는 독특했다. 애초 성주와 조왕은 분명히 다르건만 가옥구조가 달라지고 부엌이 현대화하면서 마루의 성주와 부엌의 조왕이 통합된 것이다. 이 지역에서는 주택의 구조에 따라 부엌의 조왕뿐 아니라 성주도 부엌에 모시는 경우가 흔했는데, 주택 개량 후 조왕은 거의 사라졌다. 대신 성주를 부엌 싱크대 위에 모신 경우가 있고 또 부엌 찬장에 성주단지를 모셔 놓은 경우도 있다. 그래서인지 이곳 사람들은 '성주조왕'이라고 아예 붙여서 말하는 제보자도 있다(김명자, 1993).

용단지는 안동을 비롯하여 경북 북부지역에서 섬기는 가신이다. 그 가운데서도 안동에서 집중적으로 섬기고 있다. 다른 가신은 섬기지 않더라도 용단지만은 섬기는 사례가 흔하다. 이것도 어쩌면 다른 가택신과 통합되었을지도 모른다. 특히 이 지역에서 거의 드러나지 않는 터주와 통합되었으리라는 추측이 가능하며,

업신과의 통합도 가능하다. 사실상 터주와의 관련성은 추정이라 하더라도, 업신과 동일시하여 용단지는 바로 업이라고 말하는 제보자들을 흔히 만날 수 있었다.

가택신을 비롯한 민속신앙의 퇴색 요인에 대해 생업의 변화, 의식(意識)의 개혁이라든가 외래종교의 유입, 정부의 시책, 주택의 개량 등 여러 가지를 들고 있다. 그 요인들을 새삼 열거하지 않더라도 주택의 개량은 어쩔 수 없이 가택신의 자리를 앗아갔다. 그런 상황에서도 용단지는 안동지역을 대표하는 가택신으로 전승되고 있다.

용단지는 농경신이자 재복신이다. 그래서 그 자리는 재물과 관련된 곳이다. 그런데 이 용단지는 다른 지역의 업신과 직접적으로 관련되어 있다. 용단지를 섬기는 대부분의 집안에서 용단지는 업이라 한다. 《한국민속종합조사보고서 — 경북편》에도 "이 지역(안동)에서는 터주라는 말을 모르며, 업에 대해서는 그것이 용단지일 것이라 했으며, 또한 그 집의 일 잘하는 사람이 나가면 업이 나간다고 했다"는 내용이 있다.

필자가 한 조사에 따르면 용단지와 업구렁이를 구별하는 제보자가 간혹 있었지만 거의 용단지를 업으로 여기고 있다. 그래서 용단지를 극진히 모시면 재물이 불어난다고 한다. 또 용단지의 용은 꼬리가 몽탁한 게구렁이 같은 것이며, 이것이 집에 들어와 있으면 재물이 불어난다고 한다. 용왕업은 뒤주·곳간·고방·뒤꼍, 그리고 용단지 속 등으로 업구렁이처럼 '은밀한 곳'을 은거처로 하고 있다. 그 기능은 업신과 동일하고 그 신앙형태도 거의 유사하며, 용단지를 섬기는 사람들도 용을 업신으로 인식한다. 만약 용을 구렁이보다 더욱 신성한 존재로 본다면 용단지를 업신의 신체로 보는 데에는 문제가 있다. 그러나 구렁이와 용을 동일한 존재로 본다면 용단지를 업신의 신체로 보는 데에는 무리가 없다. 어쩌면 이들은 별개의 존재였으나 기능과 신앙형태가 유사하여 업신이 퇴화되었거나 아니면 용단지에 통합되었을 가능성을 생각해볼 수 있다. 또는 용단지를 구렁이업의 범주에서 볼 수도 있다. 그리고 업신과의 관련뿐 아니라 터주와의 관련도 고려해 볼 여지가 있다.

오늘날 안동지역에서 터주에 대한 인식은 전혀 없지만, 애초 존재하던 터주가 용단지에 통합되다 보니 용단지신앙만 강하게 전승된 것이 아닌가 추측된다. 말하자면 다른 가택신도 모두 있었으나 기능상의 혼합—물론 다른 여러 요인이 있겠으나 여기서는 논의를 집약하기 위해 기능에 관한 이야기로 한정한다— 으로 인해 통합되면서 용단지만 강하게 전승되었으리라는 추론이다(김명자, 〈안동지역의 용단지〉, 1993). 실제 다른 가신의 경우 이러한 현상이 나타난다. 경북 풍기지역에서 성주신앙이 꾸준히 전승되고 있는 반면 조왕이 성주에 통합되어 있는 것은 그 예라 할 수 있다. 그들이 '성주조왕'이라고 하는 것은 가신신앙의 큰 변화 양상이다. 물론 '성주조왕'이 된 것은 기능상의 문제만은 아니다. 위에서 밝힌 여러 요인이 모두 작용했다. 그야 어떻든 용단지는 단독적으로 불린다. 하지만 어쩌면 업신과 통합되었을 수도 있고 또는 터주까지 수용하여 용단지신앙으로 전승되었을 수도 있다는 가설을 제시해 본다.

김 명 자

유학의 고장에 기독교가 성한 까닭은 무엇인가

I. 머리말

기독교가 성하게 된 까닭을 말하려면, 그 근본적인 이유인 하나님의 은혜와 속죄구령(贖罪救靈)의 이치를 말해야 하겠지만, 그것은 믿어보지 않고 말만 듣고는 쉽게 알 수 없는 것이기 때문에, 여기서는 다만 말만 들어도 누구나 알 수 있는 것 몇 가지를 들어 설명해보겠다.

II. 기독교가 들어온 시기가 좋았다

기독교(개신교)가 우리나라에 들어온 것은 한미수호조약이 체결된 지 2년 후였다. 그에 앞서 1876년에 한일수호조약이 먼저 체결되었지만, 1882년에 한미수호조약이 체결됨으로 인해 오랫동안

쇄국(鎖國)하여 오던 한국이 실질적으로 문호를 개방하게 되었다. 그래서 곧이어 한·영간, 한·독간에도(1882), 한·미간과 한·러간에도(1884), 그리고 한·불간에도(1886) 수호조약을 체결하게 되었다.

한미조약이 체결된 경위는 다음과 같다. 이 조약을 한국이 자청해서 체결한 것이 아니고, 미국이 일본에 대하여 그랬듯이 직접 한국에 교섭한 것도 아니었다. 미국은 한국과 수호하기 위하여 일본에게 중간역할을 해줄 것을 의뢰한 것이었다. 그런데 웬일인지 일본은 미국의 뜻을 한국에 전달하는 정도에 그치고 있었다. 그런 사실을 중국이 알고, 일본이 미국과 친근하게 되면 중국이 대(對)러시아 경쟁에서 불리할 것으로 판단하고 적극적으로 나서서 한국을 설득하여 조약을 체결하게 한 것이었다. 이 조약 문면(文面)에 선교에 대한 언급은 전연 없다. 그러므로 이 조약이 체결되었다고 해서 금교(禁敎)정책까지 해제한 것은 아니었다.

기독교는 미국 북장로교회의 소속 선교사 알렌(Horace Newton Allen) 의사로 말미암아 한국에 최초로 선교가 시작되었다. 알렌은 1884년 9월 22일에 서울에 왔다. 그때는 한·미간에 수교하기로 한 다음이었기 때문에 우선 입국하기가 쉬웠다. 그러나 한·미간의 조약은 체결되었지만 금교정책을 해제한 것이 아니었으므로, 알렌은 선교사로서의 활동을 자유롭게 할 수 없었다. 그래서 미국공사의 조언에 따라 보수가 없는 미국공사관 공의(公醫)란 직함(職銜)으로 있게 되었다.

그 해(1884) 12월 4일에 갑신정변이 일어났다. 그때 알렌에게 의사로서 활동할 절호의 기회가 왔다. 그것은 수구파의 한 사람이며 왕비의 친정 조카인 민영익(閔泳翊)이 입은 부상 때문이었다. 그때 민영익은 칼에 찔려서 동맥이 끊어지고 머리와 몸에 일곱 곳이나 상처를 입었다. 한방의(漢方醫)들인 왕실시의(王室侍醫)들로는 어찌 할 도리가 없었다. 알렌이 그것을 거뜬히 치료해 냈다. 그래서 그는 곧 국왕의 시의가 되고, 그로 말미암아 국립병원 광혜원(廣惠院)을 설립하게 되어 알렌이 그 원장직을 맡게 되었다. 그러던 것이 그 후 점차로 금교정책도 풀리게 되어 많은 선교사들이 들어오고 선교활동이 활발히 전개되었다. 개신교의 선교는 시기를 잘 탔던 것이다.

Ⅲ. 기성종교의 세력이 약해졌을 때였다

개신교가 들어올 때 우리나라의 기성종교라면 보통 무교, 불교, 유교를 꼽는다. 그때 그 종교들의 형편은 대략 다음과 같았다.

1. 무교의 형편

무교는 한국의 샤머니즘을 말한다. 샤머니즘은 자연이나 그 안에서 일종의 신비성을 느끼게 되어, 그것을 신으로 알고 섬기게 되는 것을 이른다. 천신·지신·신령들은 물론, 해·달·별, 깊숙한 산이나 시퍼런 쏘[沼], 용이나 호랑이, 이끼 낀 바위, 구멍 뚫린 고목나무가 다 신이었다. 일본 사람들은 신이 팔백만이나 된다고 한다.

일정한 교리나 경전이 없고, 다만 그 신을 섬기는 사람에 의하여 종교행위가 이어져 왔다. 그러므로 샤머니즘은 인간이 있는 곳에 자생한 종교이므로 세계 어느 민족에게나 있다고 하겠다. 그리고 샤머니즘 그 자체의 성격은 복을 받고 화를 면하기를 빌게 된다. 그러니 거기에는 어떤 도덕적인 것도 있을 수 없다. 다만 개인적인 이익 추구에 급급하게 된다. 그러한 신앙은 인간의 도덕적인 성품을 억압하고 인격을 비열하게 하며 공포심만을 조장할 뿐이다.

그러므로 샤머니즘은 인간의 도덕성을 계발하고 개화하는 것을 목표로 하는 유교나 불교에게 눌릴 수밖에 없었다. 그래서 그 기세가 많이 꺾이게 되었다. 그러나 아직도 사라지지 않은 것은 그것이 길녘에 있는 들풀이 짓밟혀도 없어지지 않는 것과 같이 자생적인 것이기 때문인 줄 안다.

2. 불교의 형편

우리나라에 불교가 전래한 것은 삼국시대 중국을 통하여 들어왔다. 전래 초기에 불교가 끼친 공헌은 참으로 컸다. 그래서 그 교화가 국내에서만 그치지 않고 일본에까지 미치게 되었다. 이것은 교세만 성했을 뿐 아니라 순수했음을 의미한다. 그래서 대사찰이 건조되고, 덕이 높은 고승(高僧)들이 배출되며, 경전을 수집하고 수장(收藏)하며, 현란한 문화와 호국안민(護國安民)의 유풍(遺風)을 남겼다.

그러나 그런 찬란한 공헌을 한 불교가 그 세력이 국정에까지 미치게 되자 점차로 부패하게 되었다. 그래서 고려조 말기에 이르러서는 그것이 극에 달하게 되었으며 결국 망국에까지 이르게 했다. 그래서 그 후에 흥기한 조선조는 억불정책을 써서 승려를 수도(首都)에서 추방하는 데 이르렀다. 불교는 19세기에 이르러서는 그 활기를 크게 잃게 되어서, 사찰은 퇴락하고 교세는 영세해졌다.

3. 유교의 형편

유교는 신이나 영혼이나 말세에 대한 가르침이 분명치 않아서 유교가 종교인가 아닌가를 묻는 경우도 있다. 그러나 유교의 가르침에 살신성인(殺身成仁)이라는 말도 있고, 안심입명(安心立命)이라는 말도 있다. 살신성인은 몸을 죽여서 인을 이룬다는 뜻이니 이것이 바로 순교정신이 아니며, 안심입명은 마음을 편안히 하여 천명에 따른다는 뜻이니 이 말은 기독교의 "살든지 죽든지 뜻대로 하소서" 하는 말과 같은 정신에서 하는 말인 줄 안다. 그러니 이것이 어찌 신앙이 없이 할 수 있는 말이겠는가. 또 "조문도석사가의(朝聞道夕死可矣)"라는 가르침도 있다. 아침에 도를 들으면 저녁에 죽어도 좋다는 말이다. 거기에는 말세나 영생이란 말은 없지만 신앙이 없이 이런 말을 할 수 없다. 그리고 유교가 경전을 송독(誦讀)하고 성현과 선조에게 제사를 드리는 것은 바로 종교행위다. 그래서 유교에 신앙이 있고 종교행위가 있으므로 구태여 종교가 아니라고 할 것도 없는 줄 안다.

유교는 조선조의 건국이념이요 치국원리였다. 그 초기 왕이었던 세종은 집현전을 설치하여 참신한 학리(學理)가 국정에 반영되도록 했다. 그래서 한때 태평시대를 이룩했다. 그러나 학리에는 이론이 있고 현실은 다양하다. 서로 다른 학리가 현실인 정치에 반향(反響)되었을 때, 중국이 큰 줄만 알고 세계가 넓은 줄 모르던 벼슬 살던 사람들이나 정치하던 사람들은 학리논쟁으로 사화(士禍)를 여러 번 겪게 되었고, 결국 망국으로 내달리게 되었다.

유교는 삼강오륜이 그 기강(紀綱)이다. 그리고 삼강오륜의 중심은 충효이다. 효는 부모에게 하는 덕이고, 충은 임금에게 하는 덕이다. 나라가 망했으니 충을 하려면 일본 임금에게 해야겠는데, 그것이 쉽게 되지 않았던 것은 자연스럽지 않기 때문이겠다. 이 것은 나라를 잃은 뒤 윤리실천에서 국민 모두가 느끼고 있었던 모순이었다. 그러니 국민 가운데에도 지도적 위치에 있었던 유림 들에게는 더욱 심각한 것이었다. 충이 효와 함께 윤리의 두 기둥 인데, 그 가운데 하나가 무너졌으니 어찌 평온할 수 있겠는가. 그 래서 모든 것에 소극적일 수밖에 없었다. 이것이 바로 그때 유림 이 처한 형편이었다. 그때 맞추어 기독교가 들어왔다.

Ⅳ. 우리 민족에게는 기독교를 쉽게 수용하게 된 소인이 있었다

원래 우리 민족에게는 하나님을 믿는 신앙이 있었다. 그래서 누구나 다급한 일을 당하게 되면 하나님을 찾게 된다. 그래서 우 리 한국 사람들은 하나님이라면, 다른 신과 구별할 줄을 안다. 나 는 선교사들이 한국에 와서 한 일 가운데 가장 잘한 것이 신을 하나님이라고 가르친 것이라고 생각한다. 우리가 여러분들에게 전하는 신은 다른 신이 아니고, 여러분들이 지금까지 믿어온 바 로 그 하나님이라고 한 것이다.

세계 여러 나라 말 가운데 하나님이란 특수한 용어가 있는 나 라는 한국뿐이다. 영어로는 '가드(God)'라고 하는데, 말로는 다른 신과 구별하는 말이 없고, 다만 글로 쓸 때에는 다른 귀신은 'god'라 하나, 하나님만은 'God'라고 쓴다. 독일어에도 그렇다. 일 본어에는 신을 '가미'라고 하는데 다른 귀신들과 구별하기 위하여 존칭하는 말 '사마'를 붙여서 하나님을 '가미사마'라고 한다. 그러 나 국신인 천조대신을 '가미사마'라고 해왔기 때문에 모두 '가미사마'라면 저희 국신을 말하는 줄 안다. 일본인들에게 전도가 잘 안 되는 이유의 하나로 모두 이것을 꼽는다. 그리고 우리 민족에게는 하나님신앙뿐 아니라 천당이나 지옥에 대한 관념도 있어서 기독교신앙이 접근하기가 매우 쉽다.

또 하나 한국인들에게 과학적이고 체계적이며 깨치기 쉬운 한글이라는 글자가 있어서 한글로 성경이 번역됐음이다. 그래서 글을 많이 배우지 못한 사람이나 부녀자들도 쉽게 성경을 읽을 수 있었다. 그 성경도 완역(完譯)은 선교사들이 입국한 뒤에 이루어졌지만, 분책(分冊)된 부분역(部分譯)은 —쪽복음이라고 했다— 선교사가 들어오기 전에 이웃나라인 중국이나 일본에 와 있던 선교사들에 의하여 한글로 번역된 것이 있어서, 처음 입국한 선교사들이 그것을 가지고 들어올 수 있었다. 이런 예는 세계 기독교 선교사상에 없던 일이었다. 성경이 한글로 되어서 이해하기가 쉬웠고 분책이 되어서 입수하기가 쉬웠다.

그리고 교회마다 국문반을 편성하여 글을 모르는 사람에게 성경을 읽을 수 있게 가르쳐주고 사경회(查經會)라고 하여 전도집회를 열어서 성경을 가르쳐주고 쉬운 말로 설교하여 주었으므로 쉽게 전도가 되었다. 그때는 아직 한글이란 말은 없었고, 일반이 한문을 진서(眞書)라 하고 한글을 언문(諺文)이라 하였으나, 교회에서는 국문(國文)이라고 했다.

V. 기독교에 개화기 민심을 끄는 힘이 있었다

기독교인들이 가진 형제애가 개화기 민심을 붙들었다. 그때 교인들은 서로가 형제, 자매라고 불렀다. 혼상례 때는 서로 도왔으며 특히 장례 때는 상여를 서로 메어주었다.

기독교는 신문화를 가져왔다. 그때 원만(圓滿)한 교회라면 모두 사립학교를 병설하게 되고, 선교사가 주재하는 곳에서는 의례 병원을 설립했다. 그리고 기독교는 교회설립 당초부터 문맹과 미신을 타파하고 금주와 금연을 단행했으며, 축첩(蓄妾)을 금하고 반상(班常)의 차별을 못하게 했다.

기독교는 애국의 종교였다. 기독교는 하나님이 나를 이 나라에 낳게 해주셨다고 믿게 하고, 나에게 이 나라를 지키고 발전시켜 나가도록 사명을 주셨다고 가르친다. 그러므로 기독교인은 그 믿음으로 인하여 애국하게 된다. 그리고 성경에 기록되어 있는 유태인들의 국가 형편이 우리와 비슷한 데가 많아서 애국기사(愛國記事)가 많이 기록되어 있다. 그래서 신앙과 애국심이 서로 도와서 신앙심은 애국심을 일으켜주고, 애국심이 강해질수록 신앙심이 더욱 굳세게 되었다. 이것은 애국지사 가운데 기독교인이 많다는 것과 3·1운동의 주동자 가운데 기독교인들이 많았음이 이를 입증한다.

제1차세계대전의 전후처리 문제로 프랑스 파리에서 강화회의가 열리게 되고, 그 처리방안으로 당시 미국 대통령이었던 월슨(Wilson)이 제창한 민족자결주의가 채택되었다. 정보에 어두운 국내에서는 아무도 그것을 모르고 있었는데, 당시 일본 도쿄에 있던 우리 유학생 YMCA와 중국 상해에 있던 김규식(金奎植)과 여운형(呂運亨)이 이를 먼저 알고, 도쿄 YMCA는 송계백(宋繼百)을, 상해의 김규식과 여운형은 서병호(徐丙浩)를 국내에 잠입시켜 서울 YMCA와 정주(定州)의 이승훈(李昇薰) 선생에게 알렸다. 이것이 서울은 서울대로, 정주는 정주대로 모의공작하다가 뒤에 서로 합작하여 거사(擧事)하게 되었다. 천도교와의 관계는 송계백과 함께 서울 YMCA, 현상윤(玄相允), 송진우(宋鎭禹), 최린(崔麟), 손병희 (孫秉熙), 이승훈 등이 합작하여 거사하게 되었다. 3·1운동은 한국 기독교의 교세가 일시에 가장 많이 증가하게 된 사건이었다.

VI. 안동에 선교한 교회가 장로교회였다

장로교회는 신앙과 행위의 표준을 성경에 둔다. 그러므로 장로 교회는 성경대로 믿고 성경대로 가르치고 성경대로 사는 것을 가 르친다. 장로교회의 이런 점이 원래 경전을 존중해오던 안동인들 에게 먹혀들어간 것이다.

장로교회의 윤리관이 유교와 비슷한 데가 많았다. 그래서 초기 교회 때 한 설교문을 보면 그것이 유교의 강론(講論)인지 기독교 의 설교인지 어리둥절하게 하는 것이 많이 있다. 그것은 그 설교 자의 신학지식(神學知識)이 부족해서 그런 것이었겠지만, 좌우간 너무도 비슷한 것이 사실이다.

장로교회의 정치제도가 좋았다. 장로교회는 장로를 택해서 대 의정치(代議政治)를 하기 때문에 장로교회라고 한다. 대의정치는 장로교회에서 시작된 정치제도다. 그러니 전제군주제도 밑에서 살아오던 사람들이 대의정치를 맛보게 되니 그 신선미가 어떠하 였겠는가.

장로교회의 조직과 활동이 전에 보지 못한 새로운 것이었다.

1. 전도회

교회마다 모든 교인을 회원으로 하여 전도회를 조직하였다. 전

도회는 구역을 나누어서 매월 전도한 실적을 보고케 하여 가장
우수한 구역에게 우승기를 수여하였다. 그래서 전도열은 고조되
고 우승기는 안동지방 교회의 명물이 되었다.

2. 주일학교

모든 교회는 아동들에게 종교교육을 하기 위하여 주일학교를
세웠다. 교육 내용이나 방식이 전연 새로운 것이어서 인기가 대
단했다. 그때 세계적으로 주일학교 대회가 4년마다 열렸다. 그 대
회에 우리 한국교회 대표도 참석하게 되었는데, 한번은 우리 한
국대표가 그 대회 부회장에 뽑히게 되었다(金觀植 목사). 늘 일본
사람들에게 눌려만 지내던 한국 사람이 일본 사람을 제치고 나가
회장단에까지 오르게 되었으니, 그때 한국교회의 사기는 말 그대
로 충천했다. 그래서 국내에서도 세계대회 보고대회를 전국적으
로도 지방적으로도 열었다. 우리 안동에서도 두 번이나 열렸는데
(1928년과 1933년), 매번 이천수백 명이 모였으니, 그때 교인들의
흥분도를 가히 짐작할 수 있을 것이다. 온 읍민·군민·지방민이
기독교인이 다 된 기분이었을 것이다.

3. 청년회

각 교회는 청년들에게 성경 읽기와 기도하는 것을 가르쳐주고
믿음을 훈련하여 교회와 사회에 봉사하도록 기독청년면려회(基督
靑年勉勵會)를 조직했다. 안동교회의 면려회는 전국에서 제일 먼저
조직되었다(1921. 2. 5). 그 성과가 좋아서 전국 모든 교회에 퍼지
게 되었다.

장로교회의 재정이 자립적이며 공개적이었다. 한국 장로교회는 선교 초기부터 네비우스(Nevius)정책이라고 하여 자립정책을 써 왔다. 자전(自傳), 자립(自立), 자치(自治)했다. 모든 교인이 스스로 전도하고 교회의 모든 재정은 그 교회 스스로 담당하고 또 교회의 모든 행정을 스스로 결정해서 한다는 것이다. 교회의 모든 재정을 스스로 담당하게 되므로, 부담할 이들의 동의가 필요하니 절로 교회의 원로급인 장로만으로는 부족하여, 젊은이들의 참여가 필요하므로 제직회(諸職會)가 발달하였다. 제직회는 장로, 집사(執事), 권사(勸師)의 모임이다.

그리고 이 자립정책은 재정이 빈약한 초기교회나 약소교회에는 많은 어려움을 준 것이 사실이다. 그래서 오랫동안 초가집 예배당 신세를 면하기 어려웠으며, 생활비 부담 능력이 부족하여 교역자 없이 장로나 집사가 설교하며 지냈지만, 빨리 자립하게 되는 데는 효과적이었다. 그래서 태평양전쟁이 일어났을 때(1941), 안동의 교회는 선교사들이 철수한 영향을 적게 입었다.

장로교회가 성경적이고 논리적이고 조직적인 칼뱅(Calvin)주의이기 때문에 누구나 믿음이 깊게 박히게 되면 칼뱅주의자가 된다. 칼뱅은 장로교회의 창도자(唱導者)이다. 그래서 신학을 많이 공부한 이들은 칼뱅을 기독교의 주자(朱子)라고 한다. 그래서인지 안동인들이 장로교회를 좋아하는지 모르겠다.

VII. 선교사들이 안동을 좋게 보았다

처음 선교사들이 기록한 책을 보면 안동을 소개한 말에 고요한 아침의 나라, 편안한 동쪽, 사부(士夫)의 고을, 세도가(勢道家) 안동김씨의 본고장이라고 했다. 결코 얕보고 한 말이 아니었다.

안동에 처음 온 선교사 가운데 권찬영(權燦永)이란 분이 있었다. 그는 처음에 안동에 오면서 그의 이름을 한국식으로 구찬영(具燦永)이라고 지어가지고 왔다. 그것은 그의 영어식 이름이 'John Young Crothers'였기 때문에, 'John Young'을 '찬영'이라 하고, 'Crothers'의 첫음이 '크'이므로 '구'라고 한 것이었다고 한다. 그러나 그가 안동에 와서 보니, 구씨가 별로 없고 권씨가 많아서 권씨로 바꾸었다고 한다. 이것은 그가 지역인들을 높이고 그들에 따르려는 마음을 보이는 것이 아니겠는가.

안동교회는 부지(敷地)가 넓고 건물이 크고 잘 지어졌다. 처음 안동교회의 부지는 해방 후에 조금 더 사서 보탰지만 도시 중앙에 그것도 평지에 3,000평이나 되었다. 전국에서 이런 데가 별로 없다. 지금에 와서 그렇게 마련하려면 꽤 힘들 것이다. 예배당 건물도 그렇다. 1937년에 지었는데 석조 이층 400평 크기의 건물이다. 더구나 그 설계를 일본에 있던 전 서울 중앙 YMCA 건물을 설계한 미국인 설계사가 한 것이라고 한다. 그 당시 누가 그를 알아서 그렇게 했겠는가. 선교사가 아니고는 안 될 일이다. 잘 지어보자는 뜻과 멀리 내다보는 안목이 있었음이다. 나도 이 사실을 모르고 있었다. 재작년에 일본 동경대학 대학원에서 학위 논문을 쓰기 위하여, 서양 건축양식이 동양에 미친 영향을 조사하려고 온 한 학생이 있었다. 그가 올 때에 미국인 기사가 설계한 서울과 안동 건물의 설계도를 복사하여 가지고 와서 이야기해서 알게 되었다. 그 미국인은 일본 비파호 근처에 있는 맨소래덤(Manthoratam) 제조회사를 경영하던 보리스(Voris)라고 했다.

성소병원의 건물이 또한 그러했다. 6·25 때 파괴되어서 지금은 없는 그 건물은 1914년에 지은 것이었다. 그것은 미국 샌프란시스

오랜 역시를 자랑하는 안동교회

코에 살던 샤프라(Shaffra)라는 부인이 자기 친정아버지를 기념하기 위해서 기증한 돈으로 지은 건물이었다. 그래서 그 건물을 그녀의 아버지 이름에 따라 'Conerius Baker memorial Hospital'이라고 명명했다. 그 당시 서울이나 평양이나 대구에 있던 선교회에서 세운 병원 건물 가운데 제일 잘 지은 것이라고 했다. 물론 독지가가 있어서 그렇게 된 것이었지만, 그런 건물이 안동에 있었다는 것만으로도 선교사들의 안동에 대한 관심도를 알게 해준다.

도산과 하회마을에 대한 관심이 많았다. 선교사들이 안동에 관심을 가진 것은 산수가 좋아서가 아니고, 거기 사는 주민들, 주민들 가운데에도 유림에 대한 관심이 많이 작용한 줄 안다. 한국은 유림만이 사는 곳은 아니지만, 한국에서 선교가 성공하려면 유림 선교가 성공되야 한다고 생각했기 때문일 것이다. 그러니 그들의 마음이 자연히 유림들이 모여 살고 있는 곳에 쏠리게 된 것은 당연한 일이라 하겠다. 1930년대에 선교사 보에켈(Voelkel)은 하회마을 젊은이 류장하(柳長夏) 씨를 안동 성서학원에서 수학하게 한 일이 있었으며, 의사 베르코비츠(Bercobitz) 내외는 퇴계 종가에 자주 방문한 일이 있었다. 해방 전에 선교사 마펫(Moffett)은 류장하 씨의 아들인 한상(漢尚) 씨의 협력을 얻어서, 하회마을에 교회를 일으켜 보려고 많은 노력을 기울인 일이 있었다. 이 일들은 모두 선교사들이 유림에 대한 관심이 어떠했는가를 보여 주는 것이다.

Ⅷ. 선교사들의 노고가 컸다

안동지방은 산악지대여서 교통사정이 매우 불편했다. 구안도로(邱安道路)에 자동차가 처음으로 다닌 것이 1917년이고, 안동과 김천간의 경북선이 놓인 것이 1931년, 중앙선이 개통된 것이 1942년이다. 그러니 초창기 선교사들이 아무런 교통수단이 없던 시대에 얼마나 고생했겠는가. 도보가 아니면 조랑말이 고작이었다. 물건 운반은 소나 지게로 했으며 큰 물길 때 소금배로 했다.

질병의 어려움도 컸다. 우리는 안동은 공기가 맑고 식수가 좋은 고장으로 알고 있다. 그런데 왠일인지 안동에 온 선교사 가운데 질병으로 안동에서 배겨내지 못하고 다른 곳으로 옮겨가거나, 아예 본국으로 돌아간 예가 많았다. 최초로 안동주재 선교사가 된 소텔(Sawtell)은 그의 초도순시 길에 장티푸스에 걸려 죽었으며, 초대 성서학원 원장이었던 로저 윈(Lodger Winn)은 이질에 걸려 죽었다. 그 밖에 아이들의 죽음도 여럿 있었다. 안동에서 죽은 것은 아니지만 초대 안동주재 선교사로 임명받은 다른 한 사람인 웰번(Welbon)도 타처로 옮겨간 후에 역시 장티푸스로 죽었다.

전쟁의 공포와 어려움도 있었다. 특히 신사참배 문제 이후의 한국역사 자체가 그러했지만 그 사이의 선교역사는 전쟁의 역사요, 위압의 역사요 쫓기는 역사였다. 한국 사람 가운데서도 전쟁을 두려워하여 미국으로 도망가던 판국에, 한국에서 언제 전쟁이 발발할지 모르는 상황에서 한국에 와 선교한다는 것은 순교정신이 아니면 하기 어려운 일이다. 오늘날 기독교가 이만한 업적을 남긴 것은 그런 정신력의 소산이라고 아니할 수 없다.

IX. 맺는말

끝으로 안동에 선교부가 서게 된 것과 노회가 조직된 것을 말하고 끝맺고자 한다. 이 두 가지는 안동지방에 기독교가 성하게 된 가장 중요한 까닭이기도 하다.

안동에 선교사의 발이 처음으로 들여진 것은 1894년의 일이었다. 당시 부산에 와 있던 미국 북장로교회의 선교사 배어드(W. M. Baird)가 장차 선교할 땅을 답사하기 위하여 안동을 지나간 것이 그 시작이었다. 그 해는 청일전쟁이 일어나던 해였으며, 한국 최초의 선교사 알렌 의사가 입국한 지 10년 뒤였다. 그러나 그때는 직접 선교활동은 하지 않고 지방의 지리나 주민들의 형편을 살피는 것이 목적이었다. 그때 한국에는 미국, 호주, 캐나다 등 여러 나라에서 선교사들이 오게 되었다. 장로교회만이 아니고 감리교회에서도 왔다. 그래서 그들은 선교를 시작하면서 먼저 선교할 구역부터 협정(協定)하게 되었다. 지면 관계로 안동에 관련되는 것만 말하겠다.

경남은 호주에서 온 선교사들이 맡고, 경북을 미국 북쪽에서 온 선교사들이 맡기로 했는데, 1899년에 대구에 미국 북장로교회의 선교부가 설치되자 안동이 대구 선교부의 소속 구역이 되었다. 그래서 1902년에는 대구주재 선교사들이 주로 조랑말을 타고 안동에까지 와서 쪽복음책을 전하며 전도했다. 그 해에 풍산읍 하리와 일직면 도곡동에 교회가 섰다. 안동읍에 교회가 서게 된 것은 그보다 7년이나 뒤인 1909년의 일이었다. 알렌이 입국한 지 25년 뒤이며 배어드가 답사해간 지 15년 뒤였다.

선교사들이 경북을 선교해보니 대구가 경북의 남부에 위치해 있기 때문에, 북부에 따로 선교부를 설치할 필요를 느끼게 되었다. 마침 주목하고 있던 안동에 교회가 서게 돼서, 안동에 따로 선교부를 설치하게 되었다. 안동에 선교부가 설치되자 많은 교회들이 여기저기 서게 되고 병원도 학교도 서게 되었다. 그래서 안동은 경북 북부지방 교회들의 중심지가 되었다. 그래서 1921년에 와서는 의성군 이북, 영덕군에서 문경군까지의 경북 북부지역을 경북노회에서 분립하여 경안노회를 따로 조직하게 되었다.

기독교는 국가나 민족이 가장 혼란 했을 때 자라 왔다. 구한말의 혼란, 청일전쟁, 조선왕조의 멸망과 한일합방, 러일전쟁, 제1차세계대전, 3·1운동, 만주사변, 일본의 황민화정치, 대동아전쟁, 제2차세계대전, 해방, 미군정, 정부수립, 6·25전쟁 등 이 모두 전쟁과 혼란의 연속이었다. 혼란과 전쟁 때문에 역사의 대주재(大主宰)이신 하나님을 찾게 됐다. 안정된 세상을 동경하게 되고 잠자던 종교심이 깨어나게 되어, 걸음을 교회로 향하게 되었다.

이때 교회는 교단 내부에 분열이 있었다. 전후 3차에 걸쳐서 크게 분열되었다. 그러나 안동지방 노회는 한 번도 분열되지 않았고 순조로히 발전하였다. 처음에 경안노회 하나이던 것이, 문경군내 교회들은 경서노회로 이관하게 되고, 영덕과 울진군내 교회들은 동해노회로 이관했으며, 강원도 영동지방에 개척하여 세운 교회들은 강동노회를 조직하여 분립하게 하고, 근자에는 영주·봉화·예천의 여러 시·군 교회들도 영주노회를 조직하여 분립하게 했다.

그 밖에 교육, 의료, 사회사업 등 많은 문화사업도 일으켰다. 그리고 원래 안동지방은 장로교회 하나뿐이던 것을 복음주의 교회이면 어느 파 교회이든 적극적으로 영입하여 함께 안동을 복음화하는 데 이바지하게 하여 교세가 많이 발전하였다. 지금 경안노회의 교세는 이관이나 분립시킨 것은 제외하고, 현 경안노회 구역인 안동·영양·청송·의성 시·군만으로도 처음 합해 있을 때를 훨씬 능가하고 있다. 모든 영광을 하나님께 돌린다.

김 광 현

。주 •

1) 1896년은 정부에서 태양력을 공식적으로 사용한 첫해였고, 연호도 건양(建陽)으로 정했다.

2) 순국으로서 저항한 영향은 대단히 컸다. 특히 단식할 경우에는 대체로 20여 일 정도 단식투쟁 기간을 보였는데, 순국할 때까지 가문이나 학통의 제자들이 구름같이 모여들어 침통한 자세로 지켜보게 되고, 여기에서 절절한 사연들이 나타났다. 특히 관어대에서 김도현의 순국은 영양에서 7일 동안 이동하여 바다로 걸어 들어간 특이한 행적을 보였다. 일제도 안동지역의 순국 사실이 전국적으로 파급될까봐 부고를 하지 못하도록 막았고, 따라서 다른 지역에서는 풍문으로만, 그것도 뒤늦게 전해 듣고 애도하였다.

3) 당시 장날은 음력으로 이루어졌는데, 안동 장날은 2, 7장이므로 음력 2월 12, 17일이었고, 이 날이 양력으로 3월 13, 18일이었다.

4) 안동시위에서 체포되어 모진 고문 끝에 두 눈을 실명한 부인이 있었다. 그 부인은 바로 향산(響山) 이만도(李晩燾)의 며느리요 파리장서의거의 주역인 이중업(李中業)의 아내이자, 독립운동을 위해 만주로 망명한 내앞[川前] 김대락(金大洛)의 여동생이었다. 이 부인은 욕된 삶을 정리하겠다고 자결을 도모하기도 하다가 11년 만에 별세하였다.

5) 김시현은 안동이 낳은 의열투쟁의 대표적인 인물이다. 이에 대해서는 뒤에 언급될 것이다. 김용환은 의성김씨 금계 종가의 종손으로 안동지방에서는 유명한 난봉꾼으로 널리 알려져 있다. 하지만 그가 의용단에 참가하고 군자금 모집에 나섰다가 일본경찰에 체포되어 검찰에서 면소처분으로 풀려났지만, 그 사이에 8개월 동안이나 곤혹을 치른 일은 제대로 알려져 있지 않다.

6) 도산서원 철폐운동이란 풍산소작인회가 벌인 소작투쟁의 대표적인 사례였다. 안동만이 아니라 전국적으로 서원의 표상적인 존재인 도산

서원에 대한 소작투쟁은 참으로 충격적인 사건이었다. 이 사건은 당시 도산서원 소유지에 농사를 짓던 소작인들이 소작료를 제때에 납부하지 않자, 관리인들이 소작인들을 가두고 폭행한 일에서 비롯되었다. 사태를 지켜보던 풍산소작인회의 주역들은 진상 조사에 나섰고, 당시 동아일보사 안동지국 총무를 맡고 있던 김남수 등이 나서서 항의하고, 끝내는 서원 철폐까지 들고 나섰던 사건이다. 뒤에 언급하겠지만, 안동의 특수성으로 인해 이 사건은 본질을 벗어나 진성이씨와 광산김씨의 문중대결 양상으로 번져나갔다.

7) 주요 구성원은 다음과 같다. 권상기(權相鎭)·김명섭(金明燮)·김정한(金挺漢)·김경한(金慶漢)·권태석(權泰錫)·유연술(柳淵述)·배한수(裵漢守)·김중한(金重漢).

8) 안동노동공제회 후신.

9) 각 면의 청년회원으로 구성되어 대중운동을 도모한 행동단체.

10) 기자들로 구성된 민중운동 지원단체.

11) 주요 구성원은 다음과 같다. 안상길(安相吉)＊·김기진(金箕鎭)＊·이회승(李會昇)＊·이회원(李會源)＊·김남수(金南洙)＊·남병세(南炳世)＊·이지호(李埰鎬)＊·남장(南璋)＊·김경한(金慶漢)＊·안상태(安相泰)＊·오성무(吳成武)＊·유연술(柳淵述)＊·이운호(李雲鎬)＊·김연한(金璉漢)＊·신봉일(申奉日)·권상기(權相鎭)·김응한(金膺漢)·심규하(沈揆夏)·김중한(金重漢)·이세령(李世寧)·최상돈(崔相敦)·권용수(權龍壽)·신영철(申泳澈)·이견구(李見求). (＊는 조선공산당 관련으로 체포된 자)

12) 朴進穆,《내 祖國 내 山河》, 계몽사, 1994, p. 50.

13) 만주에서 활동한 안동 출신 인물은 너무나 많다. 1910년 말에서 1911년 초 사이에 가문별로 집중적으로 망명했고, 그 기반 위에 또다시 망명이 이루어졌기 때문에 더욱 그러했다.

14) 1931년 만주사변 직후에 김구와 김원봉 등 중국본토지역에서 활동하던 독립운동자들은 군사간부 양성에 주력하였다. 육사가 교육받은 조선혁명군사정치간부학교는 바로 김원봉이 이끄는 의열단이 중국국민당정부 군사위원회의 지원을 받아 설립한 것으로, 1932년부터 1935년까지 세 차례에 걸쳐 125명을 배출하였다.

15) 이육사의 사망에 대해서는 두 가지로 알려져 왔다. 하나는 북경 감
옥에서 사망한 것이고, 또 하나는 순국 직전에 이병희라는 친척 집에
인도되어 그곳에서 사망했다는 것이다. 후자는 호적에 기록된 내용을
역사적 판단 없이 그대로 수용했던 잘못에서 나온 해석이다. 이병희
는 육사의 가까운 친척으로 1930년대 초에 서울여상 1학년을 마치고
동대문 공단 피혁공장에 들어가 파업투쟁을 전개하다가 3년여의 옥
고를 치룬 여성이다. 육사가 국내에서 마지막으로 체포된 1943년 가
을에 이병희도 이에 연루되어 북경에서 체포되었고, 북경 감옥에 함
께 투옥되었다가 1944년 1월 초에 석방되었다. 1주일쯤 지나 감옥에
서 육사의 사망 소식과 시신 인수 요청을 받은 이병희는 유해를 인
도받아 화장한 뒤 동생 원창에게 인도하였다. 이병희 여사는 1994년
현재 78세의 고령임에도 불구하고 당시를 생생하게 증언하고 있다.

16) 이에 대해서는 반론도 있다. 즉 이 지역에는 대지주가 없고 중소지
주가 대부분이었기 때문에 적은 토지를 직접 관리하는 직접 수취체
제였고, 그래서 그것이 소작인이나 농민들이 항거하기에 제약 조건이
되었다는 주장이다. 이 주장은 전라도지역에 대해서는 대지주가 간접
수취체제였기 때문에 철저한 관리가 이루어지질 못해 농민의 항쟁이
일어났다는 것이다.

17) 최창조, 《韓國의 風水思想》, pp. 251~252 참조.

18) 村山智順, 최길성 역, 《朝鮮의 風水》, 민음사, 1990, pp. 235~236.

19) 이 글에서 안동읍은 《永嘉誌》卷 1, 各里條의 동부 6개 마을(용흥·
운흥·입석·율곡·신세·원북)과 서부 7개 마을(안막·삼곡·천리·당북·북
금·내거천·외거천)을 주로 한다.

20) 최창조, 《좋은 땅이란 어디를 말함인가》, 서해문집, 1993, p. 66. 권
선정 역시 형국론은 한국의 전통취락 도처에서 나타나는 특징적 측
면으로서 한국 풍수의 한 특징을 이룬다고 보고 있다(〈풍수의 입장
에서 본 취락입지〉, 《풍수, 그 삶의 지리 생명의 지리》, 푸른나무,
1993, p. 275).

21) 府基行舟形(《永嘉誌》卷 2, 山川條, 犀堂造山). 안동의 풍수지리적
형국이 행주형이라는 것은 《영가지》뿐만 아니라 1930년대에 행해진

무라야마의 조사 및 1970년대 초기의 류증선의 조사에서도 확인되어 적어도 조선 후기 이래 향촌민들에게 널리 인식되고 있었음을 말해 준다.

22) 村山智順, 최길성 역, 《朝鮮의 風水》, 민음사, p. 221.

23) 이필영, 《마을신앙의 사회사》, 웅진출판, 1994, p.51.

24) 《輿地圖書》, 安東府之地圖(국사편찬위원회 편, 《輿地圖書》 下, 1973, p. 524).

25) 村山智順, 최길성 역, 《朝鮮의 風水》, 민음사, 1990, p. 653.

26) 金學範·張東洙, 《마을숲》, 열화당, 1994, p. 42.

27) 《영가지》에 따르면 안동의 주산(主山)은 영남산과 저수산이다. 이 두 산이 서로 연치하면서 안동고을을 진호하고 있다. 대개의 경우 주산은 하나인 데 비해서 안동의 주산이 둘로 인식된 것은 읍의 배후에, 홀로 한 고을을 진호할 만한 산이 없었기 때문에 택한 방편인 것으로 생각된다. 주산 외에 취락입지에서 중요한 것은 취락, 즉 혈을 사방으로 둘러싸고 있는 현무, 주작, 청룡, 백호의 4악이다. 이들 4악은 취락을 옹위 수호하면서 장풍을 이룩한다. 안동의 4악은 북의 금학산, 남의 남산, 동의 동악, 서의 서악이다. 특히 북의 금학산은 부의 북쪽 35리쯤에 있다고 하였는데 이는 주산의 뒷편에 위치하고 있다는 점에서 근조산 내지는 중조산에 해당한다고 보아야 할 것이고, 주산인 영남산이 현무의 구실을 한다고 봄이 타당할 것으로 보인다. 이들 사악은 총론적으로는 읍을 수호하고 있으나 각론적으로는 구실을 다하지 못하여 곳곳에 허결한 지점이 있다고 인식하였기 때문에 조산이 거기 있게 된 것이다.

28) 조산이 산천조에 등장하는 것은 편집·교정자의 안일함 때문이 아니라 조산 역시 산으로 보는 풍수적 지리관에서 연유한 것으로 보인다. 이는 못을 강과 같이 水로 보는 것과 상통한다.

29) 성내에 존재하였던 조산 4개는 오늘날 남아 있지는 않지만, 과거 읍성 내의 지역에 위치하고 있는 오늘날의 三山洞이라는 동명은 곧 성내에 있던 조산 세 개에서 연유한 것으로 보인다(유증선, 〈安東의 裨補風水信仰 傳說과 그 背景〉, 《안동문화》 제4집, 안동대학교 부설

안동문화연구소, p. 5).

30) 행주형국의 배말뚝으로 가장 많이 등장하는 것은 한강 이남에서만 780개 소가 찾아지는 고리봉(還峰)과 선돌이다(이필영, 《마을신앙의 사회사》, pp. 52~53). 안동읍의 경우처럼 조산이 배말뚝으로 등장하는 사례는 찾아보기 어렵다.

31) 임수는 통상 동수 내지는 마을숲으로 불려진다. 마을숲은 마을의 역사, 문화, 신앙 등을 바탕으로 하여 이루어져 마을사람들의 생활과 직접적인 관련을 가지고 있는 숲으로서 마을사람들에 의하여 인위적으로 조성되어 보호 또는 유지되어 오는 숲을 의미한다(김학범·장동수, 《마을숲》, 열화당, 1994, p. 16). 《영가지》에서 다루는 임수는 마을 차원을 넘어선 읍 차원이나 고을 차원의 숲이지만 기본적인 성격은 마찬가지일 것이다.

32) 김덕현, 〈傳統村落의 洞藪에 관한 연구 — 안동 내앞 마을의 개호송을 중심으로〉, 《지리학논총》 제13호, 1986 참조.

33) 사탑 외에 비보라는 표현이 나타나는 것은 홍원사지뿐이다. 이 못을 비보라고 표현한 것도 홍원사가 지니고 있던 비보사찰적 성격에서 비롯된 것으로 보인다(《永嘉誌》 卷 5, 池塘條).

34) 村山智順, 최길성 역, 《朝鮮의 風水》, p. 239에서 재인용.

35) 오행설에 따르면 남쪽은 火方이다. 화방의 산이 뾰죽하게 솟아 화염의 형상을 하고 있으면 불기운이 겹쳐서 화산이 된다.

36) 《永嘉誌》 卷 6, 古跡條.

37) 《輿地圖書》, 安東府之地圖(국사편찬위원회, 《輿地圖書》 下, 1973, p. 524)에 따르면 이 철주가 '銅柱'로 표시되어 있어서 이 지도가 작성된 조선 영조(1725~1776) 때까지는 이 철주가 남아 있었던 것으로 보인다.

38) 최원석, 《풍수, 그 삶의 지리 생명의 지리》, 푸른숲, 1993, p. 84 참조.

39) 柳增善, 〈安東의 裨補風水信仰 傳說과 그 背景〉, p. 5 참조.

40) 유증선, 〈安東의 裨補風水信仰 傳說과 그 背景〉, pp. 2~7 참조.

41) 안동대학교박물관, 《安東安幕洞古墳》, 1989, pp. 4~15 참조.

42) 김학범·장동수, 《마을숲》, pp. 36~54 참조.

43) 《永嘉誌》 卷 5, 林藪條.

44) 《삼국유사》 권 3, 황룡사 9층탑조.

45) 村山智順, 최길성 역, 《朝鮮의 風水》, p. 237.

46) 《삼국유사》 권 3, 천룡사조.

47) 불국토신앙에 대해서는 김현준, 〈佛國土信仰〉, 《佛敎信仰》 1월호, 1993
을 참조하기 바람.

48) 안동문화원, 《안동군 지정문화재 편람》, 1994, p. 128.

49) 황수영, 《佛塔과 佛像》, 敎養國史叢書 5, 세종대왕기념사업회, 1986,
p. 150.

50) 임세권, 〈《영가지》 역사유적 관계 기사의 검토〉, 《安東文化의 再認識》,
안동문화연구회, 1986, p. 238.

51) 임세권, 〈《영가지》 역사유적 관계 기사의 검토〉, p. 246.

52) 임세권, 〈《영가지》 역사유적 관계 기사의 검토〉, p. 247.

53) 임세권, 〈《영가지》 역사유적 관계 기사의 검토〉, p. 247.

54) 한양명, 《韓國 大同놀이 硏究 — 편싸움을 중심으로》, 중앙대학교 박
사학위 논문, 1993, p. 118 참조.

55) 최창조, 《韓國의 風水思想》, 민음사, 1984, p. 35 참조.

56) 최창조, 《좋은 땅이란 어디를 말함인가》, 서해문집, pp. 411~433 참조.

57) 윤홍기, 〈風水地理說의 本質과 祈願 및 그 自然觀〉, 《한국사 시민강
좌》 제14집, 일조각, 1994, pp. 199~203 참조.

58) 이러한 인간과 환경(자연)의 관계는 자연이 인간에게 일방적 영향
을 미치는 환경결정론과는 구별되는 것으로서, 환경이 인간에 미치는
영향의 특성은 그것을 사용하는 인간의 행동과 관련해 상호작용적이
다. 이러한 상호작용은 서로 다른 이것과 저것이 잘 어울리는 상태로
서의 조화라고도 이름할 수 있을 것이다(권선정, 앞의 글, p. 233).

59) 이남식은 조산의 여러 기능 가운데 비보기능이 나 개인이 아닌 우
리 동네를 위한다는 공동체적 발상에서 비롯된 것이며, 함께 행동해
야 살아남을 수 있다는 공동체적 윤리의 발로라고 해석하고 있다(앞
의 글, p. 169). 이는 비단 조산뿐만 아니라 모든 비보압승물에 공히
유효한 해석이라고 할 것이다.

60) 유증선, 〈安東의 裨補風水信仰 傳說과 그 背景〉, p. 9 참조.

61) 신월균이 '악덕으로 잃은 명당' 설화로 제시한 자료 가운데 고양이 형국 때문에 부자가된 집의 며느리가 손님 대접하기를 싫어하자 며느리로 하여금 고양이 바위를 깨뜨리게 하여 부잣집이 망하게 한 이야기, 용머리 형국에 살고 있던 못된 상전으로 하여금 스스로 용머리를 파괴하도록 하여 몰락하도록 한 이야기 등에는 특정 지연공동체의 산천이 이루는 길국의 소응이 일문, 일족의 배타적 소유의 대상일 수 없다는 대동적 공간관이 함축된 것으로 생각된다. 이는 음택의 경우에도 마찬가지이다(신월균, 《풍수설화》, 밀알, 1994, pp. 144~163 참조).

62) 다목적댐, 특히 낙동강수계의 안동댐 및 임하댐의 건설로 인한 여러 문제점에 대해서는 남치호 외, 《다목적댐의 사회 경제적 영향분석 — 안동댐과 임하댐을 중심으로》, 안동대학교 안동지역사회개발연구소, 1994를 참조하기 바람.

63) 최창조, 《땅의 논리, 인간의 논리》, 민음사, 1992, p. 220.

한국 화랭이 무속의 역사와 원리 1

김헌선 지음
신국판 / 양장 588면

　민속학의 한 분야인 무속에 대한 연구로 그 주체인 한국 무당의 역사와 원리를 처음으로 정리한 개설서. 제1부에서는 무속의 개념과 연원을 밝혔으며, 제2부에서는 경기도 지역 무속의 현지연구 조사자료를 수록하였고, 제3부에는 경기도 도당굿과 서울굿의 무가자료를 수록, 귀중한 구전자료를 문자화함으로써 체계적 연구의 기틀을 마련하였다.

한국민속과 전통의 세계

임재해
신국판 / 반양장 469쪽 / 값 10,000원

　민속학자이며 국내 유일의 민속학과(안동대) 임재해 교수의 10여 년에 걸친 연구결실이다. 저자는 우리 전통의 본질을 탈춤양식을 통해 '갈등과 투쟁의 원리', 이를 극복하는 '화해의 원리'로 묘파하고 있으며, 탈춤에 나타나는 극적 갈등구조를 갈라지고 나누어진 우리 민족이 한동아리 되는 대동춤판을 앞당길 화해의 춤 전단계라고 보는데, 이러한 인식이 민족의 정체성을 찾아 삶의 문화를 바르게 이어가려는 저자의 일관된 학문적 태도와 성실성으로 뒷받침되어 있다.

한국민속과 오늘의 문화

임재해 저
신국판 / 반양장 428쪽 / 값 10,000원

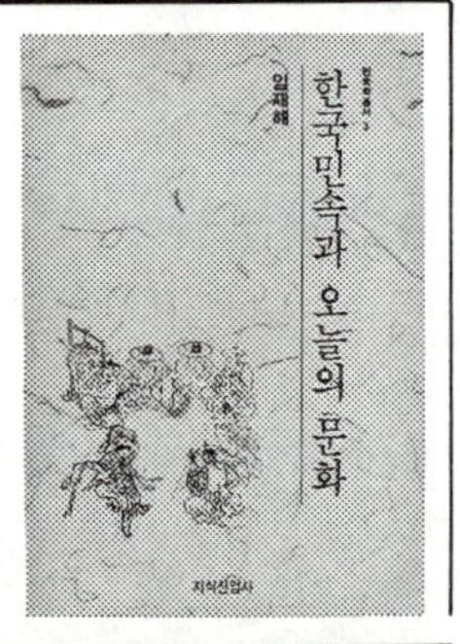

　안동대 민속학과 임재해 교수의 이 책은 민속의 민중적 성격을 살피고 오늘의 우리문화 속에서 옛 민속문화를 올바르게 되살릴 수 있는 가능성을 모색하고 있는데, 오늘의 문화행태를 민속문화와 연결해 비판적으로 파헤치는 시각이 돋보인다. 〈민속연구의 새로운 지평 모색〉, 〈민속놀이의 전승양상과 오늘의 놀이〉, 〈민속신앙의 세계와 민중적 삶〉, 〈민속문화의 변동양상과 오늘의 문화〉, 〈민속연구의 현황적 비판적 검토〉로 이루어져 있다.

민속학총서 ⑥
한국민속사입문

임재해 · 한양명 엮음
신국판 / 반양장 714쪽 / 값 20,000원

　학문적인 기반이 척박한 한국 민속학계가 도약의 발판을 마련하는 데 한몫을 한 이 책은, 민속사의 기본적인 문제점을 제기하면서 역사인식의 독자적 시각과 역사학과 민속학의 연관성 등 원론적인 문제를 다룬 '총론'과, 민속문학과 종교, 사회, 예술, 물질 등 민속학의 전 영역에 걸쳐 각 전공자들이 각각의 시각에서 그 민속이 어떻게 형성되고 변화 발전해 왔나를 통시적으로 정리한 각론으로 꾸며져 있다.